미중 패권전쟁

한국의 선택

미중 패권전쟁과 한국의 선택

펴 낸 날 2025년 6월 30일

지 은 이 문대근
펴 낸 이 이기성
기획편집 김정훈, 이지희, 서해주, 최인용
표지디자인 김정훈
책임마케팅 강보현, 이수영
펴 낸 곳 도서출판 생각나눔
출판등록 제 2018-000288호
주　　소 경기도 고양시 덕양구 청초로 66, 덕은리버워크 B동 1708, 1709호
전　　화 02-325-5100
팩　　스 02-325-5101
홈페이지 www.생각나눔.kr
이 메 일 bookmain@think-book.com

- 책값은 표지 뒷면에 표기되어 있습니다.
  ISBN 979-11-7048-895-8 (04300)
  ISBN 979-11-7048-873-6 (세트)

Copyright ⓒ 2025 by 문대근 All rights reserved.
· 이 책은 저작권법에 따라 보호받는 저작물이므로 무단전재와 복제를 금지합니다.
· 잘못된 책은 구입하신 곳에서 바꾸어 드립니다.

「미중관계 이해 시리즈 3」

미중 패권 전쟁

한국의 선택

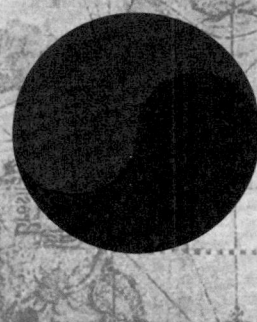

문대근 지음

역사상 가장 강력해진 한국에 100년만의 대격변은
자주독립(Korexit)과 통일한국, K-문명대국 건설의 기회

생각나눔

글을 열며

　천하대란! 구한말 이후 다시 맞는 대격변기. 세계를 향한 미국의 관세폭탄과 우크라이나·중동 전쟁, 국제정세 급변, 한반도 남북관계 단절과 12·3 내란 등은 모두 미중 패권전쟁의 여파들이다 세기적 불확실성 속 불안한 사람들에게 궁금한 것이 한둘 아니다.
　미중관계와 우리는 지금 어디로 가고 있나? 미중 패권전쟁 후 세계와 국제질서는 어떤 모습일까? 우리는 어떻게 하면 대격변의 위기를 통일한국과 K-문명대국 건설의 기회로 만들 수 있을까?
　이런 꿈과 문제인식에서 출발한 필자의 『미중 패권전쟁 이해 시리즈 3권』은 역사를 읽어 관련 지식을 배가하고, 현재의 전황과 판세를 보다 정확하게 분석해, 어떻게 하면 수난의 역사를 반복하지 않고 새 역사를 창출할 수 있을지 살피는 것이다.

구체적으로 『제1권』은 미중 패권전쟁 관련 '역사'와 천하의 대세와 흐름을 읽을 수 있는 개론서였다. 강대국의 흥망성쇠와 패권전쟁 등 패권문제 전반에 대한 기초적인 안목과 통찰력을 키울 수 있는 내용이었다.

후속 각론 『제2권』은 미중 패권전쟁 현황을 다각도로 분석하고, 예상되는 전쟁의 양상과 추세·경로를 두루 살펴, 미국과 중국 중 누가 승자가 될 것인지 살폈다. 전쟁 이후 새로운 국제질서가 어떤 모습으로 펼쳐질지 상상할 수 있었다.

1, 2권의 후속 각론인 이 책(제3권)도 3부로 구성했다. 1부는 미국과 중국은 어떤 나라이고, 우리에게 무엇이며, 우리는 그들에게 무엇인지 살피는 지피지기(知彼知己)다. 2부는 미중 전쟁이 야기하고 있는 국제질서와 패러다임, 각 지역 국가들의 변화 움직임을 심층 분석했다. 그 속에서 한국이 직면하고 있는 위기와 기회 요인, 커진 한국의 역량도 살펴보았다. 3부는 대격변기에 한국이 선택하고 반드시 이뤄내야 할 역사적 과업으로서의 지정학적 대안들을 제시했다. 격변기의 한국이 불행한 역사를 반복하지 않고 이뤄내야 할 3대 전략적 과업이 그것이다.

19세기 말 이후 동아시아 질서 변동 과정에서 일제 식민지배와 남북 분단·전쟁을 겪었던 한반도가 다시 지정학적 갈림길에 서 있다. 기존 질서가 몰락하고 새로 등장하는 신질서는 역사상 가장 강력해진 한국에 절호의 기회다. 한국은 21세기 국제질서의 변화와 추세를 정확히 읽고, 기회를 포착해 과업들을 완수할 수 있다.

최우선은 우리 민족과 삶, 역사의 악순환 고리를 끊는 일이다. 지구촌은 국익을 위해 각자도생하며 헤쳐 모이고 있다. 서구 제국주의 시대가 막을 내린 오늘날은 그 잔재 속에 사는 한국과 같은 나라에는 진정한 자주·독립 시기다. 이 시대 한국의 역사적 과업은 섬나라로부터 탈출해 고유의 지정학을 찾는 일이다. 강대국의 종속에서 벗어나(Korexit) 한반도 평화·통일을 완성, 다가오는 아시아 시대에 세계를 리드할 K-문명대국을 건설하는 것이다.

빈말이 아니다. 고대 유럽에서 발칸반도의 그리스(아테네)와 이탈리아반도의 로마 제국은 찬란한 문명의 첨탑을 쌓았다. 에게해 세계와 유럽을 지배하는 대제국이었다. 동아시아 한반도의 대한민국이 전략적 자율성을 갖고 통일한국을 이룬다면 능히 세계의 평화·번영을 리드하는 강대국이 될 수 있다. 미국과 영국, 프랑스 등 서구의 저명한 학자들은 다가오는 아시아 시대에 중국·일본이 아닌 한국만이 세계를 리드하는 등불이 될 것이라고 말한다. 한국은 경제기술문화 국력뿐만 아니라 새로운 세계와 시대가 요구하는 국민정신과 시민의식에 K-한류라는 매력을 갖고 있다. 지구상의 신흥 개발도상국들은 짧은 기간에 고난을 극복하고 선진국 대열에 선 한국을 부러워하며, 한국처럼 성공한 나라가 되기를 열망한다. 지금으로부터 96년 전, 인도의 시성 타고르가 준 희망적 예언을 실현할 수 있는 기회가 한국에 온 것이다.

지피지기는 "적과 나의 형편을 잘 알면 백번 싸워도 위태롭지 않다"는 것이다. 미국과 중국, 미중관계는 한반도의 운명을 좌우하는 핵심변수다. 미중관계와 국제정세의 변화를 바로 조망하려면 서구 중심의 시각, 이념·진영의 논리에서 벗어나야 한다. 관련 사실과 현상을 그대로 읽는 것이다.

지난 17년 동안 '더 나은 국가 재건'을 추구한 미국은 악화일로다. 전 세계를 대상으로 관세폭탄을 휘두르며 좌충우돌하는 트럼프의 미국은 가파른 몰락의 길에 들어선 모습이다. 미국이 중국 중심 아시아 시대의 도래를 촉진하고 있다.

중국은 미국의 집요하고 매서운 공격에 크게 흔들리면서도 당당하게 맞서고 있다. '중국제조 2025'와 'AI+이니셔티브', '고품질 발전' 등 산업고도화 전략들의 성과물들이 봇물을 이루고 있다.

그동안 필자는 미중 패권전쟁의 부침 속에서도 일관되게 중국의 승리를 말해 왔다. 미국 국가정보위원회의(NIC) 예측과 같이 미국은

2025년에 국제사회에서 설 자리를 잃고, 2030년경에는 미국의 시대가 끝날 것이다. 갈수록 이런 예측의 신뢰성을 뒷받침하는 많은 증거가 쏟아지며 기정사실화되고 있다.

고통과 좌절의 한반도 역사는 21세기 미중 간의 패권전쟁 상황에서 우리가 어떻게 해야 하는지를 가르쳐주고 있다. 조선시대 우리의 선조들이 명과 청, 청과 일본의 세력전이를 면밀히 살펴야 했듯이 우리는 미중 간 세력전이의 기저와 흐름을 잘 읽고 대비해야 한다.

이 책이 중점적으로 살핀 것은 우리가 현 상황에서 불행한 역사의 반복을 피하고, 행복한 세상을 만드는 데 필요하다고 생각한 것들이다. 우선, 한반도 문제를 규정하고 있는 미국과 중국의 인식·전략, 미중관계의 변화는 물론, 급변하는 국제정세를 깊게 다양하게 파헤쳤다. 40년 학습·열정을 담아 한반도 문제의 본질과 민낯도 가감 없이 다뤘다. 그 토대 위에서 한국의 위기(危機·機會)요인과 능력 등을 살펴 한국이 선택하고 이뤄내야 할 3개의 역사적 과업을 제시했다.

필자로서는 최선을 다한 글이나 많이 부족하다. '아니올시다.'라는 주장과 불편한 진실들이 익숙하지 않을 것이다. 미중관계와 관련된 한반도 통일과 미국 문제 직설들이 공감과 울림이 돼 한반도 문제의 근본을 성찰하는 계기가 되면 좋겠다.

이 문제 해결 없이 한반도 평화·통일은 꿈도 꿀 일이 아니다.

미중 패권전쟁이 날로 격화되고 있는 오늘날 이 글이 관련 궁금증과 의문들을 해소하는 데 도움이 되기 바란다. 다가오는 새로운 시대에는 이 책이 제시한 코렉시티(Korexit)와 통일한국, K-문명대국의 꿈이 이뤄지기를 소망한다.

끝으로 이 책들이 나오기까지 오로지 글쓰기에 전념할 수 있도록 도와준 가족들, 2010년부터 부족한 저의 중국(=미중관계) 연구를 성원해 주시고, 기꺼이 추천의 말씀까지 주신 존경하는 최완규 총장님과 김흥규 교수님, 그리고 조준형 기자님께 심심한 감사를 드린다. 김 교수님과 조 기자님은 최고의 미중관계 전문가시다. 글쓰기 중 두문불출하는 저를 이해해 준 여러 친지·친구들에게도 고마움을 전한다. 관계 전문가들의 수많은 선행 연구·글들이 없었다면, 또 6개월 동안 끝없는 퇴고(推敲) 작업을 감내하며 반듯한 책으로 내준 출판사 김정훈 님을 비롯한 여러분의 노고가 없었다면, 이 책들이 나올 수 없었을 것이다. 모두 대단히 감사합니다!

2025년 6월 28일
저자 문대근 씀

차 례

글을 열며   5

제1부 미중과 한반도 지피지기(知彼知己)

01. 19세기 말에 잘못 끼워진 첫 단추   16

02. 통일이 '끝없이 아득한 미로'인 까닭   28

03. 미중의 대 한반도 지정학 인식   41

04. 미중의 대 한반도 정책   59

05. 한반도 통일에 대한 미중의 입장   91

06. 미국과 중국은 우리에게 어떤 나라인가?   116

07. 미중 양국의 체제·이념 비교   145

08. 미중 패권전쟁이 미치는 영향   161

제2부 지각변동 상황에서 한국의 위·기(危·機)

01. 격변: 국제질서 붕괴, 지구촌 급변   168

02. 위기: 다시 기로에 선 대한민국   204

03. 기회: 격변기는 한국의 대전환 기회   216

04. 능력: 역사상 가장 강력해진 한국   232

05. 역사 교훈: 임란·호란은 말한다   247

제3부 한국이 이뤄내야 할 역사적 과업

01. 선택1: 대전환을 위한 한국의 첫걸음(Korexit)   262

02. 선택2 : 남북 협력을 통한 평화통일 실현   281

03. 선택3: 세계를 리드하는 동방의 등불

     (K-문명대국) 건설   292

글을 마치며   306

참고 문헌   320

제1부

미중과 한반도 지피지기 (知彼知己)

01

19세기 말에 잘못 끼워진 첫 단추

— 일제의 조선 식민지배

가. 청의 '조선책략' 실체

1882년, 조선과 미국은 중국(청)의 주선으로 수교했다. 이후 한반도는 미국과 중국의 영향을 크게 받기 시작했다. 미중 양국은 한반도 국가의 국치와 일제 식민지배, 분단·전쟁 과정에서 협력과 적대, 갈등과 대립을 반복해 왔다.

미국과 중국이 한반도 문제와 관련해 협력한 최초의 사례는 구한말 미국과 조선의 수교다. 이때 중국(청)은 미국의 한반도 진출을 적극 지원한다. 조선이 구미 제국과 맺은 최초의 쌍무조약을 미국과 맺게 된 데에는 당시 급속히 몰락하고 있던 청나라의 대 조선 책략이 주효했다.

19세기 말, 조선왕조 말기부터 대한제국 멸망 시까지는 전 세계적인 격변기였다. 동아시아는 서구 열강들이 주도하는 국제질서의 확장과 청의 조공체제 약화 등으로 요동쳤다. 청의 중화질서 종주국 지위는 약화되었다. 동북아 질서는 일본과 러시아 양강 구도로 전환되는 과정에서 일본이 지역 패권국으로 부상했다.

조선의 내정은 취약했다. 고종의 안중에는 자신의 안위와 호사뿐이었다. 무능하고, 부패했으며, 특히 매국적이었다. 국가경제는 파탄나고 민심은 이반되었다. 조정은 왕권의 보호·유지에 급급하며, 안보는 등한시하고, 내우외환을 외세로 해결하려 했다. 외세는 조선의 생존보다 자국의 지정학적 이익 실현에 주력했다.

1876년 일제에 문호를 개방한 조선은 1882년 임오군란을 계기로 멸망의 길에 들어선다. 청군과 일본군은 한반도에 진입해 내정에 개입하기 시작했다. 청의 리홍장은 조선을 식민지화해 서구 열강과 동동한 제국적 지위를 확보코자 했다. 경쟁국 일본은 청과 조선의 종속관계를 단절시켜 조선을 외교적으로 이용하려 했다. 조선은 식민지 쟁탈의 표적으로 열강들의 흥정 수단이나 대상이었다.

'조선책략'은 조선의 청 속국화, 연미책

조선의 종주국인 청나라가 흔들리자 중·일·러 3국 간에는 조선의 지배권을 둘러싼 주도권 경쟁이 치열해졌다. 쇠망하던 청은 조선의 속국화를 통해 일본과 러시아의 중국 진출을 한반도에서 저지하려 했다. 역부족이었다.

최후의 대안은 자국의 '원교근공(遠交近攻)' 전략을 조선에 강요하는 것이었다. 한반도에 미국을 끌어들여 러시아의 남진과 일본의 조선 침략을 견제하는 연미론(聯美論)이 그것이다. 청은 조선에 대한 영토 야욕이 있는 이웃 러시아·일본보다 먼 나라인 미국의 한반도 지배가 자국의 안전에 이롭다고 판단했다.[1]

중국은 조미수교를 위한 통상조약의 협상부터 완성까지 전 과정을 개입·주도했다. 1880년 청나라는 조선의 고종이 일본에 수신사로 보낸 김홍집 일행에게 주일대사관 참사인 황준헌으로 하여금 청의 대 조선 전략인 『조선책략』을 설명토록 했다.

그 핵심 내용은 중국이 러시아의 남진을 방어하기 위해 필요한 조선의 외교정책이었다. 황준헌은 탐욕스러운 러시아가 조선까지 탐낸다고 강조하면서, 조선이 이를 방어하기 위한 책략은 친중국(親中國), 결일본(結日本), 연미국(聯美國)해 자강을 도모하는 것이라고 강조했다. 조선은 중국과 친하게 지내고, 일본과는 관계를 연결·유지하며, 미국과는 강력한 연계를 유지하는 것이 상책이라는 것이었다.[2]

---

1 김문식, "이홍장의 외교적 목표", 다산연구소 '실학산책', 2010.12.24.
2 황준헌 저·심승일 편역, 『조선책략』, 범우사, 2007 참조. 황준헌은 1876년 과거에 합격, 이홍장의 문인으로 발탁돼 일본에서 외교관으로 활동하던 중 '조선책략'을 저술해 이홍장에게 전했다.

황준헌은 연미론을 설파하면서 조선의 수신사들에게 대 미국 사대주의를 주입시켰다. "아름다운 나라 미국(美國)은 남의 인민을 탐내지 않고, 굳이 남의 정사에 간여하려고 하지 않으며, 특히 대통령이 통치하는 미국은 영토를 다른 나라로 확장하지 않는다"는 것이었다.[3]

　이후 고종은 조선을 구해줄 나라는 미국밖에 없다고 생각했다. '조선에게 영토에 관심이 없는 선한 나라'인 미국은 청나라 북양대신 이홍장의 거중조정을 통해 1882년 조선과 '조미통상우호조약'을 체결한다. 동 조약 제1조는 "만약 당사국이 다른 나라에 의해 불의한 또는 억압적(不公輕侮)인 일을 당할 경우 다른 당사국은 거중 조정을 통해 우호적인 해결을 가져오도록 노력해야 한다"고 규정했다.

조선책략(연미) 결과는 일제 식민지배

　구한말은 조선을 침략·약탈하기 위해 서양 세력이 침투하던 서세동점(西勢東漸)의 시대였다. 탈아입구(脫亞入歐)를 추구하던 일본 또한 조선을 향하고 있었다. 그런데도 조선에게 미국은 서구 열강과는 다른 나라로 인식되었다. 조미수교 후 미국은 조선에 총칼 대신 선교사를 보내고, 의료와 교육(선교병원 광혜원, 세브란스 의학교, 배재학당 등 설립)을 앞세우며 평화를 추구하는 나라로 보이게 했다.

　그러나 1882년 조미수교 후 미국 시어도어 루스벨트 대통령에게

3　이재봉, "'미국(米國)'이 '미국(美國)'으로 바뀐 까닭은?", 「문학예술 속의 반미」, 2014.11.18 참조.

조선은 "이 세상에서 가장 무능하고 부패한 나라, 교육받지 못한 무지한 나라"였다. 조선에 대한 그의 인식은 조선 주재 미국공사관의 각종 보고서들을 통해 얻은 것이었다. 그는 일본이 조선을 차지하는 것을 보고 싶었다. 일본의 조선 합방이 실현되면, 조선인을 위해서나 극동의 평화를 위해서 좋은 일이라고 생각했다.

그에게 한국인들의 역사·비애는 전혀 고려의 대상이 아니었다. 조선은 그런 미국을 철석같이 믿고 일본의 침탈을 저지코자 했다. 고종은 미국과 일본, 영국이 3국 해양동맹 관계에서 의기투합하고 있다는 사실을 알 리가 없었다.

나. 미국의 배신인가, 고종의 망상인가?

당시의 미국은 타국에 비해 조선에는 우호적이었다. 중국 청나라나 일본, 일본의 경쟁국인 러시아에 비해 조선에 야심을 갖지 않았다. 미국은 지리적으로나 역사적·문화적으로도 먼 나라였다. 경제는 세계 제1 대국이었으나 패권국은 아니었다.

조선의 고종은 명성황후가 시해된 을미사변 후 신변의 위협을 느끼고 러시아 공관으로 임시 피신(1896년 아관파천)했다. 조선은 이후 몰려오는 서구 열강들 사이에서 미국이 동아시아 세력균형의 조정자 역할을 해 줄 것으로 기대했다. 고종은 조미통상우호조약 제1조를 상호방위조약으로 해석, 미국이 조선을 지켜줄 것으로 믿었다.

조선의 조정은 밀려오는 서구 열강에 저항할 의지와 능력이 전혀 없었다. 당시 주 조선 미국공사관 공사였던 호러스 알렌의 눈에 고종 황제는 "이 나라에 끔찍한 해충이며 저주다. 로마를 불태우며 놀아난 네로와 같다." 매관매직까지 하며 호사를 누리는 고종을 좋게 볼 리 없었다.

실망한 민초들은 봉기했다. 1894년 봄의 동학혁명과 그로 인해 조선 땅에서 전개된 청일전쟁은 중국 중심의 기존 동아시아 국제질서를 해체한다. 동아시아는 급속히 일본 중심의 질서로 재편돼 갔다.

미국도 1898년 미·스페인 전쟁에서 필리핀과 괌을 갖게 된 뒤 생각이 달라졌다. 아시아에 대한 보다 깊은 이해관계를 갖게 되었다. 미국은 타 열강들과 같이 아시아를 탐하기 시작했다. 1900년에는 청나라에서 일어난 의화단운동 진압을 위한 연합군의 일원으로 중국에 진출한다.

1905년 러일전쟁에서 일본이 승리할 것으로 예상되자 고종은 급해졌다. 그는 루스벨트 대통령에게 밀서를 보낸다. "일본이 조선의 주권을 침탈하지 않도록 도와달라"는 것이었다. 밀서의 근거는 상호방위 협력을 약속한 조미수호통상조약 제1조였다. 그때 미국은 조선을 버린 상태였다. 미국은 청일전쟁과 영일동맹, 러일전쟁을 거치는 동안 조선에 대한 지배권을 일본에 맡겨야 한다고 생각했다.

루스벨트 대통령은 20세기 초 영국을 제치고 사실상 세계 최강국이 된 미국의 힘을 의식하고 있었다. 미국이 가진 힘의 영향력을 세계에 인식시키는 것이 자신의 의무라고 생각했다. 그 연장선상에서 루스벨트는 도덕적 권위로서가 아니라 '세력균형'에 입각한 국익 차원의 대외관계를 추구했다.

그는 우선 극동 지역에서 팽창하려는 러시아를 일본을 통해 견제하려는 전략을 수립했다. 러시아의 세력 확장을 억제할 지역인 조선을 일본에 합방시켜 러시아에 대항케 하는 세력균형론이 그것이다.

러시아의 팽창을 저지하려는 미국의 전략에는 일본과 해양 동맹을 체결한 영국이 적극 동조했다. 결국 일본과 러시아 간의 극동지역 패권전쟁(1904-1905 러일전쟁)에서 일본은 미국과 영국의 지원에 힘입어 승리한다. 각축장인 한반도의 조선이 일본에 넘어간 것이다.

여기에는 미국의 또 다른 전략이 숨어있었다. 당시 필리핀을 점령하고 있던 미국은 욱일승천하는 일본이 필리핀에 대한 야욕을 드러낼 것을 우려했다. 한국문제를 포함한 극동문제나 미국의 필리핀 영유권 문제에서 일본과의 협조가 필요했던 것이다.

그 결과가 일본과 체결한 '가츠라-태프트 밀약'이다. 미국은 이를 통해 일본에게 조선이란 먹잇감을 주면서 일본의 관심을 만주로 향하게 해 태평양을 눈독 들이지 않게 했다. 또 극동과 중국대륙을 두고 일본과 러시아가 대립하도록 했다.

다. 우리가 몰랐던 '루트-다카히라 협정'

1905년 7월 29일, 미국은 일본과 '가츠라-테프트 밀약'을 체결한다. 미국이 일본의 조선 지배를 합법화해 준 것이다. 1905년 8월 영국과 일본은 2차 영일동맹을 체결하고, 1905년 9월에는 미국 주선으로 미국 포츠머스에서 러일 강화조약이 체결되었다. 이 조약들은 모두 조선에 대한 일본의 보호조치권을 보장했다. 일본의 한국 강점을 지원한 미국은 1905년 11월 을사늑약 체결 직후 주한 미국공사관을 철수한다.

을사늑약은 미·일·영 3국의 합작품이었다. 미국과 영국, 일본은 3국 동맹을 맺고 미국은 필리핀, 영국은 인도, 일본은 조선을 각각 차지하기로 했다. 이를 적극 지원하며 주도한 미국의 루스벨트 대통령은 특히 조선을 일본에 넘겨주고 동양 평화에 기여했다는 구실로 1906년 노벨평화상을 수상한다.

조선은 미일영 해양제국의 합작과 고종을 위시한 위정자들의 무능으로 일본의 '보호'를 받는 신세가 된다. 1905년 을사조약 직전, 조선 고종의 최측근 이용익과 영국의 기자 메켄지 간의 대화를 보자.

- 이용익: 미국과 유럽이 조선의 독립을 보장하기로 했다.
- 메켄지: 국력의 뒷받침 없는 조약은 쓸모가 없다. 당신들이 자신을 보호하지 않는데 남이 보호해 줄 까닭이 있는가?

– 이용익: 미국이 약속했다. 무슨 일이 있어도 미국은 우리 친구가 될 것이다.

미국은 1908년 11월 30일, 일본과 '루트-다카히라 협정'을 체결해 일본의 조선합병을 외교적으로 완결했다. 그동안 우리가 잘 몰랐던 이 협정은 ① 태평양 지역에서 양국의 현상 유지, ② 상호 간의 영토 (조선·만주는 일본권역, 필리핀은 미국권역) 존중, ③ 청나라의 독립과 상업상의 기회균등 존중 등을 상호 확인·합의하고, 이를 만천하에 공개한 것이었다. 1910년 8월 29일, 조선은 500년 왕조가 멸망하고 일본의 식민지가 된다.

〈표-1〉 미일 태프트-가쓰라 비밀각서와 루트-다카히라 협정

태프트-가쓰라 밀약	루트-다카히라 협정
① 일본은 필리핀 침략 의도를 갖고 있지 않으며, 미국의 지배를 확인 ② 극동의 평화 유지를 위해 미·영·일 3국의 상호 양해가 유일 최선임을 이해 ③ 일본의 대한제국 종주권은 러일전쟁의 논리적 귀결이자 극동 평화에 공헌	① 태평양 지역에서 양국의 현상 유지 ② 상호 간의 영토 존중 ③ 청나라의 독립, 태평양에서의 양국의 영토 보전, 상업상의 기회균등 존중
* **포츠머스조약(1905.9.5) 2조**: 러시아는 일본이 조선에서 정치·군사·경제적 우월권이 있음을 승인, 조선에 대해 지도·보호·감독에 필요한 조치를 취할 수 있음을 승인함.	

* 출처: 관련 자료들을 종합·정리함.

라. 잘못 끼운 첫 단추는 중국(청)의 망상과 미·일의 합작품

　미국이 자국을 지켜줄 거라는 환상은 조선 위정자들의 망상이었다. 미국은 조미통상우호조약 상의 거중조정 조항이 의무적인 것이 아니라면서 조선과 열강 간의 갈등에 중립을 지켰다. 미국을 연루시키려는 조선의 노력은 미국에 의해 방기돼 실패했다.

　사실 조미통상조약은 공약(空約)에 불과했다. 특히 청과 조선이 추구한 전근대적인 '원교근공' 전략은 해양세력과 대륙세력 간의 경쟁구도로 변한 당시의 시대상황에 걸맞지 않은 것이었다. 미국은 일본과 한 편으로 이익을 나누지 중국 대륙세력의 일원이었던 조선을 보호할 이유가 없었다. 미국은 조선을 배신하지 않았다. 자국 국익에 충실했다. 조미수호통상조약을 체결한 것도, 1905년 11월 체결한 을사늑약을 가장 먼저 파기한 것도 미국이었다. 미국이 조선을 보호하고 이익도 보장해 줄 것이라는 고종의 믿음은 무지의 소산이었다.

　구한말 이후 조선의 좌절·고통은 미국에 대한 잘못된 인식·기대에서 출발했다. 이후 일본의 식민지배와 남북 분단·전쟁은 한줄기로 묶이면서 미국이 '동아시아의 병부(東亞病夫)'가 된 중국의 역할을 대신한다. 미·일·영 해양세력의 합작에 의한 일제의 36년 식민지배가 없었다면 남북 분단·전쟁도, 통일의 과제도 없었을 것이다. 한민족의 100여년 좌절·고통은 이렇듯 잘못 끼워진 첫 단추로부터 시작되었다.

마. 구한말과 유사한 21세기 초 동아시아

지금도 한반도는 첫 단추를 잘 못 끼운 옷을 그대로 입고 있는 형상이다. 주변 4강인 미·중·일·러가 그대로 자리하고 있다. 한반도는 남북으로 분열된 채 남북관계는 강대국 정치가 지배하고 있다. 한국은 다시 '원교근공' 전략을 말하며 미국 편에 섰다. 미국과 중국의 처지가 달라졌을 뿐 제반 내외 상황은 구한말과 유사하다.

19세기 말의 격변기, 중국의 청은 개항 후 싹튼 한민족의 독립 의지를 억압하고, 조선의 개화를 저지해 조선을 중화질서에 묶어 두려고 했다. 청의 위안스카이는 식민지 총독처럼 행세하며 조중 조공관계를 실질적인 종주·속방의 관계로 재구성했다. 조선은 무지와 무력, 사대 모화와 굴종으로 부서진 배였다. 나라의 운명을 청·일·러·미 등 주변 4강에게 맡기고, 자신의 왕권을 유지하고자 칠관파천(七館播遷)하다 사라졌다.[4]

미중 패권전쟁으로 지각변동 중인 21세기 초, 한반도 내외 정세는 19세기 말처럼 위험한 상황이다. 남북방 3각관계가 확연해진 가운데, 한미동맹과 북한이 서로를 향해 전쟁을 연습하고 있다. 비핵화 전망은 갈수록 희미하고 북핵 위협은 커졌다. 심각한 것은 북한이 미국의 충직한 동맹인 남한을 제1의 적대국가(중견·졸개·괴뢰)로 규정하고, 남북관계에서 '통일과 화해, 동족' 개념 등을 모두 지워버린 것이

---

4 고종은 당시 미관·영관·아관 등 외국공관으로 7회 도주 또는 도주를 시도했다.

다. 2024년 12월, 북한은 러시아와의 군사동맹관계를 복원하는 새로운 조약도 체결했다. 과거 임진왜란과 청일전쟁, 6·25한국전쟁은 모두 동아시아의 권력 변동기에 발발했다. 전쟁에서 취약한 한반도는 국가세력 혹은 진영 간의 전장이 되었다. 20세기와 달리 역사가 서에서 동으로 이동하고 있는 21세기에 서와 동의 거두들인 미국과 중국 간에는 어떤 식으로든 한바탕의 결판이 불가피하다. 그 전장은 다시 평화의 싹이 사라진 동아시아 한반도가 될 가능성이 크다.

남북관계에서 평화·통일의 싹을 자르고, '2민족 2국가론'으로 민족·통일의 개념을 지운 나라는 '북한(조선)'이다.[5] 하지만 이는 그동안 한반도 주변국들이 추구해 온 동아시아 전략의 실질적인 목표였다.

한국도 2022년 이후 '원교근공' 전략으로 '탈아입미(脫亞入美)'하고, 통일부를 사실상 해체해 버렸다. 중국이 부상한 2020년 이후 한국의 보수정부가 한반도 평화·통일을 추구한 적은 없었다. 통일꾼보다는 해양세력의 대 중국 견제용 방파제와 전방초소 역할에 충실했다. 모두 100여 년 전에 첫 단추를 잘못 끼운 옷을 그대로 입고 있는 탓이다. 끝 단추는 끼울 구멍이 없는데 어떻게 하나.

---

5 1992.2.19. 발효한 '남북기본합의서' 제1조는 "남과 북은 서로 상대방의 체제를 인정하고 존중한다."였다. 남측의 강력한 주장의 결과였다. 서명은 대한민국 국무총리 정원식과 조선민주주의인민공화국 정무원총리 연형묵이 했다.

02

통일이 '끝없이 아득한 미로'인 까닭

― 남북합의는 '시지프스 신화'의 바위

분단 한국의 숙원은 평화·통일이다. 1972년 7·4 공동성명 이후 남북한은 평화·통일을 위해 6·15와 10·4, 4·27선언 등 수많은 합의를 했다. 합의가 제대로 실현된 적은 한 번도 없었다. 합의의 이행 단계에서 중단되는 '합의 OK, 실천 NO' 법칙이 작동됐기 때문이다.

남과 북이 그토록 평화·통일을 다짐했건만 가다 서다를 반복할 뿐 서로에게 온전히 다가서지 못한 까닭은 무엇일까? 아직도 세계 유일의 분단국이 통일은커녕 평화조차 아득한 미로인 까닭은 무엇일까? 답은 아래와 같은 맥락 속에 숨겨져 있다.

가. 역사가 단절되며 비극 시작

1945년 8·15 이후 한국의 역사를 굴절시킨 것은 일제 식민지 유산이었다. 남남·남북 간의 갈등과 분열·대립의 가장 큰 원인은 100여 년 전에 한반도 지도가 없어지고, 역사가 단절되면서 비극이 시작된 것이다.

일제 식민지배 36년 동안 일본은 조선인의 신민화와 민족 개조를 통해 한민족의 혼과 정체성을 빼앗았다. 시종 분열·반목하는 한민족을 만들었다. 한국 근·현대 100년은 친일파와 1945년 이후 친일이 친미로 옷을 갈아입은 친미파가 써내린 역사다. 일제 식민 잔재를 청산하지 못한 채 정체성의 혼란 속에서 분열·사대가 온존하고 있는 것이다.

1945년 일제가 항복한 이후 한반도 남쪽지역은 미군정 상황에서 해방도 광복도 없었다. 나라가 분단된 적도 없었다. 임시정부를 인정받지 못한 한반도는 임자 없는 땅이었다. 대일전의 연합군인 미군과 소련군은 전리품이 된 한반도를 분할·점령해 나눠 가졌다. 미소 양국은 3년 군사통치 후 각기 자신들의 입맛에 맞는 위성정부를 수립했다.

이후 6·25전쟁은 소련이 중국과 미국이 한반도에서 죽도록 싸우게 기획·사주한 국제전이었다. 스탈린의 6·25전쟁 기획에는 미국이 북한의 남침에 적극 대응할 것이라는 것과 중국은 어떠한 경우에도 북한을 포기하지 않을 것이라는 전제가 있었다.

미국이 전쟁에 즉각 개입한 것은 한반도의 공산화를 저지하고, 전쟁을 자국의 세계 패권 기반 구축 기회로 활용하기 위함이었다. 중국은 유엔군이 38도선을 넘어 북진하고, 스탈린이 김일성 군대의 만주로의 망명을 지시한 절체절명의 순간에 참전했다. 자국의 전략적 이해가 걸린 북한지역을 확보해 보가위국(保家爲國)하기 위함이었다.

6·25전쟁 후 휴전선은 남북한 휴전선이 될 수 없었다. 양 진영의 이데올로기 분단선이자 실질적으로는 북미 간의 대치선이 되었다. 정전협정에 서명하지 않은 한국은 법적 당사자가 아니었다. 군사분계선(MDL) 이남 비무장지대는 미군이 유엔사의 이름으로 관할하는 땅이 되었다. 남북교류협력은 미군 허락 없이 할 수 없다. 당시 대한민국 이승만 대통령과 휴전협상 한국군 대표였던 백선엽 1군단장은 이를 모를리 없었다.[6]

6·25전쟁 후 재분단과 냉전으로 얼룩진 남북관계는 불신·적대감이 고조되었다. 미소에 의해 분단된 한반도는 미중이 대치하는 전선이 되었다. 거의 모든 한반도 문제는 곧 미중 간의 국제문제가 되었다. 남북관계 개선이나 평화통일은 원초적으로 불가능한 일이었다.

---

6 정전협정의 협상 과정과 협정 내용, 정전협정의 개념과 역사, 구조, 유엔사의 기능과 역할, 전시 작전통제권의 운영방향과 방침 등에 대한 자세한 설명은 이상철, 「한반도 정전체제」, KIDA, 2012 참조.

그동안 외세가 주도한 한반도 분단과 전쟁의 상처를 남북한이 치유하며 평화·통일로 나아가는 일은 어불성설(語不成說)이었던 것이다.

나. 미중관계가 동북아·한반도 상황 규정

미중관계가 동아시아 기축으로 설정된 계기는 6·25전쟁이었다. 전쟁 중 절체절명의 순간에 남북한을 구한 미중 양국은 각각 남북한과 피의 혈맹관계를 맺어 영향력을 행사한다. 각기 남북한과 맺은 동맹조약 등을 통해 한반도를 공동으로 관리해 왔다.

관리의 기본 원칙은 1972년 2월 닉슨 대통령이 중국을 방문해 마오쩌둥과 합의한 '베이징 밀약'이다. 이 밀약은 한반도 남북한 지역에 대한 상대방의 영향력이나 이익을 상호 인정·존중한다는 것이었다. 그동안 미국과 중국은 한반도 분단상태의 변화를 추구한 적이 없다. 양국의 이익은 분단의 현상 유지다.

미중 양국의 대 한반도 정책과 미중관계의 변화는 한반도 상황과 남북관계를 규정하는 핵심변수가 되었다. 구조의 변화에 따라 한반도의 상황은 부침을 거듭했다. 미중 간의 냉전은 곧 남북한의 냉전이었다. 미국과 중국이 화해할 때 남북관계에서도 해빙의 무드가 조성되었다.

1972년 미중 간 상해공동성명 후 7·4공동성명 채택, 1991년 소련 붕괴 후 탈냉전 분위기 속에서 남북기본합의서 채택, 2000년 미중의 호혜적 동반자관계 형성 후 6·15공동선언 채택, 2006년 미국이 중국을 이해상관자로 인정하고 북한을 인정하면서 10·4선언이 채택되었다.

그 과정에서도 미중 간의 대치 공간인 한반도 문제는 곧 미중 간의 국제문제로 비화되었다. 서로 양보할 수 없는 정치외교전을 전개했다. 1992년 한중수교와 제1차 북핵위기 이후 북핵문제, 1997년 중국의 홍콩 환수와 한국의 IMF 위기, 2010년 중국의 일본 추월과 천안함 사건, 2015년의 한중 FTA 체결과 미군의 한국 내 사드배치 등이 그것이다.

한반도를 관리하는 미국과 중국의 전략은 한반도를 철저하게 분할·지배하는 것이다. 그동안 '북한의 안정을 곧 자국의 안전'으로 인식한 중국에 대해 미국은 '한국 수호를 곧 미국 수호'로 대응했다. 미국과 중국의 대척점인 한반도에 평화가 깃들 수 있겠는가? 만약 한반도가 통일돼 통일한국이 미중 어느 일방에 편승하게 되면 어떻게 되겠는가? 2017년 한미정상회담 시 트럼프 대통령은 문재인 대통령에게 "왜 한국이 꼭 통일을 해야 합니까?"라고 물었다.

미국과 중국은 30년(1949년~1979년)의 적대관계와 40년(1979년

~2018년)의 갈등·협력관계를 유지해 오다 지금은 패권전쟁(2018년 ~ 현재) 중이다. 진영의 논리와 신냉전의 기운이 돌고 있는 동북아는 G2인 미중관계(구조)가 동북아·한반도 정세를 규정한다는 미국의 저명한 국제정치학자 왈츠의 '신현실주의 이론'으로 설명할 수 있다.

전략적 경쟁관계인 미국과 중국의 정책목표는 역내에서 상대방의 영향력 확대를 경계하고 견제하는 세력균형이다. 이에 따라 양국의 대 한반도 정책은 상대방으로부터 오는 위협 여부와 그 수준이 크게 작용한다. 양국은 동북아 역학구조 속에서 상대방의 대 한반도 정책과 상호관계를 고려해 남북한과의 관계를 조정해 왔다.

그 과정에서 동북아 역내 국가 간의 작용과 반작용, 끌고 밀어 당기기는 아래 〈표-2〉와 같이 일정한 패턴과 운율을 반복해 왔다.

미중관계와 동북아 역학 구조

한반도= 국내문제 < 국제문제

- 중국 부상 ⇒ 미국의 견제 (한미동맹↑, 미일동맹 ↑) ⇒ 미중관계↓
- 미중관계↓ ⇒ 한미관계↑, 북중관계↑, 남북관계↓, 한중관계↓
- 미중관계↑ ⇒ 한중관계↑, 남북관계↑, 북중관계↓
- 남북관계↑ ⇒ 한중관계↑, 남북중 협력↑, 한미관계↓, 미중관계↓

미국은 남북중 협력, 중국은 한미일 결속을 경계
미국과 중국의 전략 핵심: 남북한을 상대방으로부터 떼어내기

* 출처: 필자가 왈츠의 신현실주의 이론을 기반으로 개발한 동북아 역학구조 변화 공식임.

위에서 보는바, 미중관계의 변화는 동북아 정세에 직접적으로 영향을 미친다. 미중관계가 협력적일 때 남북관계도 협력적으로 변화했다. 남북한은 평화·통일로 가는 많은 합의를 채택했다. 그러나 남북관계의 개선 조짐은 곧 한미관계를 긴장시켜 남북 간의 합의가 남북관계의 의미있는 개선으로 연결된 적이 없었다.

한반도 정세가 변화하는 과정에서 미국과 중국이 가장 경계하는 것이 있다. 그것은 남한과 북한이 상대방 진영으로 가 자국의 대 한반도 영향력이 상실되는 것이다 미국은 남·북·중 3국이 상호관계 개선을 통해 3각 협력관계로 발전하는 것을 경계한다. 중국은 한·미·일 3각 동맹이 자국을 견제·봉쇄하는 상황을 경계한다.

미중 사이에서 남북이 서로에게 다가서는 것은 불가능한 것이 냉엄한 현실인 것이다. 원심분리기가 상시 작동하고 있는 한반도에서 구심력이 없으면 2025년 초의 오늘날과 같이 강력한 원심력이 한반도를 지배하게 된다.

현재의 한반도 상황은 미중 패권전쟁으로 한반도의 구심력이 약화되고 강대국 정치에 의한 원심력이 강화돼 남북관계가 제로(無) 상태다. 구조를 이루는 미국과 중국이 전쟁하고 있으니 양국의 후견 동맹국들인 남북한의 관계가 평화로울 수 없다.

다. 정전·북핵·사드 체제와 한반도 평화·통일은 병존 불가

　1953년~ 정전체제와 1993년~ 북핵체제는 한반도 평화·통일을 가로막고 있는 또 다른 핵심 구조다. 2016년~ 사드체제는 한반도 문제 해결 과정에서 중국의 적극적인 협력을 가로막는 것이었다. 사드체제는 남북관계를 한 발짝 더 미국의 대 중국 전략의 종속변수로 전락시켰다. 한반도는 지금 전쟁을 잠시 멈춘 상태에서 핵과 미사일 위협이 점증하며 전쟁으로 치닫고 있다.

　이 3중의 체제를 해제하지 않고 한반도에 평화가 올 수는 없다.[7] 30년 해묵은 과제인 북핵문제를 해결하기 위해서는 한반도 평화체제가 구축되어야 한다. 평화체제는 정전체제를 종식하는 것이다. 그런데 종전선언은 미군이 주도하는 유엔군사령부의 해체를 의미한다. 종전선언과 평화협정은 유엔군사령부뿐만 아니라 연합사령부의 해체, 나아가 주한미군 철수를 야기할 수도 있다.

　그렇게 되면 미국은 한반도 안보와 남북관계를 관리할 수 있는 권한과 명분을 잃게 된다. 2018년 10월, 미국은 한국이 남북철도·도로의 개보수 연결을 위해 필요한 인원과 물자의 북한 반입을 거부했다. 트럼프 대통령은 "우리의 승인 없이 (한국은) 아무것도 하지 못한다"고 경고했다. 미국은 천안함 사건 이후 우리 정부가 대북 제재조

7　구갑우, "한반도 평화체제의 역사적·이론적 쟁점", 2019 신한대 탈분단경계문화연구원 국제학술회의 자료집 『신뢰의 조건과 평화프로세스』, 2019.11.7, pp.1~7.

치로 취한 5·24조치의 해제도 안 된다는 입장이었다.

실제로 미국은 정전협정 규정에 따라 유엔사의 이름으로 비무장지대(DMZ)를 통하는 모든 남북교류협력을 차단할 수 있다. 미국은 유엔사의 군사분계선과 비무장지대 출입·허가권을 자국의 남북협력사업 견제·통제와 대북제재 이행 감시의 수단으로 활용하고 있다.

북핵문제도 미국이 한반도 상황을 관리하는 데 유용한 기제의 하나다. 북핵문제가 지금까지 해결되지 못한 이유는 북한 측에 가장 큰 잘못이 있다. 하지만 미국의 소극적인 자세에도 책임이 없지 않다. 많은 전문가들은 미국이 북핵문제 해결을 위한 첫 합의인 1994년의 제네바 합의를 적극 이행했더라면 그때 북핵문제가 해결되었을 것으로 본다.

우연이겠지만 남북관계에서 중요한 합의들인 남북기본합의서(1992년)와 6·15 공동선언(2000년)이 합의되어 실행단계에 들어설 때 북핵문제가 제기되곤 했다. 합의의 이행을 위한 후속조치들이 1~2년 동안 순조롭게 진행되던 1994년과 2002년 미국이 제기한 북핵문제로 인한 제1, 2차 북핵위기에 따라 남북한 관계가 파탄을 맞았다. 2018년, 남북정상이 합의한 4·27 판문점선언과 9·19 평양선언도 곧 휴지가 되었다.

북핵문제 해결을 위한 수많은 유엔의 대북제재 결의안과 미국의 국내법은 그 어떤 남북교류협력도 할 수 없게 규정하고 있다. 미국의 승인이나 동의, 특별조치 없이 한국이 할 수 있는 게 하나도 없다. 한국정부의 대북정책과 남북관계는 미국의 통제관리 범위를 벗어날 수 없게 돼 있는 것이다.

미국은 북한의 핵무기 보유로 달라진 작전환경을 이유로 전시작전권의 한국 환수를 북한이 핵을 포기할 때까지 연기하자고 한다. 나아가 전시작전권이 환수될 때를 대비해서 정전협정 이행 기구인 유엔군사령부의 조직을 확대해 그 역할을 강화하려고 한다. 만약 북핵 문제가 해결되었다면 어땠을까?

그동안 북핵이 해결되지 못한 또 다른 이유가 있다. 북핵은 역설적으로 미국이 한반도를 자국의 국익에 맞게 관리하는 데 없어서는 안 될 유용한 자산이다. 1석 5조, 즉 미국에게 북핵은 ① 한반도 문제 군사 개입, ② 한미동맹·한미일 안보협력 강화, ③ 미국산 무기수출 증대, ④ 대 중국 견제, ⑤ 정전체제·전시작전권·주한미군 유지의 명분과 구실을 제공한다.

북한이 핵을 고도화하고 남북관계가 크게 악화된 윤석열 정부 1년(2022.5.~2023.4.) 만에 한국은 각종 미국산 무기 약 18조 원어치를 구매했다. 불안정하나마 평화가 유지된 문재인 정부 5년 동안은 2조 5000억 원 정도였다. 한반도 상황을 자국의 국익이 해치지 않는 범위 내에서 관리하고자 하는 미국의 의지는 확고할 수밖에 없다.

2025년 3월 6일 미국을 방문한 신원식 대통령실 국가안보실장은 마이크 왈츠 미국 백악관 국가안보좌관과 첫 회의에서 "양측은 북한의 완전한 비핵화 의지를 재확인했다", "대북정책 수립과 이행에 있어서는 '반드시, 사전에, 긴밀히 공조'해 나가자"고 했다.

북핵문제 해결에 왕도는 없다. 그동안의 남북관계와 북핵문제 해결을 위한 노력들은 모두 시작과 기대와 우려, 중단 과정을 반복해 왔다. 많은 합의 중 그 어떤 것도 실질적인 이행의 단계를 넘지 못했다. 어김없이 합의는 OK, 실천은 NO라는 법칙이 적용된 것이다. 남북 간의 합의와 실천은 '시지프스 신화의 바위'와 같은 것이다.

한미 고위당국자 간 "대북정책 수립과 이행에 있어서는 **반드시, 사전에, 긴밀히 공조**'해 나가자"는 합의는 무엇을 의미하는가? 이제부터 남북관계에서는 합의도 실천도 NO라는 법칙이 적용될 것이다.

라. 한반도 평화·번영과 통일은 어떻게 하나?

민족의 분단선이자 지역 및 세계의 분단선인 휴전선을 지우게 될 남북통일은 동아시아 국제질서의 지각변동을 의미한다. 따라서 한반도 평화통일은 미국과 중국의 이해와 도전을 어떻게 잘 관리하느냐는 문제이다. 그러기 위해서는 먼저 나와 우리부터 바로 서야 한다.

그동안 한국정부는 미국과 함께 비정상적인 한반도 문제를 북한 탓으로 돌려왔다. 일면 타당성이 없지 않다. 지구상에서 가장 폐쇄적이고 가난한 독재국가 북한에게 '개방·개혁은 물과 불의 관계'다. 북한에게 변화 개방은 가능한 일이 아니다. 핵무기 고도화에 주력하며, '2민족 2국가론'을 공식화한 북한에 의미있는 변화를 기대하기는 더욱 어렵게 되었다.

그럼에도 남 탓할 일만은 아니다. 한국은 비대칭 한미동맹 관계에서 최소한의 남북관계 관리능력조차 없다. 거짓·왜곡으로 가득 찬 한국 현대사는 국민들의 무지·분열·사대를 부추기고 있다. 사실과 진실의 논리 대신 강자와 반공, 진영의 논리가 지배하고 있다. 거기에서 평화·통일의 싹이 틀 리가 없다.

DMZ를 사이에 두고 남북한 아닌 북미가 대치하고 있는 현실도 인정해야 한다. 한국은 영토·안보 주권, 대북정책 결정의 자율성이 제한적인 나라다. 북방의 상대인 북한·중국은 한국을 주권국가로 보지 않는다. 북한은 차마 입에 담지 못할 욕(충견·졸개 등)을 서슴지 않는다. 중국은 한국이 자주독립해 외세의 개입을 차단해야 진정한 협력이 가능하다는 입장이다.

돌이켜보건대, 7·4 공동성명에서부터 4·27 판문점선언까지 50년 동안의 모든 남북한 합의·이행은 '합의는 OK, 이행은 NO'라는 법칙이 적용되었다. 노무현 정부가 이 법칙을 거부하며 적극 추진한 개성공단 개발과 금강산 관광, 남북철도·도로 연결 사업도 예외가 될 수 없었다.

냉전의 얼음을 깨고 맞은 한반도 평화의 봄은 매번 신록과 수확의 계절을 맞지 못하고 곧바로 겨울이 되었다. 죄를 지은 시지프스의 삶에서 끝없는 바위 올리기는 삶의 과정일 수 있었다. 그러나 외세에 의해 분단된 죄 없는 한민족의 평화·번영, 통일 노력이 왜 '시지프스의 바위'가 되어야 하는가?

한 국가의 정치 수준은 그 나라 국민들이 결정한다. 남북한 정치 수준도 마찬가지. 역사를 통해 깨어나는 국민들의 정치적 각성과 경계 의지가 중요하다. 전쟁 걱정 없이 평화롭게 잘 사는 한반도는 그 누구도 아닌 남북한 국민들이 만들어 나가는 일이다. 12·3 비상계엄 정국에서 보여준 국민들의 높은 민주시민의식은 가장 큰 희망이다.

03

미중의 대 한반도 지정학 인식

— 한반도의 지정학은 숙명인가

  누가·왜 한반도를 갈라놓고 싸우게 했을까?

  한반도는 왜 전쟁으로도 통일하지 못한 채 세계 유일 분단국으로 남아 있을까? 지정학의 힘이 있는 한반도는 지정학의 덫에 갇힐 것인가, 넘어설 것인가?[8]

  이 의문을 해소할 수 있다면 우리가 전쟁 걱정 없이 평화롭게 잘 사는 한반도를 만들 수 있을 것이다. 필자의 30여 년 통일 업무와 퇴직 이후 10년의 집중적인 미중관계 공부는 이 의문을 해소하고 답을 찾기 위한 것이었다. 역사를 돌이켜볼 때, 한반도 식민지배와 분단·전쟁, 그리고 분단고착이라는 비극의 원천은 국력의 취약성과 함께 한반도의 지정학에 있었다. 무지가 초래한 몽매의 결과이기도 했다.

  21세기에 무지·무력(無力)의 문제는 고칠 수 있다. 하지만 지정학

---

8 김동기, 『지정학의 힘 – 시파워와 랜드파워의 세계사』, 아카넷, 2020.

은 쉽게 고칠 수 없다. 가까운 이웃은 바꿀 수 없고, 어떤 국가도 지리정치의 영향을 받을 수밖에 없기 때문이다.

그동안 동아시아 질서가 변화하는 과정에서 지정학적 요충인 한반도는 매번 수난을 당했다. 지정학은 한민족의 역사 전개와 깊은 관계를 맺을 수밖에 없었다. 지금도 한반도의 지정학은 미중 간의 패권전쟁과 그들의 정책 결정에서 가장 중요하게 고려되는 요인이다.

가. 한반도의 지정학적 성격과 통일·분할(론)

역사상 한반도의 전쟁과 통일·분단·분할(론)에도 지정학이 크게 작용했다. 한반도의 통일은 두 번 있었다. 신라의 통일(676년)과 고려의 후삼국 통일(935년)이 그것이다. 모두 중국의 상황과 관련돼 있었다. 신라의 통일은 당의 백제·고구려 정벌에 따른 것이었다. 신라의 멸망과 후삼국(고려) 통일은 당의 쇠락과 멸망(918년)의 파장이 영향을 미쳤.

1950년 10월, 유엔군의 북진으로 임박한 무력통일이 실패한 것은 중국의 전격적인 참전 때문이었다. 1950년 10월 13일, 소련은 막다른 위험에 놓인 북한을 구하지 않고 만주로의 망명을 지시했다. 10월 19일, 중국이 소련이 포기한 북한을 구하기 위해 참전한 것은 북한에 대한 자국의 전략적 이익을 포기할 수 없었기 때문이다.

한반도의 지정학은 주변국들에 의해 가교·관문(교두보), 요충·완충 지대, 해머·단도라는 말로 중시되었다. 한반도는 주변 강대국이 패권국가가 되기 위해 반드시 점유해야 할 열쇠와 같은 곳이었다. 늘 쟁탈전의 대상이었다. 쟁탈전에서 힘의 우위에 선 강대국은 한반도를 침략, 복속을 취했다. 전세가 팽팽해 한반도 전체를 지배할 수 없거나 분쟁이 악화될 때는 아래와 같이 어김없이 일국 또는 제3국에 의해 다양한 분할론이 제기되었다.

① 648년 당은 신라에게 고구려 평정 후 평양이남 백제 땅 할양 약속
② 1592년 임란 시 일본은 명나라에게 평양 이남의 자국 귀속 요구
③ 1593년 일본은 명에 강화 조건으로 조선(南) 4도 할양안 제시
④ 1894년 청일전쟁 시 영국은 한반도 청일 공동점령(안) 제시
⑤ 1896년 러일전쟁 시 수세의 일본은 39도선 이남 할양 제안
⑥ 1943년 전쟁 패망에 몰린 일본은 한반도 남부의 자국 영유 요구
⑦ 1945년 8월 미소는 미국의 한반도 38선 분할·점령(안)에 합의(분단)
⑧ 1953년 정전협상에서 미중은 무력대치선 경계 2차 분단에 합의[9]

주목되는 사실은 아래 그림의 분할선들은 모두 한반도(특히 북부지역)에 대한 중국의 전략적 이해를 반영하거나 고려해 북위 39도선과

---

9 안주섭·이부오·이병화 함께 씀, 『영토한국사』, 소나무, 2006, pp.136-163.

38도선 사이에서 움직였다는 것이다. 대륙세력이 강할 때는 38도선 또는 37도선까지 내려갔다. 반대로 해양세력이 강할 때는 39도선 또는 청천강선까지 올라가는 경우가 있었다.

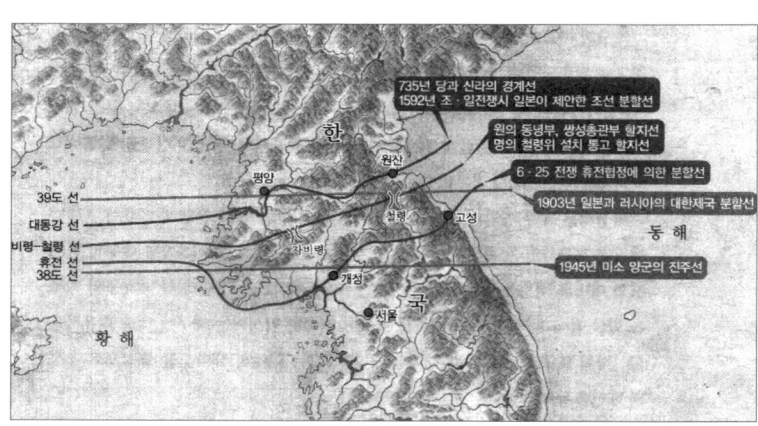

역사상 제기된 한반도 분할론·분할선

* 출처: 안주섭·이부오·이병화 함께 씀, 『영토한국사』, 소나무, 2006, p.137.

이 같은 역사적 사실을 두고 볼 때, 한반도 평화·통일에는 미중, 특히 한반도 문제에 가장 큰 이해를 가지고 있는 중국의 협력이 필수적임을 알 수 있다. 한반도 통일은 주변 강대국들의 역내 세력균형에 중대한 변화를 수반하게 되는 동아시아의 지각변동이다.

나. 미국의 대 한반도 지정학적 인식·이해(利害)
– 한국은 대 중·러 봉쇄전략의 전략적 요충

미국의 대 한반도 지정학적 인식과 이해는 패권 장악 과정과 그 이후, 그리고 미중 패권전쟁에서 각기 다른 모습을 보였다.

1882년 조선과 통상조약을 체결한 첫 번째 서구 열강인 미국은 수교 2년 후부터 조선에 대한 관심을 공사급에서 총영사급으로 낮추었다. 기대와 달리 별 이득이 없었기 때문이다. 한반도를 둘러싸고 중국과 일본, 러시아와 불가피한 마찰을 감수할 생각도 없었다.

미국은 한반도를 주변국들과의 협상에서 수단으로 활용한다. 미국은 먼저 한반도와 대만, 중국 동북부 지역에 대한 일본의 팽창정책을 용인했다. 대신 일본이 자국의 이익선에서 미국에 중요한 지역인 태평양과 필리핀을 제외토록 했다. 당시 미국은 조선이 일본의 식민지가 되는 것이 자국의 동아시아 전략에 최선이라고 판단했다.

한반도에 대한 미국의 관심은 2차 대전 이후 변화한 세력구도와 지정학적 요인들로 인해 증대되었다. 한반도의 지정학적 가치는 특히 대소 봉쇄전략의 연장선에서 중시되었다. 그러나 한반도는 소련의 일본 공격 전진기지가 되지 않도록 하는 방파제 역할에 한정되었다. 미국이 1949년 한국에서 미군을 철수하고, 1950년 애치슨 선언에서 한국을 자국 방위선에서 제외한 이유가 그것이었다.

한반도에 대한 미국의 전략적·지정학적 인식은 6·25 전쟁 발발 이후 크게 달라졌다. 미국은 북한의 남침을 소련의 군사적 팽창과 자국에 대한 도전으로 간주했다. 한국의 지정학적 가치는 일본의 공산화를 막는 완충지대에서 공산주의 확산을 저지하는 북방초소, 동북아의 전략적 요충으로 변했다.

냉전시대 이후 미국은 한반도 분단과 6·25 전쟁을 자국의 패권전략 유지·강화의 방편으로 적극 활용했다. 한반도는 20세기 초에는 일본과의 협상 수단, 20세기 중반 2차 세계대전과 전후 처리 과정에서는 소련과의 협상 수단 및 패권 강화 수단이었다.

21세기 초 현재 동아시아 전략상황은 100년 전과 유사하다. 북핵문제, 대만문제와 함께 주변 강대국 간의 패권전쟁이 악화되고 있다. 이런 실정에서 한반도는 미국에 전략적 린치핀이다. 위협·도전이 내재돼 있는 민감한 지역이자 영향력을 지속적으로 유지해야 하는 핵심 전략적 요충인 것이다.

미국 입장에서 중국을 중심으로 세계의 심장부가 되고 있는 동북아는 자국의 패권 유지에 중요한 지역이다. 한반도의 지정학적 가치도 더 커졌다. 중국을 견제하는 데 있어 지정학이나 전략적으로 한국만큼 중요한 나라가 없다. 한반도는 대 중국 봉쇄정책의 전략적 교두보로서 특히 평택의 미군기지는 '중국의 머리를 가격할 수 있는

망치' 역할이 가능한 공간이다.[10]

중국과 지리적으로 가장 가까운 한국의 지정학이 한국을 미국의 가장 중요한 전략적 파트너로 만들고 있다. 미국은 한미동맹을 강화하고 있다. 미국 CIA는 트럼프 행정부 때인 2017년 5월 한반도 문제 전담 조직인 '코리아 미션센터'를 신설했다. CIA가 특정 국가에 집중한 미션센터를 세운 건 이때가 처음이다. 미중 패권전쟁 이후에는 중국의 글로벌 도전에 업무를 집중하고 있다. CIA는 2021년에 '차이나 미션센터'를, 국무부는 2022년에 '중국미션센터'를 설립·운영하고 있다. 미국은 한반도가 중국 세력권으로 흡수되면 중국이 동아시아 지역 패권국으로 부상할 수 있다고 본다.

다. 중국의 대 한반도 지정학적 인식·이해
― 순망치한의 완충지대, 방파제·성곽

"조선의 위치는 아시아의 요충으로 그 형세가 반드시 분쟁을 가져오게 돼있다. 조선이 위태로우면 동아시아 정세도 날로 위급해질 것이다."
― 황준헌, 『조선책략』 중에서)

---

10 강정일, "한반도의 지정학적 가치와 미·중 군사경쟁 양상 분석", 『군사』 제122호, 2022.3.

한반도 지정학에 대한 중국의 인식은 오랜 역사적 경험을 통해 형성되었다. 먼 옛날 중국에게 한반도는 지속적으로, 반드시 확보해야 할 곳은 아니었다. 기름진 땅도 아니었다. 중국이 한반도를 직접 통치할 경우 자국 중원지역이 피폐해졌다. 특히 북서지역 오랑캐들의 침략으로 진·한·수 등의 왕조가 멸망하기도 했다.

이 때문에 중국은 한반도 국가와 화평을 강조하며 평화공존의 길을 모색했다. 한반도가 자국의 영향권에서 벗어나지 않도록 기미·조공관계로 관리한 것이다. 한국이 1300년 동안 중국 한족 국가의 침략전쟁 없이 역사를 이어 온 것은 일면 여기에서 비롯된 것이었다.

중화제국 말기인 명·청 시대에 들어서는 기존 인식이 달라진다. 17세기, 병자호란으로 조선을 복속시킨 만주족 청은 조선을 병참기지로 삼아 명을 멸망시키고 중원을 차지한다. 300여 년 후 청은 일본에 조선을 내준 후 멸망의 길로 나아갔다.

19세기 말, 중국 몰락과 동아시아 질서 해체를 가져온 청일전쟁의 도화선은 한반도였다. 전쟁터도 한반도였다. 중국과 일본, 러시아 간의 동아시아 주도권을 둘러싼 경쟁은 한반도를 중심으로 조선에서 시작해 조선에서 끝났다.

예부터 한반도는 중국의 화이질서를 뒷받침하는 극동의 첨단에 위치하는 변방이었다. 중국의 동쪽을 방어하는 방파제 역할을 해온 군사적 요충지였다. 중국의 정치적 중심부에 대한 안전을 보장하는 입술과 같은 역할을 해온 지역이었다.

이렇듯 한반도에 대한 중국의 전통적인 지정학적 인식은 순망치한(脣亡齒寒)에 바탕을 두고 있다. 이런 인식은 임진왜란과 병자호란, 청일전쟁에서 더욱 확고해졌다. 중국의 6·25 전쟁 참전 이유이기도 했다. 미중 패권전쟁 과정에서 북한지역의 중요성을 더욱 커지고 있다. 미국과 중국에게 한반도 지정학의 핵심은 사실 북한지역이다.

북한지역에 대한 중국의 역사 인식

북한은 중국에 세계 유일의 동맹국이다. 중국의 대북정책에 가장 큰 영향을 미치는 요인은 북한지역에 대한 중국의 깊고 끈질긴 역사 인식과 지정학에서 비롯된 전략적 이해이다.

중국인들은 고조선과 고구려, 발해의 역사를 자신들의 역사로 본다. '동북공정'은 북한 지역에서 건립된 모든 국가를 자국 동북지방의 소수 민족정권으로 여긴다. 그 연장선에서 중국은 고조선과 고구려, 발해의 영토였던 한반도의 청천강 또는 대동강과 원산을 잇는 선의 이북을 자국의 역사적 영토로 인식하고 있다[11]

아래〈표-3〉는 대동강·원산선 이북 지역에 대한 중국의 인식을 보여주는 사례(史例)들이다.

---

11 문대근, "중국의 동북·대한 인식: 중북관계 뿌리 찾기", 『중국외교안보독서토론회 2011년 자료집』, 2011.12, pp.38-56.

〈표-3〉 대동강-원산선 이북에 대한 중국인들의 인식

시기	구체 내용	비고
수양제의 고구려 침략	- 고구려의 강역(疆域)은 본래 중국의 군현인바, … - 고구려 땅은 본래 孤竹國, 周代 기자에게 봉했다.	신하 裵矩 冊침공명분
당 태종의 고구려 침략	- 요동은 본래 중국의 땅인데, 수씨가 4번 군사를 냈지만 얻지 못했다. 이제 짐이 동방을 정벌해 중국을 …	자치통감, 197
거란의 고려 침략	- 너희 나라는 신라에서 일어났고, 고구려 땅은 우리가 소유할 터인데…(고구려 땅을 내놓으라고 요구)	소손녕-서희 담판
중국의 한국전 참전	- 마오쩌둥은 압록강을 '국방선', 평양-원산선을 '전략선'으로 정해 6·25전쟁을 수행함.	마오쩌둥 군사문
중국의 동북공정	- 고구려는 지방 소수민족정권, 중국의 강역은 각 왕조의 강역의 총합. "오늘날의 중조 국경은 조선 측이 끊임없이 북쪽으로 확장·형성한 것임(쑨진지)."	2004년 전후
2012년 CCTV	- 발해는 당나라의 외곽 군사정부이자 당나라 영토 - 발해의 건국 주체는 중국 동북지역에 살던 소수민족인 말갈족이며, 당나라의 책봉으로 중국에 귀속됨.	CCTV 창바이산(백두산) '山海相望' 편

* 출처: 문대근, 『한반도 통일과 중국』, 늘품플러스, 2009, p.199. 일부 변화 반영, 수정함.

이 같은 역사 인식은 현 시진핑 시대에도 유지되고 있다. 2017년 방미한 시진핑 주석은 트럼프 대통령에게 "과거에 한국은 중국의 일부였다"고 말했다. 중화질서 속에서 한국은 중국의 번속국이었다는 것이다.

북한지역에 대한 중국의 역사 인식과 함께 유의할 점은 북한이 자신들을 김일성을 시조로 하는 '태양민족'이라 하고, 남한과 다른 역사를 쓰고 있다는 사실이다. 어린 시절, 중국에서 성장하고 중국공산당의 일원으로 활동한 김일성의 '민족과 민족주의' 이론은 남한을 배제한다.[12]

과거에 북한이 줄기차게 주장해 온 '민족공조'는 사실 미국을 대상으로 하는 정치적 수사였을 뿐이었다. 최근 북한이 남한과의 '동족' 관계를 부정한 것은 새로운 사실이 아니다.

1980년대 동서독 관계에서도 동독이 위기 상황에서 '2민족 2국가론'을 주장했었다. 서로 피와 씨는 물론 이념이 다른 동서독의 통일은 그 명분도, 필요도 없다는 것이었다. 그러나 이후 10년도 되지 않아 독일은 통일되었다. 최근 북한의 동족 부정은 위기에 처한 분단 열위국가의 '반통일론'인 것이다.

북한지역에 대한 전략적 이해

이 같은 역사 인식과 함께 아래〈표-4〉에서 보는 바, 중국인들은 오랜 역사 경험을 통해 한반도, 특히 북한지역은 어떤 경우, 어떤 형식으로든 관여해야 할 땅, 적대세력을 저지해야 할 완충지대로 본다.

---

12 문대근, "북한 민족·민족주의의 전개와 발전", 북한대학원대학교 연구발표과제, 2011, p.8.

〈표-4〉중국의 동북·북한지역 지정학 강조 사례

시기	언급 요지
전통 시대 (16c, 19c)	• 薛帆, 遼東은 북경의 팔이며 조선은 곧 요동의 울타리임. (1592년) • 李鴻章, 〈朝鮮大局論〉 조선은 중국 안녕과 직결, 보호·협조해야. (1879년) • 何如璋, 청은 조선 평정 후 명을 정복했듯 조선은 중국의 왼쪽 어깨임. (1880년) • 袁世凱, 미얀마와 베트남은 잃을 수 있지만 조선은 잃을 수 없음. (1885년)
근·현대 시기 (20c)	• 宋敎仁, 만주 장악은 곧 베이징 장악, 중조관계는 脣齒輔車관계임. (1911년) • 周鯨文, 동방을 방어하기 위해 동북국경에 '新만리장성'을 쌓아야 함. (1940년) • 毛澤東, 〈保家衛國論〉참전하지 않으면 동북안전, 신중국 건설 불가능. (1950년) • 熊光楷, 전략적 관점에서 중국에게 북조선만큼 중요한 나라는 없음. (1999년)

* 출처: 문대근, "남북통일 과정에서 중국의 예상 태도", 『접경지역 통일연구』 제1권, 한국접경지역통일학회, 2017.6, p.9 참조.

자고이래로 북한지역에 대한 중국의 관심과 전략적 이해는 '안정'과 '영향력' 확보다. 먼 옛날 중국은 자국의 요구를 거부한 동방의 고조선과 고구려, 발해를 무력으로 정벌했다. 순응한 국가인 신라·조선은 기미(羈縻: 말이나 소의 고삐, 끈)로 느슨하게 관리·통제하며 오랫동안 평화관계를 유지했다. 북한지역이 경쟁국인 일본·미국 등에 의해 위기에 처할 때는 군사적으로 직접 개입하거나 외교적으로 간섭했다.

북한지역에 대한 중국의 순망치한의 지정학적 이해는 조선이 병자호란으로 만주족의 청에 복속된 후 명나라가 멸망하자 크게 강화되었다. 특히 청일전쟁에서 청이 일본에 패배해 중화질서가 붕괴하면서 중국인들은 한반도의 안정·안전이 곧 자국의 안전임을 자각하게 된다.

두 사건은 중국인들에게 한반도의 지정학적 중요성과 치명성을 각인시켰다. 이후 중국은 자국의 안전을 위해 한반도 북부지역을 자국의 영향권 아래 두고자 했다. 이 인식은 역대 중국 지도부의 상이성이나 국내정치 상황과 관계없이 일관된 것이었다. 시대 상황을 막론하고 북한지역을 안정적으로 관리해 불확실성을 통제하려는 중국의 의지는 확고부동했다.

신현실주의 국제정치이론의 대가인 왈츠는 이 같은 중국의 인식·행동 패턴을 "어떤 중국정부라도 압록강으로 접근해 오는 강대국을 목도한다면, 능력이 있는 한 거의 확실하게 군사적으로 대응할 것"이라고 정리했다.[13]

실제로 〈표-5〉 자료와 같이 중국은 임진왜란(抗倭援朝)과 청일전쟁, 6·25 전쟁(抗美援朝), 수차례의 북핵위기 시 경쟁 세력에 의해 북한지역이 위기에 처할 때 북한을 적극 보호하는 정책을 취했다. 군사적으로 직접 개입·간섭하는 패턴을 반복했다.

---

13 Kenneth N. Waltz, "A Response to My Critics," Robert O. Keohane, ed. Neorealism and its Critics (New York: Columbia University Press, 1986), p.332.

〈표-5〉 중국의 개입·간섭 주요 사례

사 건	동북아 정세 변화	이슈의 정치화	중국의 인식·정책
임진왜란 (16c)	- 일본 통일, 명의 쇠퇴, 만주지역 여진족 발흥 - 일본, 조선점령 → 중국정복	- 일본의 조선 침공 - 정명가도(征明假道) - 일본군 압록강 도달	- 참전/항왜원조 - 순망치한 - 재조지은
청일전쟁 (19c)	- 청의 국력 쇠락, 혼란 - 서구열강 서세동점, 반식민지화 - 일본의 근대화 성공, 강대국화	- 조선 동학혁명 발생 - 청·일, 군대 파병 - 청일전쟁 발발	- 조선 속국화 기도 - 청일전쟁 패배 - 중국 멸망
한국전쟁 (20c)	- 동서 냉전체제 구축 - 중국 공산화, 중소동맹조약 체결 - 미국의 정책 변화(애치슨 선언)	- 한국전쟁 발발 - 미군, 38선 월선 - 동북·압록강 위협	- 전쟁불가피론 - 抗美援朝 保家 - 衛國, 참전
북한위기 (21c)	- 중국의 G2 굴기 - 미국의 아시아 회귀 및 재균형 - 미중 패권경쟁 가속	- 북핵 억지력 고도화 - 1, 2차 북미정상회담 - 미국, 북한 견인 시도	- 중국의 적극 대응 - 5회 북중정상회담 - 북중관계 복원

* 출처: 문대근, 『중국의 대북정책』, 늘품플러스, 2013, pp.253-254. 북한 위기(21c)는 추가

시대·상황을 넘는 위 4개 사건의 전개 과정에서 북한지역이 위기에 처할 때 중국의 안보위협 인식과 대응은 대동소이했다. 개입의 궁극적인 목적도 동일했다. 중국의 목적은 조선을 구하거나 북한을 보호하기 위한 것이 아니었다. 전쟁 또는 사건 발발 그 자체나 지리적 인접성 때문만도 아니었다. 중국의 실질적인 전략 의도는 북한지역의 위기로 초래될 수 있는 자국민의 안위와 자국의 안보, 즉 보가위국이었다.

그 과정에서 중국의 주된 관심은 북한지역이라는 '땅'의 확보, 즉 조선왕조나 북한정권이 아니라 '완충지역'의 보존과 안정이었다. 이 같은 중국의 대북한 인식과 정책 패턴은 현 시진핑 정부의 북중관계에서도 유지되고 있다. 중국에 완충 역할을 하는 북한이 미국의 영향권으로 들어갈 경우 심각한 안보위협이다. 2018년부터 시작된 미중 패권전쟁 상황에서 북한에 대한 중국의 전략적 이해는 더 커질 수밖에 없는 것이다.[14]

라. 한반도 지정학의 중요성·치명성
― 한반도는 동아시아 변동의 진원지

전 세계에서 가장 지정학적 요충인 나라는 한국과 폴란드, 터키(튀르

---

14 문대근 외 2인(공저), 『북중관계: 1945-2020』, 경남대 극동문제연구소, 2021, pp.233-239.

키예)일 것이다. 3국은 비슷한 역사를 갖고 있다. 한국과 폴란드는 나라가 없어진 적이 있다. 튀르키예도 한국처럼 식민지배를 당한 적이 있다.

어떤 국가가 전략적으로 중요하다는 것은 곧 그만큼 치명적인 위치에 있다는 뜻이다. 역사적으로 한반도의 운명은 강대국들 간 세력관계가 핵심 변수로 작용했다. 반대로 한반도는 강대국 관계와 강대국의 흥망에도 결정적 영향을 미치는 등 '동아시아 변동의 진원지'였다.

한반도 문제를 둘러싸고 한반도에서 발발한 1894년 청일전쟁과 1905년 러일전쟁 후, 1910년 일제의 조선 합병은 곧바로 1912년 2000년 역사의 중화제국 멸망을 가져왔다. 러시아제국은 1917년에 레닌이 주도한 볼셰비키혁명으로 멸망(소련정권 수립)했다.

한반도를 교두보 삼아 중국 만주와 대륙으로 진출한 일본은 30여 년 동안 동아시아 패권국이었다. 1946년~1947년 중국 국공내전의 승패를 가른 동북전쟁에서 중국공산당 군의 승리에는 중공의 후방기지가 되어 준 북한의 지원이 결정적인 역할을 했다. "중국의 동북전쟁 승리는 북한의 지원이 없었다면 불가능했다(1950년, 중국 총리 저우언라이 말)." 1972년 중국의 마오쩌둥은 김일성의 60세 생일 축하 전문에서 "중국인민들은 우리들에게 보배와 같은 (북한의) 귀한 지원을 영원히 잊지 않을 것"이라고 썼다.

6·25 전쟁도 마찬가지다. 냉전의 시작과 미국의 패권 기반 구축 등 한국전쟁의 여파는 세계질서 변동에 큰 영향을 미쳤다. 한국전쟁 이후 동아시아 질서 또한 그 이전과 확연히 구별되었다. 미중 적대, 중국 분단, 일본 부흥, 미일·한미 동맹 결성 등이 그것이다. 한반도와 한국의 역할이 새로운 동아시아 질서와 평화·안정에 결정적으로 작용한 것이다.

미국과 중국은 한반도 지정학의 중요성과 치명성을 익히 알고 있다. 미국에게 한국은 선박, 자동차, 반도체, 방위산업 등의 한국 제조업 능력과 중국과의 지리적 근접성 등으로 인해 전략적 활용도가 높은 나라다.[15] 북한지역의 지정학적 치명성은 한국보다 훨씬 높다. 역사가 증명하듯이 한반도를 차지한 나라가 동아시아를 차지하고, 동아시아를 차지한 나라가 태평양 시대의 패권국가가 된다. 7년 전 미국과 중국은 패권전쟁을 시작하면서 21세기 판 총성 없는 '제2의 6·25 전쟁'을 치렀다.

미국은 2018년과 2019년 북한과의 두 차례 정상회담을 통해 북핵문제 해결이 아닌 북한의 미국으로의 전향 가능성을 탐색했다. 중국은 5회의 북중 정상회담을 통해 북한을 자국 품에 단단히 결박시켰

---

15 이찬송, "트럼프2기 행정부의 MAGA 지정학과 한국의 구획화 전략", 세종정책브리프 2025-6, 2025.3.19, pp.19-23.

다. 결과는 다시 무승부![16]

미중 패권전쟁의 대결장인 한반도에서 전쟁은 진행 중이다. 지금까지 그랬듯이, 미국과 중국은 세력전이 과정에서 한반도 지정학의 중요성과 치명성을 십분 이용할 것이다.

20세기 동아시아 국제질서의 구조적 변화 과정에서 식민과 분단, 전쟁을 겪었던 한반도가 21세기 초, 다시 지정학적 기로에 서있다. 주변국들의 대 한반도 지정학적 인식과 이해는 변함이 없다 남북한은 여전히 한반도의 '지정학적 숙명'에 매몰돼 있다.

다행히 21세기의 한국은 19세기 말이나 20세기의 한국이 아니다. 한국·한반도는 이제 능히 동아시아와 세계 변동의 긍정적인 진원지가 될 수 있다. 통일된 한국은 그리스와 이탈리아, 스페인 등 과거 유럽의 반도 국가처럼 문명대국이 될 수 있다. 동서 문화를 융합시켜 독특한 문화와 가치를 창조하는 'K-문명대국'은 동아시아 지중해의 강력한 중심, 교량과 융합의 허브가 될 것이다.

---

16 구체적인 내용은 문대근 외 2인, 앞의 책, pp.145-271 참조.

04

미중의 대 한반도 정책

가. 미국의 대 한반도 정책

미국의 대 한반도 정책은 외교정책이다. 남북한을 자국에 유리하도록 유도해 자국의 위신·영향력을 제고하는 것이다. 정책은 다양한 수단을 통해 구현된다. 기본적으로는 군사·경제력 등 힘으로 지배하는 '하드 파워'와 문화·이데올로기 등으로 자발적 동조를 이끌어내는 '소프트 파워'를 사용한다.

'공공외교(public diplomacy)'와 '샤프파워(sharp power)'도 중요한 수단이다. 공공외교는 자국에 대한 외국 국민들의 이해·신뢰를 증진시켜 긍정적인 국가 이미지와 브랜드를 만드는 외교활동이다. 샤프파워는 은밀한 정보조작이나 보복 등으로 타국 내정에 영향력을 행사하는 활동이다. 하드 파워와 소프트 파워를 결합한 '스마트 파워'도 있다.

주목할 것은 강대국의 외교정책에는 공식적으로 '표명된 정책(stated goals)' 속에 실질적으로 추구하는 '진정한 목표(real purpose)'가 숨어있다는 것이다. 그럴듯한 명분·언술로 포장해 발표한 정책은 실질목표와 일치하지 않는 경우가 많다. 『손자병법』이 말하는 위태롭지 않을 지피지기(知彼知己 百戰不殆)를 위해서는 표명된 정책과 함께 정책의 실질목표에 대한 통찰과 이해가 필요하다.

과거 한반도의 일제 식민지배와 남북 분단·전쟁 과정에서 한국은 미국 등 강대국 정치와 그들의 정책을 제대로 읽지 못했다. 매번 수난을 당했다(不知彼不知己 每戰必殆). 현재 미국의 대 한반도 정책도 그 이해를 방해하는 요인들이 존재한다. 6·25전쟁과 이후 미국과 한미동맹 '신화'에 가스라이팅된 한국인들의 심각한 트라우마와 비정상적인 의식은 정상적인 사고와 표현을 제한한다. 그 연장선에서 미국의 적인 중국에 대한 선입견과 반공의 논리도 중국과 미중관계의 바른 이해를 방해하는 비정상이다. 이런 점 고려하며 미국의 정책부터 파헤쳐보자.

정책의 목표·기조

미국의 대 한반도 정책 목표는 세계정세 변화에 따라 조정돼 왔다. 냉전시기에는 한국 방위와 공산권의 팽창을 저지하는 데 주력했다. 탈냉전기에는 북한위협 제거(비핵화·비확산)와 경제이익 확대, 글로벌 안보문제 해결에 한미동맹을 활용하는 것이었다.

대 한반도 정책의 우선적인 목표는 동아시아 지역패권을 유지·강화해 중국의 대 한반도 영향력 확대를 견제하는 것이다. 이를 위해 미국은 ① 동맹 파트너인 한국과의 새로운 관계 설정 및 한미동맹 강화 ② 핵의 비확산을 중심으로 한 북한 관리 ③ 중국 견제·봉쇄에 필요한 한국의 역할 재설정 등을 정책기조로 삼고 있다.

미국의 주요 관심사는 한반도에 대한 중국의 영향력을 견제하기 위해 북핵·북한 문제를 대 중국 견제·봉쇄의 명분으로 활용하는 것이다. 미국은 한국이 중국 편으로 기우는 상황을 극구 경계한다. 한미동맹을 미일동맹과 연계시켜 한미일 3국 동맹의 형성을 추구한다. 한국은 쇠락한 미국의 경제와 세계패권 재건 과정에서 유용한 자원으로 활용되고 있다.

• 대 한국 정책기조

보다 구체적으로 남북한에 대한 미국의 정책을 구분해 살펴보자.

미국의 대 한국 정책은 2022년 5월 한미정상회담 후 발표한 '한미 정상 공동성명'에 잘 나타나 있다. 이 성명은 3개 파트(① 평화·번영을 위한 핵심축 ② 전략적 경제·기술 파트너십 ③ 글로벌 포괄적 전략동맹: 한반도를 넘어서)로 구성됐다.

양국 정상은 한반도를 넘어선 글로벌 포괄적 전략 동맹의 필요성에 공감했다. 나아가 "규칙에 기반한 국제질서 촉진, 부패 척결과 인권 증진이라는 양국의 공동 가치에 기반한 글로벌 포괄적 전략동맹에 대한 의지를 재확인했다."

중국과의 패권전쟁에서 어려움을 겪고 있는 미국은 한국이 자국 편에 동참하길 원한다. 또 "자유롭고 열린 인도·태평양과 인권·민주주의·법치를 위한 공동의 시각을 함께 달성하기 바란다. 나아가 한국이 보편적 가치를 수호하는 원칙을 지닌 나라라면 이 시각을 공유해야 한다"고 강조한다.

미국은 또 한국이 자국과 함께 중국에 맞서길 바란다. "한미동맹은 동북아시아, 자유롭고 열린 인도·태평양 지역, 그리고 전 세계의 평화·안보·번영의 핵심 축"이라며 "북한과 중국의 위협으로 한미동맹은 어느 때보다 더 중요하다"고 강조한다. 그런 만큼 "한미동맹을 강화해 다가올 수십 년의 기초를 닦아야 한다"고 압박한다.

미국은 2022년부터 한국을 자국의 전략 속에 단단히 결박하고, 한미동맹의 위상을 격상시키면서, 대 중국 견제와 민주주의 동맹에 기여하는 한국을 추구하고 있다. 미국에 대 중국 견제에 역할을 하지 않는 한미동맹은 의미가 없다. 그로 인해 남북관계는 완전 단절되고, 북한은 반통일·탈민족을 선택했다. 한국이 중국·러시아와 갈등·대립하는 구도도 형성되었다. 반도국가 한국이 북방 3국과 척을 진채 완전한 해양세력의 일원이 된 것이다.

한국은 '탈아입미(脫亞入美: 미국화)'도 모자라 북대서양조약 기구인 나토의 초청국이 돼 '탈아입구(脫亞入歐: 유럽화)'까지 했다. 섬나라 일본이 개화기에 그렸던 이런 그림은 미국이 오랫동안 추구해 온 동아시아 전략구도다. 19세기 말 망해가던 청나라가 조선을 자국에 결박하며 속국화하려 했던 것과 같은 고육지책이다.

미국은 대 한국 정책을 추진하는 과정에서 '가능하면 협력적으로 하되, 필요하면 일방적으로' 밀어붙인다. 2013년 12월 바이든 부통령은 방한 시 "미국의 반대편(중국)에 베팅하는 것은 좋은 베팅이 아니다"며, 중국 편을 들지 말라고 주문했었다. 2022년 5월 대통령 자격으로 방한했을 때 그는 "한국이 미국을 반대하는 것만큼 어리석은 짓은 없다"고 경고했다.

과거 한국에서 미국과 한미동맹을 반대하거나 비판하는 사람은 '역적'으로 간주되었다. 독재정치를 비판하는 사람들은 감옥에 갔으나, 민족과 통일을 외치는 사람들은 죽임을 당하는 경우가 많았다.

한미관계에서 미국의 중요 정책이 관철되지 않은 경우는 거의 없다. 지난 시기 한국 내 일각에서는 SSKK란 말이 회자되었다. 윤석열 정부는 미국의 희망사항을 적극 수용했다. 한미동맹의 글로벌화는 물론 그간 한미 간의 쟁점이었던 종전선언과 전시작전권 환수 반대, 유엔사 역할 증대, 한미동맹 및 한미일 안보협력이 강화되었다.

날이 갈수록 유럽·미국 중심의 서구 시대가 저물어 가는 징후들이 확연하다. 미국의 뉴욕 지하철에는 쥐떼가 출몰하고, 영국 런던의 템즈강과 프랑스 파리 지하철에는 악취가 진동한다. 유럽연합(EU)의 경제 중심이던 독일도 전례 없는 내리막길에 섰다. 역사가 서에서 동으로 이동하며 동아시아 중심의 '아시아 시대'가 다가오고 있는데,[17] 한국의 발길은 어디를 향해 가는가? 역사를 거스르는 시대착오다.

- **대 북한 정책기조**

미국의 대북정책과 북핵정책은 시기별로 4단계로 변화해 왔다. ① 북미 기본합의(1994-2002) ② 6자회담(2003-2009) ③ 제재(2006-2017) ④ 정상회담(2018-2021) 단계가 그것이다.

이 정책들은 북한·북핵 그 자체보다 한반도를 포함한 동북아 지역에서 미국의 헤게모니를 유지하려는 대전략 속에서 추진되었다. 북한 변화를 중국을 견제하는 지정학적 자산으로 활용코자 한 미국의 정책은 성공하지 못했다.

---

17 다마키 도시아키 저·서수지 역, 『아시아가 세계를 제패하는 시대는 다시 오는가? (세계사의 중심축이 이동한다)』, 사람과나무사이, 2022 참조.

지난 35년 동안 미국의 대북정책이 실패한 이유는 여러 가지다. 먼저 미국의 정책이 미중 전략경쟁이라는 보다 구조적인 조건에 의해 제약을 받는다는 사실이 있다. 미국의 대 북한 압박·대화 등은 정책 선호의 문제가 아니라는 것이다.

대북정책을 주도하는 미국 내 네오콘이나 바이든과 같은 '신냉전 리버럴'들의 대 북한 인식의 문제도 있다. 그들의 북한문제 인식에는 오인·편견 등으로 인한 혐오, 맥락 무시, 악마화가 지배하고 있다.

북한을 세상에 존재해서는 안 되는 '악의 축'으로 보는 그들에게 미국의 대북정책은 시종 '적의 붕괴' 그것이었다. 1989년부터 주한 미국대사를 지낸 도널드 그래그는 그의 저서 『역사의 파편들(2015)』에서 지난 70여 년의 남북한 대결과 비극 뒤에는 미국의 책임이 있다고 고백한다. 미국의 대북정책에는 시종 북한에 대한 선악 이분법과 악마화 전략, 북한은 배제·파괴의 대상, 북한 붕괴론에 대한 맹신이 자리 잡고 있었다는 것이다.

오바마 정부 때 대 북한 '전략적 인내' 정책의 입안자였던 바이든 정부도 북핵문제에 대해 "외교와 함께 단호한 억지력, 동맹과의 긴밀한 협력"을 강조했다. 북한주민의 기본권과 자유를 요구하며 북한 상황의 변화·붕괴를 기다리는 '전략적 인내'는 변하지 않는 미국의 대북정책이다.

이런 미국의 대북정책에는 이율배반적인 한계가 있다. 한미동맹이 북한의 완전한 비핵화 목표를 확인하고, 북한에 협상장으로의 복귀를 촉구하지만 겉과 속, 명분과 실질이 다르다. 미국은 북한에 조건 없는 대화를 촉구하나 제재를 양보할 생각이 없다. 한국에는 남북대화와 협력을 지지한다고 하지만 동시에 대북제재 이행을 강조하고 있다.

미국 정부는 무엇보다 북미회담 재개를 위해 북한에 유인책을 제공할 의향이 전혀 없다. 북한과의 관계 개선을 위한 즉각적인 해법 추구에도 관심·의지가 없다. 현상을 인정하거나 협상을 서두르지 않는다. '공은 북한에 있다'는 입장과 중국의 역할과 책임, 대 북한 영향력 행사를 강조한다. 미국은 문제 해결의 열쇠가 아닌 제재라는 만능키만 만지고 있다.

동북아 불안의 원천인 북한·북핵 문제가 30여 년 동안 해결되지 못한 이유는 무엇일까? 가장 큰 원인은 동아시아 군사 패권국인 미국이 북한·북핵문제 해결에 소극적이었기 때문이다. 미국의 대 한반도 정책은 동북아 지역의 평화·안정 유지라는 대명제에 따라 이루어진다. 미국은 북한을 '불량국가'로 지목하고, 핵과 미사일, 인권문제를 핵심문제로 삼아 왔다. 그런데 사실 이 문제들은 미국이 북한 문제에 대한 개입의 정당성을 확보해 주고, 동아시아 군사패권 유지에 필요한 전략적 자원들이다.

미국의 동아시아 전략에서 남북한이 차지하는 의미는 전쟁 중인 동유럽의 우크라이나와 같다. 미국은 러시아 견제를 위해 턱밑 우크라이나를 활용하듯, 중국 견제에 활용하고자 한다. 이런 관점에서 보면, 한반도의 비핵·평화는 중국을 견제하는 데 도움이 되지 않는 것이다. 북핵문제가 해결돼 한반도에 평화가 조성되면 남북·한중·북중관계가 개선될 것이다. 남북중 3국 밀착 상황은 미국이 동북아에서 설 땅을 잃게 되는 재앙이다.

미국이 북한·북핵문제를 해결하기보다 동아시아 패권 유지·강화에 활용하는 사이에 북한은 핵 보유국이 되었다. 최근에는 러시아의 지원을 받아 핵 능력이 고도화되었다. 2006년부터 19년 동안 사용한 채찍은 아무런 효과가 없었다. 이제 핵 괴물이 된 북한의 완전한 비핵화는 달성 가능한 목표가 아니다. 주민 월 평균 실질 임금이 1달러가 채 되지 않은 북한은 핵을 생존을 위한 최후의 보루로 여긴다. 핵 포기 가능성은 없다.

한국전쟁 이후 미국의 대북전략은 '북한 악마화'와 '북한 무시' 전략의 반복이었다. 시종 '북한 붕괴론'이 지배했다. 북한과의 관련 합의가 제대로 이행될 리 없었다. 대 북한 제재가 완화된 적도 없었다.

북한은 미국의 바이든 정부 때 미국의 대북제재 벽만큼 대화의 벽을 높이 쌓고 대화를 거부했다. 트럼프 2기 정부에 들어와 북미대화

재개 가능성을 말하는 사람들이 있으나 제반 상황은 그 가능성을 배제하고 있다.

20세기의 모든 전쟁은 끝났는데도 한국전쟁은 계속 휴전 상태다. 북한은 지구상에서 미국의 제재를 가장 오랫동안 가장 혹독하게 받아 온 나라다. 2018년과 2019년 역사적인 두 차례의 북미 정상회담에서 대북 강경파 네오콘인 볼턴을 국가안보보좌관으로 둔 트럼프 대통령은 북핵문제 해결에 관심을 둘 수 없었다. 대신, 가능성 없는 북한 유인과 대선 홍보용 사진 찍기에 열중했다.

미국이 북한을 처음부터 자국 주도의 '세계체제' 밖에 묶어놓고, 시종 무시하고 제재하며 세차게 응징해 온 데는 이유가 있다. 첫째는 스탈린이 기획·사주하고 북한이 도발한 6·25전쟁에서 약 15만 명의 미군 사상자가 발생한 것이다. 미국인들에게 한국전쟁은 기억조차 하기 싫은 전쟁이다.

둘째는 1946년~1947년 중국 국공내전의 분수령이었던 동북전쟁에서 미국이 적극 지원한 국민당 군이 북한이 물심양면으로 지원한 공산당 군에게 패배한 것이다. 미국은 북한 때문에 거대한 중국을 잃어버렸다. 6·25전쟁 시 미군의 포화 속에서 잿더미가 된 북한에게도 미국은 철천지원수다. 이게 북미 양국이 지금도 서로를 용서할 수 없게 된 사연이다.

정책의 특징

이 같은 미국의 대 한반도 정책의 특징은 아래와 같이 정리할 수 있다.

첫째, 미국의 대 한반도 정책은 일관된 지정학적 인식·전략이 작용해 왔다.

현재 미국의 대 한반도 인식과 정책은 1945년 남북분단과 1950년 6·25전쟁 시기의 그것에서 큰 변화가 없다. 미국에 지정학적 요충인 한반도는 어느 한 나라가 독점적으로 지배해서는 안 되는 지역이다. 분단된 남한지역은 중국과 러시아의 팽창을 막는 강력한 반공초소, 자국의 불침항모인 일본의 지원기지가 되어야 한다. 일본에 대한 높은 평가와 한국에 대한 낮은 평가, 또는 일본을 중심으로 한 과거의 동아시아 전략은 오늘날까지 이어지고 있다.

둘째, 미국의 정책은 세계·동아시아 전략과 연계 구조화돼 있다.

미국의 대 한반도 정책은 자국의 세계 전략과 동아시아 전략의 하위체계 속에 있다. 미국의 세계전략은 유럽에서는 러시아의 팽창을, 아시아에서는 중국의 영향력 확장을 저지하는 것이다. 세계 제2 군사대국인 러시아와 경제대국 중국을 상대하기 어려운 미국은 모든 것을 동맹과 함께한다. 유럽에서는 나토를 이용해 러시아를, 아시아에서는 한미일 삼각동맹을 이용한다.

동아시아는 중국을 둘러싼 전략적 요충이자 미국의 인도-태평양 전략의 핵심 지역이다. 미국은 아시아에서의 지역패권국 등장을 방지하고, 동아시아의 현 상태(한국과 중국 분단, 다수의 미군 주둔 등)를 유지하기 위해 대 중국 봉쇄를 강화하고 있다. 이를 위해 미국은 중심축인 미일동맹의 역할과 함께 한국·대만과의 동맹관계도 강화한다.

셋째, 최근 미국은 한국의 탈아입미·입구를 유도하며, 저물어 가는 자국 패권의 유지와 대서양 유럽 시대의 연장에 한국을 적극 활용하고자 한다.

미국에 "한미동맹은 동북아시아와 자유롭고 열린 인도·태평양 지역, 그리고 전 세계의 평화·안보·번영의 핵심 축이다." 미국은 한국이 전쟁 중인 우크라이나를 적극 지원해 전쟁 승리에 기여해 주기 바란다. 한국은 미국이 주도하는 '민주주의 정상회의' 멤버가 돼 동 회의에 3회 참석했다. 2024년에는 회의를 주최하기도 했다. 2024년 3월에는 서방의 군사동맹인 나토(NATO) 정상회의에도 3회째 참석했다. 미국은 글로벌 포괄적 전략동맹 파트너인 한국이 나토의 아시아화에 기여하길 바란다. 한반도를 넘어 남중국해나 양안해협 문제 등에서도 소리를 내라고 한다.

자고무신사(自古無信史), 자고무신책(自古無信策)

한국 근·현대사에서 역사와 강대국의 정치·정책은 자고무신사(自古無信史)이고, 자고무신책(自古無信策)이다.

거짓·왜곡으로 가득 찬 8·15, 6·25, 5·18 등의 한국 현대사에서 보듯 강자가 공인한 역사는 그대로 믿을 게 아니다. 한반도에서 경쟁 또는 전쟁 중인 주변 강대국들은 모든 수단·방법을 동원해 자국의 정책목표를 달성하고자 한다. 그 본질과 실체를 샅샅이 살펴 제대로 알지 못하면 역사가 반복될 수 있다.[18]

미국이 공식적으로 표명하는 대 한반도 정책은 세계 및 동아시아 지역의 평화·안정 유지를 위한 것이다. 실질적으로 추구하는 동아시아 전략의 핵심은 현상유지를 통한 중국 관리다.[19] "나는 김정은과 아는 사이다", "북한에 개발할 해안가가 많다"고 한 트럼프의 발언과 대북정책은 거의 모두 대 중국 전략의 일환일 뿐 한반도 평화·통일과는 무관하다.

미국의 이 전략에 북한의 핵 위협과 한반도 대치 상황은 사실 '필요악'이고, 유용한 자원이다. 자국 본토를 향한 북한의 위협이 크지 않고, 관리할 수 있다면 불안한 한반도가 미국의 인도·태평양 전략에 유리한 것이다.

---

18 문대근, 『5·18, 6·25, 8·15 진실을 말하다』, 생각나눔, 2020, pp.18-31.
19 정경영, "미국의 대한반도 정책과 우리의 대미 안보정책 방향", 『국방연구』 제56권 제1호, 2013.3.

미국의 대 한반도 정책과 한미동맹의 궁극적인 목적은 한반도의 전쟁 억제와 평화 정착, 남북한 통일이 될 수 없다. 중국을 견제하기 위한 현상유지, 이를 위한 남북·북미 대치의 고착화다. 미국의 외교안보와 한반도 평화·안정의 목표는 하나가 될 수 없는 구조다.

국제정치란 국내정치와 마찬가지로 진실과 정의를 추구하지 않는다. 국익이 최고의 선이다. 지난 2년여 동안 미국의 대 한반도 정책은 성공적으로 추진돼 한미관계는 "이보다 더 좋을 수 없다." 그럼에도 오늘날의 한국은 구한말 고종과 미국·일본이 협력해 '잘못 끼운 첫 단추'를 그대로 다시 동여매는 모습이다.

탈아입미에서 나아가 탈아입구하려는 한국은 유라시아를 향한 통일한국과 K-문명국의 꿈을 접은 것이다. 일제 식민지 시대의 민족개조가 모자라 이제 인종 개조까지 하려는 것 아닌가?

국제정치에서 남에게 의탁하고 기대어 이룰 수 있는 것은 없다. 균형·주도 외교, 주권·주인 의식을 갖고 한반도의 정치력과 구심력을 높여 나갈 때 비로소 최상의 안보와 평화·번영의 환경이 조성될 수 있다. 이 모든 것은 대통령도 정치인도 아닌, 오직 국민들만의 정치적 각성과 경계가 판단·결정하고 이뤄낼 수 있는 것이다.

나. 중국의 대 한반도 정책
— 핵심은 안정·영향력 확보

신중국은 한반도 문제의 가장 큰 이해상관자로 역할을 해왔다. 강대국(G2)으로 부상한 21세기에는 사실상 한반도 문제의 조정자·결정자가 되었다. 2010년 천안함 사건이나 북한의 핵실험 등에 대한 유엔 안보리의 대북제재 결의는 사실상 중국이 그 내용·수준을 결정했다.

그동안 한국과 미국의 대북정책은 중국의 대북정책 또는 중북관계의 변화에 초점을 두었다. 북중관계를 애써 정상적인 일반 국가관계로 보고, 중국이 북한을 움직일 수 있을 것으로 보았다. 북한에 영향력을 행사할 수 있는 수단이 없는 한미 등은 북한문제가 발생하면 중국을 쳐다보았다. 중국의 작은 태도 변화에도 일희일비했다.

그런데 중국은 한 번도 의미 있는 대북 영향력을 행사한 적 없다. 소위 갑을(甲乙) 관계에서 중국의 대 북한 영향력 행사가 가능하지 않았기 때문이다. 중국이 한미의 대북한 영향력 행사 요구를 그대로 수용하는 것은 곧 자포자기(自暴自棄 = 自殺)다. 무지한 희망적 사고가 낳은 착시와 착오였다. 지난 70여 년 동안 중국의 대북정책과 중북관계의 변화를 전제한 한미의 대북정책은 실패할 수밖에 없었다.

대 한반도 문제 인식

육지로 14개 국가와 인접한 중국에게 주변의 '안정'은 근심 없이 생활하고, 발전하기 위한 기초이다. 중국의 꿈(中國夢)인 '두 개의 100년'의 목표를 이루고, 미국에 전략적 포위를 당하지 않기 위해서도 한반도의 안정은 절대 필요하다. 중국에게 자기 집 문 앞인 한반도의 지정학은 현재 전쟁 중인 러시아의 대 우크라이나 지정학과 같다.

중국은 한반도 문제의 원천은 북한이 직면한 안보위협에 있다고 본다. 북한은 미국의 패권적 군사위협과 경제제재에 굴복하지 않았다. 조그만 나라가 겁 없이 경찰국가 미국에 강대강·선대선의 원칙으로 대응하니 미국이 가만둘 리 없었다. 북한 및 북핵 문제는 미국의 태도가 좌우하게 된 것이다.

중국의 대 한반도 정책 결정의 핵심 요인은 그 대상인 남북한이나 남북관계가 아니다. 미국과 미중관계다. 중국은 미국의 동아시아 전략과 대 한반도 정책을 고려해 정책을 결정한다.[20] 그 연장선에서 중국은 미국의 대북 강경정책의 변화와 자국의 건설적 역할을 강조한다. 중국은 미국이 한반도 문제를 지정학적 전략카드로만 삼지 말고, 문제 해결을 위해 진정성을 보이라고 요구해왔다.

---

20 문대근, 앞의 책(2013), 189-204.

정책의 목표·기조

전략목표: 중국의 외교목표는 자국의 경제발전에 필요한 안정적이고 평화로운 국제환경을 조성하는 것이다. 나아가 미국 등 서방의 견제와 봉쇄를 뚫고 자국의 국제적 영향력을 확대하는 것이다.

중국이 동아시아에서 추구하고 있는 전략적 목표는 ① 자국의 경제발전에 유리한, 안정적이고 평화로운 지역질서를 유지·창출하고, ② 자국의 국력·위상에 걸맞은 발언권과 영향력을 확대하는 것이다.

대 한반도 정책 목표는 ① 변화하는 환경 속에서 안정적이고 평화로운 한반도, 특히 북한정권을 유지하고, ② 한국과의 관계 강화를 통해 경쟁국인 미국보다 우세한 영향력을 확보하는 것이다. 이 목표를 실현하기 위해 중국은 남북한 균형·등거리 정책을 추진하며 한국과의 관계 강화를 추구하기도 했다.

정책기조: 중국의 대 한반도 정책의 핵심은 한반도의 '안정'과 '영향력' 확보다. 이를 위해 중국은 미국의 영향력 확대 견제 및 한반도 상황의 안정적 관리, 북핵문제 해결 등을 위해 아래〈표-6〉과 같은 '3대 중재' 전략과 한국에 '3불 원칙'을 강조하고 있다. 미국의 북한 견인을 견제하기 위해서 북한에 '3대 불변론'도 약속했다.[21]

---

21 강 량, "북중 정상회담을 통해 본 시진핑의 한반도 전략 읽기", ISSUE BRIEFING 18-19, 국가안보전략연구원, 2018.7.

〈표-6〉 중국의 '3대 중재', '3불 원칙', '3대 불변론'

구 분	대상·목적	내 용
3대 중재 전략	한반도 문제 해결을 위한 중국방안	① **雙軌竝行**: 비핵화·평화구축 병행 ② **雙暫停**: 북핵·미사일 실험과 한미 합동군사훈련 중단 ③ **雙强化**: 비확산과 평화적 대화 증진
3불 원칙	한중관계를 위한 한국 태도	① 사드 추가 배치 ② 한미일 군사협력의 군사동맹화 ③ 미국의 MD 참여 반대
3대 불변론	중국의 대북 정책·태도	'어떠한 국제정세 변화'에도 ① 중북관계 발전과 ② 대북 우호감정, ③ 사회주의 북한에 대한 중국의 지지는 불변

* 출처: 필자가 관련 발표 등을 종합 정리함.

지난 2019년, 2회의 북미정상회담이 소기의 성과 없이 끝난 후 시진핑 주석은 한반도 문제 해결을 위한 중국의 역할을 다음과 같이 역설했다.

"중국은 ① '전략적 고도와 장기적 관점'에서 정세를 정확하게 파악해 한반도 평화를 확실히 지키겠다. ② 한반도 문제의 정치적 해결을 지지한다. ③ 북한의 '합리적인 안보 우려와 경제 발전에 대한 우려'를 해결하는 데 중국은 힘이 닿는 데까지 도움을 줄 용의가 있다. ④ 한반도 비핵화 실현에 적극적으로 역할을 하겠다."

중국은 시종 자국의 안보 차원에서, 미국에 의해 한반도 정세가 좌우되어서는 안 된다는 보고, 북한문제에 적극 개입하고 있다. 중국은 미국이 한반도의 평화·안정에 기여하는 노력은 지지하나 현상을 위협할 수 있는 행동은 경계한다. 중국에게 현상 유지를 깨뜨릴 수 있는 중요 변수는 북한의 모험주의와 그에 따른 미국의 군사제재 조치다.

대 한국 정책

중국은 경제적 호혜와 정치적 선린, 안보적 협력을 기본으로 하는 대 한국 정책을 추진하고 있다. "(한중) 양국은 역사적 인연이 깊은 우호적인 이웃 국가로, 그동안 각종 풍파와 시련을 겪으며 전면적이고 빠른 발전을 이뤄냈다." 중국에 한국은 역사적으로나 지정학적·지경학적으로 놓쳐서는 안 될 중요한 나라다.

1992년 수교 이후 세계사에서 '외교의 기적'이랄 정도로 급속히 발전해 온 한중관계는 2016년 주한미군의 한국 내 사드 배치를 계기로 크게 악화되었다. 중국의 적극적인 보복성 대응·압박은 상호 신뢰와 협력의 기반을 무너뜨린 채 지금까지 계속되고 있다. 여기에 더해 미중 패권전쟁에서 한국이 미국과 공조를 강화하자 한중관계는 아래와 같이 다방면에서 악화일로다. 한중수교 이후 33년 동안 없었던 일들이다.

첫째, 중국은 한미관계의 밀착을 적극 견제하고 있다.

2022년 8월 10일 중국에서 열린 한중 외교장관회담에서 중국 왕이 부장은 한국 박진 장관에게 양국관계 발전을 위한 5개 요구사항을 전했다. 한국이 ① 독립자주를 견지하고 외부의 장애와 영향을 받지 말 것을 비롯 ② 선린우호 ③ 공급망·산업망 수호 ④ 내정 불간섭 ⑤ 다자주의 견지가 그것이다. 중국은 이 요구들은 한중관계의 올바른 방향과 안정적이고 건전한 발전을 유지·보장하는 전제라고 말한다.

둘째, 중국은 한국의 대북·북핵 정책에 협력할 마음이 없다.

2022년 11월 15일 한중정상회담에서 윤석열 대통령은 시진핑 주석에게 북핵문제 해결을 위한 중국의 건설적 역할을 요청했다. 시 주석은 "남북한 관계 개선이 우선"이라고 말했다. 한국의 대북지원 정책에 대한 중국의 지지도 요청했지만 "북한이 호응할 경우 지지한다"고 동의하지 않았다. '우리를 반대하며 무슨 소리냐'는 식이다. 한국에 가장 큰 현안인 북핵문제는 안보 주권이 제한적인 한국과 협의할 문제가 아니라는 것이 중국의 솔직한 입장이다.

셋째, 중국은 한국과 협력할 수 없는 4개의 경우(조건)까지 내걸었다.

양국 정상회담에도 후 원만치 못한 한중관계는 실무 선에서 보다 구체화되었다. 미중관계가 악화되고 한국이 미국 편에서 중국의 핵심

이익인 양안과 남중국해 문제까지 거론하자 중국이 발끈한 것이다.[22]

2023년 5월 한국 외교부를 방문한 중국 외교부 아시아국장(류진송)은 중국이 한국과 협력할 수 없는 경우(4대 불가)를 통보했다. ① 한국이 (대만문제 등) 중국의 '핵심이익' 개입 시 ② 한국이 친미·친일 외교정책 지속 시 ③ 한중관계 긴장 지속 시에 한중 고위급 교류(시진핑 주석 방한 등) 불가, ④ 악화된 정세에서 한국의 대북 주도권 행사 불가 등이 그것이다.[23]

중국의 고압적인 태도는 한미동맹을 폄훼하거나 약화시키려는 것이다. 한국의 미국·일본 위주의 대외정책, 특히 반중 정책을 변경하라는 것이다. 윤석열 정부 출범 이후 한미관계를 대북 공조를 넘어 자국을 겨냥한 '글로벌 전략적 포괄동맹'으로 격상하자 중국이 던진 강한 견제구, '두고 보겠다'는 경고였다.

윤석열 대통령이 탄핵·파면으로 물러나고, 이재명 정부가 들어선 후 중국은 새 정부에 기대를 갖고 있다. 새 정부와는 미국의 자국 우선주의와 관세정책으로 인한 한미관계의 균열 가능성을 주시하며 한국에 접근하고 있다. 중국은 경제적으로 원원하는 한중관계 복원, 한국의 보다 균형적인 지정학적 입장을 희망하며, 특히 미국의 지나친 관세정책에 공동으로 대응하기를 바란다.

---

22 중국의 전통적인 핵심이익에 대한 자세한 내용은 김흥규, "중국의 핵심이익과 한반도", 「중국외교안보독서토론회 2011년 자료집」, 2011.12, pp.3-13 참조.
23 임방순, "중국의 4불 방침에 대응, 강압과 위협의 고리 끊어야", news2day, 2023.6.1.

일관된 대북정책: 북중관계의 밀착
- 미중·한미관계가 북중관계 견인

중국의 대북정책은 특수한 중북관계에서 큰 변화 없이, 그 지속성을 유지해 왔다. 왜 그럴까? 언제, 어떤 상황에서 긍정적인 변화를 기대할 수 있는가? 이는 한국의 대북·대중 정책에서 고려해야 할 중요한 문제다.

그동안 중국은 북한의 주권·영토를 보전하고, 북한 정권의 안정을 보장하며, 한반도의 평화·안정을 유지하는 것을 대북정책의 주 목표로 삼았다. 북한의 자생력을 키우고, 북핵문제 해결과 변화·개방을 유도해 자국의 부담을 줄이며, 영향력을 유지·확대하는 것도 중요한 목표였다.

이 같은 목표에 따른 중국의 대북정책 기조는 ① 북한체제 안정, ② 대북 영향력 유지·확대, ③ 북한의 개혁·개방 촉진이 주 내용이다. 중국은 상황에 따라 북한과 거리를 두기도 하고, 대북 접근을 강화하는 등 '전술적 변화'를 보이기도 했다.

2018년~2019년은 남북·북미·북중 관계에서 특별한 한 해였다. 남북정상회담이 3회 개최되고, 역사상 최초로 북미정상회담이 2회 개최되었다. 북중정상회담도 7년 만에 성사돼 5회나 개최되었다. 남북·북미관계가 개선되는 과정에서 그 반작용으로 중북관계가 복원되었다. 중국은 전례 없는 강력한 북한 끌어안기를 통해 미국의 대 북한 견인 전략을 무력화시켰다. 자국이 주도하는 '신시대의 북중관계'를 열었다.

아래 〈표-7〉에서 보듯 정상회담에서 시진핑 주석은 "조중 두 나라는 운명공동체, 변함없는 순치관계, 한 집안임"을 강조했다. 한미의 자유민주주의 가치동맹에 대응해 공산당이 이끄는 사회주의가 북중 '우호의 핵심'이자 '본질적 속성'임을 확인했다. 북한에 대한 '3대 불변론'과 함께 북한의 우려 해소를 위해 가능한 모든 도움을 주겠다고 약속했다. 이제 내가 해줄 것이니 한국과 미국의 지원을 기대하지 말라는 것이었다.

〈표-7〉 2018년~2019년 북중정상회담 시 시진핑의 발언 요지

구 분	발언 요지
제1차 북중정상회담 (베이징, 2018.3.25.~27.)	- 중조 간 피로 맺은 전통적 친선은 세상에 유일무이 - 대를 이은 친선은 역사적·전략적 선택, 확고부동한 입장
제2차 북중정상회담 (다롄, 5.7.~8.)	- 북중은 운명공동체, 변함없는 순치관계 - 양국관계 발전은 확고부동하고 유일 정확한 선택
제3차 북중정상회담 (베이징, 6.19.~20.)	- '3가지 불변(三个不變)' 약속 천명 - 북한의 발전의 길과 비핵화 정책 지지
제4차 북중정상회담 (베이징, 2019.1.7.~10.)	- 중국은 조선의 후방이며 견결한 동지 - 조선의 주장은 응당함. 유관국의 타당한 처리 필요

제5차 북중정상회담 (평양, 6.20.~21.)	- 공산당이 영도하는 사회주의는 중조관계의 본질적 속성 - 북한의 합리적 안전·발전 우려 해소 위해 가능한 도움 제공 - 중국과 북한은 한 집안(一家)

* 출처: 문대근 외 2인, 『북중관계: 1945-2020 – 김정은 시대의 북중관계』, 경남대 극동문제연구소, 국제관계연구 시리즈 37, 2021, pp.195-216 참고.

    중국과 북한은 역사와 지리, 정치이념에서 한 형제당·형제국 관계를 유지하는 '한 집안'과 같다. 중북관계가 특수한 이유는 중국이 북한과 '전통적인 우호협력 관계'와 '당(黨) 대 당 국가관계'를 유지하고 있는 것이다. 양국은 유사시 자동군사개입 조항이 들어 있는 동맹조약을 유지하고 있다. 중국이 전통적 우호관계와 동맹조약을 유지하고 있는 나라는 지구촌에서 북한뿐이다.

    그럼에도 중북관계가 순탄하기만 했던 것은 아니다. 양국관계는 겉과 속이 다른 불신과 견제, 갈등과 화해의 연속이었다. 1990년대부터는 탈냉전 추세에 영향을 받으며 지속보다는 변화의 측면이 강화돼 다양한 갈등이 표출되었다.

    특이한 점은 이러한 갈등은 북한이 주변 강대국과의 관계로 위험에 처할 경우 양국관계를 긴장시키는 요인으로 작용하지 않았다는 것이다. 양국관계가 불편한 상황에서도 역사적·이념적 유대가 제반 갈등을 상쇄하며 상호 의존관계를 유지해 온 것이다.

    그 과정에서 북한이 중국에게 등을 돌린 적은 있었어도 중국이 북한에 등을 돌린 적은 없었다. 중북관계가 소원할 때 중국은 늘 갑의 입장이 아니었다. 항상 을의 입장에서 북한과의 관계 개선을 희망하고 먼저 접근했다. 마오쩌둥은 중국의 국기인 "오성홍기에는 조선인의 피가 묻어있다"고 말했다. 지난 70여 년 동안 중국의 북한 후원과 기본적인 대북지원은 끊긴 적이 없었다.[24]

- 대북정책 관련 3개 관심사

① 중국이 여전히 국제사회의 북핵문제 해결에 동참하나?

그동안 중국은 북핵 상황에 따라 소극적 관리자 역할과 적극적 해결자 역할 사이를 오가며 전략적 이익을 도모해 왔다. 냉전시기(1975.4.18.)에 중국의 마오쩌둥은 방중한 김일성에게 핵 개발을 권유했다. 자국의 경험에 비춰볼 때, 북한의 핵 보유가 안정 속의 개방·개혁과 경제발전에 도움이 된다는 것이었다. 탈냉전 후 중국은 미중관계와 중북관계 사이의 딜레마에서 겉으로는 북한의 핵 개발에 단호하게 반대한다는 입장을 견지했다.

중국이 G2로 부상한 2010년 이후 중국의 북핵 인식과 태도는 달라지기 시작했다. 중국은 미국의 세계전략 중점이 동북아로 이동, 미

---

24 한석희, "중국은 왜 북한과의 관계 강화를 시도하는가", 『Luuxmen』, Vol. 03 (서울: 매일경제신문사, 2010.12), 박창희, "지정학적 이익 변화와 북·중 동맹관계: 기원, 발전, 그리고 전망", 『중소연구』, 제31집 1호 (2007 봄), p.30 참조. 한편, 중국의 대북한 지원은 북한을 위한 것이 아니라 자국 동북의 안보방벽에 대한 투자나 대가의 성격을 가지고 있고, 북한은 이를 당연한 것으로 요구해 왔다. 중국과 북한은 서로 절대 절명의 순간(국공내전과 6·25전쟁 시)에 서로를 구해준 관계다.

국이 북핵을 둘러싼 긴장을 이용해 동북아를 관리·통제하려 한다고 보았다.[25]

또 한미가 중북 사이의 핵 갈등을 이용해 북한을 고립·약화시키고, 중북관계의 틈을 더 벌려 북한붕괴 및 흡수통일을 추구한다고 판단했다. 국제사회의 중국 역할·책임론 또한 북한과 자국을 위험한 '함정'에 빠뜨리려는 음모로 보았다.[26]

이때까지만 해도 중국은 "북핵문제는 북중관계에서 중대한 장애물이다. 양국 우호협력 관계의 안정적 발전에 매우 부정적인 영향을 미치고 있다. 북한의 핵무장은 한미일 3국의 공조를 강화시키고, 동북아시아에 핵 도미노 현상을 초래할 수 있을 뿐만 아니라, 중국 동북 지역에도 실질적인 피해를 줄 수 있다. 북핵 문제는 중국 입장에서도 중대한 안보적 위협 요인이다"고 보았다.[27]

2018년 미중 간의 패권전쟁은 중국의 입장과 정책에 변화를 주었다. 중국은 미국이 한반도 문제에 대한 중국의 개입을 제한하려는 움직임을 보이자 중북관계를 동맹의 요소가 강화된 전략적 협력관계로 전환해 북한을 단단히 결박했다.

---

25 張慧智·王簫軻, "中美對朝政策競爭与合作的態勢分析,"「東北亞論壇」2012年 05期, p.33; 중국 연변대 金强一 교수의 발언 등을 참조.「월간조선」2010년 11월호, p.282.
26 鄭浩, "西方 '中國責任論' 本質是逼迫中國放弃朝鮮,"「鳳凰衛視」, 2014년 4월 12일.
27 짱롱판, "북중관계에서 동맹과 북핵문제: 중국의 시각", 세종정책브리프 2024-13, 2024.10.11, pp.16-18.

중국의 북핵정책은 2018년부터 미중관계와 한반도 상황 변화에 대응해 상당한 변화를 보였다. 중국은 북핵문제를 미국 방안이 아닌 자국 방식으로 해결하겠다는 입장을 분명히 했다. 중국은 먼저 한반도의 불안정이 자국에 미치는 부정적인 영향을 고려해 한반도 문제 해결을 위한 '3대 중재 전략'을 제시했다.

북핵문제 해결을 위한 '중국방안'은 '제재를 통한 북한 비핵화'를 추구하는 미국의 접근법과 완전히 다른 것이다. '북한의 합리적 안보 우려'를 덜어주어야만 북한이 핵을 포기할 수 있다는 논리에 기초한 '북한 안전 보장을 통한 북핵문제 해결' 방안이었다.

중국에게 한반도 비핵화는 더 이상 대북정책의 기본 요소가 아니다. 2021년 이후 시 주석이 김정은 위원장에게 보낸 친서에는 비핵화가 언급되지 않았다. 중국은 가능성이 거의 없는 한반도 비핵화를 강조할수록 자칫 미군의 사드 배치 명분을 강화시켜 준다고 본다. 미중 패권전쟁 상황에서 중국의 방파제이자 동방초소인 북한이 핵으로 무장하면 중국에 꼭 나쁜 일만은 아니라는 인식도 없지 않을 것이다.

2024년 초, 북한의 핵개발 지속에도 불구하고 중국은 북핵문제를 미중관계와 연계하고 있다. 유엔안보리 대북제재 논의에서 발목을 잡고 있다. 과거와 달리 매우 소극적인 중국의 행보는 미국이 북핵문제 해결보다 중국 견제에 더 주력하는 것과 같다. 미국과 전쟁 중인 중국도 한반도 비핵화보다 대 한반도 영향력 확보에 관심을 둘 수밖에 없다. 미중 모두 북핵문제 해결에 관심이 별로인 실정에서 북한은 마음 놓고 러시아 등과 협력하며 핵 개발을 가속화하고 있다.

② 중국의 대 북한 영향력 행사는 기대할 수 없는 것인가?

국제사회는 북핵문제가 불거진 이후 중국의 대북 영향력 행사를 북핵문제 해결의 관건으로 인식했다. 그동안 북한을 움직일 수 있는 뾰족한 방법이 없는 한미 등 국제사회는 중국에 대북 영향력 행사를 줄기차게 요구해 왔다.

중국은 자국의 대북 영향력 행사는 "있을 수 없는 일"이라고 반발하며, 시종 "우리의 대북 영향력은 매우 제한적"이라고 강조했다. "한·미·일이 북한에 요구할 것이 있으면 중국에 요구할 것이 아니라 북한과 직접 대화하라"고 반박해 왔다.

사실, 중국은 국제사회에서 유일하게 가장 큰 대북 영향력과 여러 수단을 가지고 있다. 그러나 주체와 자주를 강조하는 북한을 자국이 원하는 대로 통제할 수는 없다. 북한의 핵무기 개발을 저지할 수 있는 정도의 영향력이 있는 것도 아니다. 북한의 붕괴 가능성과 대미·대러 편승 가능성을 촉진할 수 있는 대북 영향력 행사는 중국이 강조하는 바와 같이 '수행 불가능한 임무(mission impossible)'인 것이다.

만약 자국의 강도 높은 대북 압박·제재가 실행돼 북한과의 관계가 단절되면 중국은 어떤 영향력도 행사할 수 없게 된다. 그 상황에서 북한이 속수무책으로 붕괴하는 것보다 핵으로 무장한 북한이 국익에 이로운 것이다. 이제 중국은 미국과 협력하는, 미국의 말을 듣는 나라가 아니다.

③ 중국의 대북정책 변화가 그렇게 어려운 이유는 뭔가?

그동안 중국의 대북정책과 함께 특수한 중북관계는 변하지 않았다. 현 시진핑 정부의 중북관계에서도 많은 곡절이 있었지만 근본적인 정책 변화는 없었다. 중국은 북한의 잘못된 행동에 화를 내거나 얼굴을 돌렸어도 북한이 뼈아프게 처벌하거나 등을 돌린 적이 없었다.

지금도 중국은 안정된 중북관계가 자국 이익에 유리하다는 입장에서, 이익(利)에 바탕을 두되 전통적인 우호협력관계(義)를 유지하며 중북관계를 고도로 중시한다. 이렇듯 중국의 대북정책과 중북관계의 특수성이 지속되고 변하지 않는 이유는 무엇일까?

무엇보다 북한지역에 대한 지정학적 이해가 천연적(天然的)이기 때문이다. 이웃은 바꿀 수 있는 게 아니다. 중국이 한반도 평화와 통일 문제를 미중관계와 한미관계, 타이완문제와 연계하고 있는 점도 근본적인 정책 변화를 제약한다.

미중 간의 불신과 상호 갈등·대립 구조, 특히 패권전쟁은 중국의 대북정책 변화 가능성을 접게 한다. 향후 미중 간의 세력전이가 본격화될 경우 북한(지역)에 대한 중국의 전략적 이해는 더욱 증대될 것이다. 북한이라는 전략적 완충·대항 전선의 필요성도 증대될 수밖에 없다. 2024년 4월 11일~13일 북한을 방문한 중국 서열 3위 자오지러 전인대 상무위원장 등 당·정·군 대표단은 북한과의 전략적 밀착 관계를 한층 강화했다.

북한은 2개월 후인 2024년 6월에 러시아와 '북러동맹조약'을 체결하고, 10월에는 러시아의 우크라이나 전쟁에 대규모 병력을 참전시켜 중북관계의 변화를 점치는 사람들이 있다. 물론 북러 밀착을 보는 중국의 마음은 편치만은 않을 것이다. 그러나 중국의 우려가 자국의 대 한반도 정책을 변화시킬 수 있을 만큼 크지 않다. 중국은 자국이 하지 못하는 일을 북한이 대신해 주는 것으로 볼 수 있기 때문이다. 북중러 3국이 전략적인 대화 없이 북러관계를 변화시켰다고 보기는 어렵다.

대 한반도 정책 변화의 조건

그렇다면 우리의 주 관심은 중국의 대 한반도 정책이 과연 언제, 어떤 상황과 조건에서 변할 수 있느냐는 것이다. 이는 한반도의 평화·통일과 한국의 경제발전, 즉 우리의 운명을 가르는 중차대한 문제가 아닐 수 없다.

주목할 사실은 중국의 대 한반도 정책이 동북아 질서 구조 속에서 그 정향·수준이 결정된다는 것이다. 중국에게 남북한은 미중관계에서 전략적인 의미를 갖는 중요한 나라다. 구조적 차원에서 미국과 미중관계, 지역정세 등 중국이 보는 '전략상황'이 변하기 전에 정책을 쉽게 변경할 수 없다는 것이다.[28]

반대로 미국으로부터 오는 안보위협이 사라지면 중국의 정책 변화 가능성은 그만큼 커지게 된다. 결국 중국 대 한반도 정책, 특히 대북정책의 근본적인 변화에는 미중관계 변화와 한미동맹의 변화, 주한미군 철수와 같은 동북아 '전략상황'의 변화가 중요한 전제조건이 될 수밖에 없다.[29]

중국의 대북정책을 좌우하는 요인은 미국 변수만은 아니다. 대 북한 인식과 정책 못지않게 한국의 대북·대외 정책도 중요한 요인이다. 중국은 중견국 한국이 정세를 더 좋은 방향으로 이끌 수 있는 위치에 있다고 본다.

한국에 대미관계와 대북정책 변화를 주문해 온 중국은 이제 '독립자주'를 양국 협력의 첫 번째 조건으로 내걸고 있다. 중국의 관영통신사인 신화사는 2024년 3월 17일 평론에서 한국의 '민주주의 정상회의' 개최를 비난하며 사상 처음으로 미국의 '졸개(馬前卒)'라는 단어를 사용해 비난했다.

미국의 대 한반도 정책은 동아시아 지역패권 유지·강화 및 대 중

---

28 중국이 고려하고 있는 '전략상황'으로는 북한 불안정, 미국의 쇠퇴 및 중국의 부상, 미국의 대중 견제·봉쇄 전략(MD), 중일 간 갈등 지속 등 중국에 불리한 상황을 말하는 것으로 사료된다.
29 문대근, "중국 대북정책의 특징과 변화의 조건", 한국미래문제연구원 『2018년 안보·국방학술회의 발표자료집』, 2018.10.16, pp.44-47.

국 견제에 도움이 되는 한국과 한반도를 만드는 것이다. 중국의 그 것은 현상을 유지하며 한반도의 안정과 한반도에 대한 영향력을 확보하는 것이다. 문제는 냉전 초기 6·25전쟁에서 양국이 죽도록 싸웠던 한반도가 신냉전 초기인 오늘날 다시 그들의 각축장이 되고 있는 것이다.

점증하는 위험에 어떻게 대응해야 할까? 역사와 현재를 알면 지피지기를 2배로 할 수 있다. 중국을 보다 정확하게 이해하는 방법은 어렵지 않다. 계속되는 정보 실패의 원인인 논리가 없는 이념·진영의 논리와 시각, 가짜뉴스에서 벗어나 균형적인 시각을 갖는 것이다.

일반 국민들이 언론과 SNS 등을 통해 알고 있는 중국 대신, 그것을 '거꾸로 보고 읽는' 방법도 중국에 대한 보다 정확한 지식을 배가해 줄 것이다. 이건 1995년 중국 심양 요녕사회과학원 특별연수 이후 30년 동안 중국을 공부해 온 국내 "제1 중국통"의[30] 중국 공부 방법이자 경험칙이다.

---

30 2013년 6월 13일 소공동 롯데호텔, (사)한중친선협회(회장 이세기)의 탕자쉬안(唐家璇) 전 중국 외교담당 국무위원 방한 시의 초청 만찬간담회('아주경제신문」, 2013.6.14. 보도.) 자리에서 탕 위원의 수행원으로 함께 자리한 싱하이밍(邢海明) 당시 중국외교부 아시아국 국장은 이 회장의 우리 측 참석자 소개 시 당 위원에게 필자를 "한국 내 제일(第一名)의 중국 전문가"로 부연 소개했다. 20여 명이 참석한 자리에서 한 싱하이밍의 발언은 2007년 중국 당국이 인민일보 자매지('環球人物」)를 통해 한국 내 '최고의 중국통'으로 보도한 (故)이세기 회장을 2009년부터 보좌해 온 필자의 전문성을 평가한 것이었다. 필자의 중국대사관 근무 시 외교파트너였던 옛친구(老朋友)로서 중국 관련 전문서적 출간, 언론 인터뷰 등 필자의 꾸준한 중국학습 노력을 평가해 준 것으로 보였다.

05

한반도 통일에 대한 미중의 입장

가. 미국의 입장
- "한국은 왜 통일을 하려고 하나?"

80년 전의 구상이 현재를 지배

1945년 남북 분단은 당시 패권국인 미국의 태평양전쟁 종결 전략의 결과였다. 1943년 3월 미국 국무부가 준비한 한국문제 해결을 위한 3단계 구상은 ① 군사작전, 점령·군정 실시 ② 신탁통치 또는 감독기구 구성·운영 ③ 완전 독립에 이르는 과정에서 미국이 가장 중요한 역할을 한다는 것이었다.

이 구상은 미국의 '태평양전쟁 조기 종결' 및 '동아시아 패권 장악' 전략과 연계된 것이었다. 미국은 전후문제 처리를 위한 각종 국제회담에서 이 전략들을 주도면밀하게 구현해 나갔다.

1943년 미·영·중 3국이 합의한 '카이로선언'은 한반도 장래를 규정한 최초의 국제공약이었다. 한반도 문제와 관련한 미국과 중국의 기본 합의는 이후 3국 실무회의를 거쳐, 최종적으로 '적절한 절차'를 거쳐 해결하는 것으로 결정되었다.

첫 회담에서 미중 정상은 "한국의 임시정부 인정 및 즉각적인 자유 독립"을 주장한 중국 장제스의 의견을 반영, 큰 틀에서 '한국 독립'에 합의했다. 이를 토대로 회담 주도국인 미국 루스벨트 대통령의 보좌관 홉킨스는 합의서 초안을 작성, 대통령에게 보고했다. "한국을 '가능한 가장 이른 시기에'에 자유롭게 독립시킬 것을 결의한다"는 것이었다.

• '문제는 디테일'에 있었다

중국의 의견은 미국의 전후 처리 전략과 영국의 이익에 반하는 것이었다. 19세기 말 조선의 일제 식민지화에 적극 협력한 미국과 영국은 이제 한반도 분단을 획책했다. 2차 회담 직전 루스벨트는 홉킨스의 위 합의서 초안 문구를 '적절한 순간에(at the proper moment)'로 수정했다.

최종 문안은 영국 처칠의 주장을 반영해 '적절한 절차(in due course)'를 거쳐서로 바뀌었다. 미국이 주도하고 영국이 협력해 한국 독립 방향이 갈피를 잡을 수 없는 '오리무중(五里霧中)'에 합의한 것이었다.

결국, 미·영·중 3국은 ① 일본의 영토를 '1914년' 1차 세계대전 이전의 상태로 축소시키고, ② 만주·대만을 중국에 '반환'하며, ③ 한국은 '적절한 절차'를 거쳐 독립시킨다는 내용의 '카이로 선언'을 채택했다. 한반도 문제에 대한 중국의 의견은 무시되었다. 이후 국제회의에서 중국은 배제된다.

한국이 만주·대만과 달리 '반환'의 대상이 되지 못한 데는 이유가 있었다. ① 한반도는 미국 등이 한국의 상해 임시정부를 인정하지 않아 '반환'을 받을 주인이 없었다. 또 ② 1차 세계대전 발발 이전인 1910년에 일본의 식민지가 된 한반도는 전후에 '임자 없는 땅'이 돼 연합국의 전리품으로 처리될 운명이었다. 무엇보다 ③ 한반도는 미국이 소련·일본과의 종전 협상에서 사용할 수 있는 유용한 수단이자 소재였다. 오리무중인 '적절한 절차'에는 다양한 수단과 방법이 있었다.

• 분단은 통일을 향한 '적절한 절차'

한반도의 분할·점령·통치, 즉 분단을 의미하는 '적절한 절차'는 이후 미소 간의 얄타회담 등에서 구체화되었다. 카이로 선언 이후 미국은 ① 소련의 대일전 참전과 그 대가로 중국 땅인 만주의 소련 지배(중국 약화, 중소 이간), ② 중국의 속방이었던 한반도의 미소 분할·점령 지배(남북 분단, 중국 약화), 일본의 미국 독점 지배(서태평양 불침항모 확보)를 실현했다.

아직도 분단 상태인 한반도는 카이로선언의 '독립국가' 건설을 위한 '적절한 절차'라는 과정에 있다. 카이로 회담에서 한반도 '자유독립'에 대한 미중의 기본입장은 각각 '적절한 시기에 독립'과 '즉각적인 독립'이었다. 80년 후인 오늘날 한반도의 '자유독립' 완성인 '통일'에 대한 미중의 입장은 그때보다 더 후퇴한 모습이다.

미국은 장래 통일한국이 중국으로 기울 가능성과 동아시아 패권의 훼손을 우려, 통일에 반대하고 있다. 약자인 중국은 통일을 지지하면서도 지금은 때가 아니라는 입장에서 여러 조건을 내걸고 있다. 점증하는 갈등·대립 상황에서 한반도 통일에 대한 미국과 중국의 대립적인 입장은 점점 더 첨예해지고 있다.

미국과 중국이 패권전쟁 중에 한국인들의 소원이었던 통일의 꿈은 흔들리다 못해 사라지고 있다. 왜 그럴까? 이 문제는 중요한 지피지기의 대상이다. 통일에 대한 미중 양국의 입장을 보다 세밀하게 살펴보자. 먼저 미국이다.

통일 반대, 중국 견제 우선

- **기본입장: 한미동맹을 통한 사실상의 북한붕괴·흡수통일**

미국은 자국이 독자적으로 한반도 통일문제에 대한 입장을 공식 표명한 적이 거의 없다. 긍정적일 수 없기 때문이다. 미국의 입장은 주로 한미정상회담 후 양국 공동선언을 통해 한국 주도의 통일방식을 지지하는 것이었다.

처음으로 표명한 구체적 입장은 2009년 6월 이명박·오바마 대통령 간 한미정상회담 후 발표된 '한미공동비전'에 있다. 양국은 "한미동맹을 통해 한반도의 공고한 평화를 구축하고, 자유민주주의 시장경제 원칙에 입각한 평화통일에 이르도록 한다"는데 합의했다.

2013년 전후, 미국 조야(朝野)에서는 북한·북핵문제 해결 방안으로 한국 주도의 통일론이 확산되었다. 북한이 붕괴돼 통일되면 모든 한반도 문제가 일거에 해결된다는 '통일최적대안론'이 그것이다. 한국에서 이명박·박근혜 정부가 추진한 통일항아리론·통일대박론은 이런 미국의 대북정책과 공조한 것이었다.

- **속내: 통일 절대 반대**

낭중지추(囊中之錐). 비밀은 없다. 2017년 11월 제1차 한미정상회담에서 트럼프 대통령은 불현듯 문재인 대통령에게 이렇게 묻는다. "왜 한국이 꼭 통일을 해야 합니까?" 순진하고 솔직한 이 발언은 한반도 통일에 대한 미국의 전통적인 인식과 정책, 실질목표를 트럼프식으로 표출한 것이다. 미중 패권전쟁 시작 직전에 문재인 정부가 추진한 '한반도 대전환'에 대한 강력한 경고이기도 했다.

1년 후인 2018년 10월 10일, 트럼프 정부는 한국정부의 '5·24 대북제재 조치' 해제 검토 움직임에 쐐기를 박았다. 한국의 남북 철도·도로 개보수 사업 추진에 대해 "(한국은) 우리의 승인 없이 아무것도

하지 못한다"고 중단시켰다.

폼페이오 미 국무장관은 2018년 남북정상이 9.19 평양공동선언과 함께 체결한 '군사분야 합의서'에 대해 강한 불쾌감을 드러냈다. 2019년 4월 미국을 방문한 문재인 대통령의 트럼프 대통령과의 단독 정상회담 시간은 트럼프 대통령의 기자회견 겸 단 2분이었다.

바이든 정부가 들어선 후 2022년과 2023년의 한미정상회담은 북한의 위협에 대응하고, 경제안보와 국제현안 협력을 한층 강화하기로 합의했다. '글로벌 포괄적 전략동맹'은 대 북한 공조보다 대 중국 견제에 중점을 둔 것이었다. 양국은 한반도를 넘어 국제무대에서 자유민주주의 가치를 공유하며 서로 협력하기로 했다.

특히 2023년 한미정상회담은 '글로벌 포괄적 전략동맹'을 구체화했다. 양국이 북핵 위협 대응과 한미일 안보협력 강화 외에 양안해협과 우크라이나 문제에 뜻을 같이하고 협력을 강화하기로 한 것이다. 글로벌 중추국가가 된 한국이 이념이 다른 북한과 상호관계를 완전 단절하고, 중국과 러시아와도 사실상의 적대적인 관계로 돌아가는 순간이었다.

- **미국 입장의 3가지 특징**

이상과 같은 한반도 통일에 대한 미국의 입장은 아래와 같이 3가지 특징을 가지고 있다.

첫째, 미국정부가 독자적으로 표명한 공식적인 입장이 없다. 분단

상태의 동맹인 한국인들의 소원을 반대한다고 말할 수 없기 때문일 것이다.

둘째, 통일추진 주체는 한국이 아니라 한미동맹, 즉 미국이 주도하는 것이다. 이런 미국의 입장은 한미관계와 한반도의 현실을 반영한 것이다.

미국은 한국을 상호적이고 평등한 동맹으로 생각하지 않는다. 미국의 우드워드 기자는 그의 저서 『격(2020)노』에서 트럼프 대통령이 한국의 방위분담금과 관련해 "한국의 존재가 미국이 허락하는 가에 달려 있는데…"라고 말한 사실을 적었다. 한국은 전시작전권은 물론 안보를 미국에 의지한 채 특히 대북정책에서 자율권을 갖고 있지 않다. 미국이 한국 내에서 무소불위의 권력임은 다 아는 사실이다.

또한 분단 상황에서 한국은 북한지역에 대한 통치주권을 갖고 있지 않다. 한국정부가 한반도의 유일 합법정부가 아니기 때문이다. 한국정부의 혹세무민(惑世誣民)에도 불구하고 유엔과 미국은 1948년 10월 12일 자 유엔총회 임시의원회 결의를 근거로 한반도 통일 시 한국의 북한지역에 대한 통치주권을 명백하게 부인해 왔다.

현실적으로 남북한이 마주 보며 분단돼 있지도 않다. 비무장지대 이남지역은 미국이 유엔사의 이름으로 관할하고 있다. 정전협정 서명국인 미국(유엔사)·중국이 반대하면 한국은 통일할 수 없다.

<표-8> 정전협정과 관련 규정

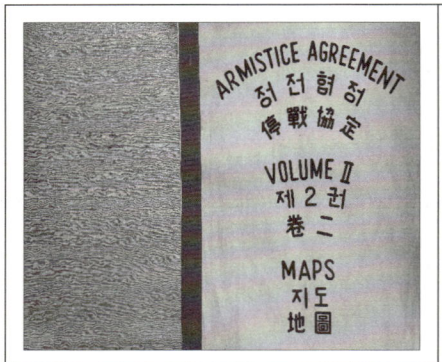

정전협정 제1권 협정문본과 제2권 지도 | 정전협정 제1조 7항~10항 규정

셋째, 관련 미국의 입장·정책은 현실적인 것이다.

한반도 통일에 대한 미국의 속내는 "한국은 꼭 통일을 해야 하나?"라는 물음 속에 있다. 트럼프의 의문처럼 미국은 자국의 이익이 되지 않는 한반도 평화통일을 반대한다. 통일의 관문인 종전선언과 평화협정 체결에는 관심조차 없다. 자국의 통제 범위를 벗어나는, 특히 중국 견제에 도움이 되지 않는 남북대화·교류협력도 용인하지 않는다. 한반도의 긴장 완화와 평화를 경계하는 미국의 관심은 한반도에 대한 강력한 통제력이지 평화·통일이 아니다.

• 미국은 한반도 통일을 반대하는 이유

가장 큰 이유는 통일된 한국이 친중국으로 갈 가능성에 대한 우려다. 미국은 한국이 중국과 역사적·지리적·문화적으로 가까워 통일 후 중국권으로의 편입될 것으로 본다. 통일된 한반도에서 미국의 역할이 없어지는 것도 걱정이다.[31] 아래 〈표-9〉에서 보듯 평화로운 한반도나 통일한국은 중국에 이익이 될 뿐 미국에는 전혀 이익이 안 된다.

사실 아래와 같이 한반도 통일이 중국에 1석5조의 이익이라면, 미국에는 1석5조의 손실이다.

〈표-9〉 미국과 중국의 한반도 통일 득실

중국의 1석5조 이익	미국의 1석5조 불이익
- 경제발전에 유리한 주변환경 조성	- 통일된 한국은 친중국 경사
- 한국의 전략적 완충지대 역할 증대	- 동북아에서의 자국 역할 축소
- 자국 동북지역 안정·발전 용이	- 대 한반도 영향력·지배력 약화
- 중국인들의 숙원인 양안통일 촉진	- 유엔사 해체와 한미동맹 약화
- 자국 중심의 동북아 공동체 형성	- 무기시장 축소, 주한미군 철수

* 출처: 필자가 관련 자료들을 종합 정리함.

그럼에도 한국인들 대부분은 여전히 한반도 통일에 가장 우호적인 주변국은 '한반도 영토에 욕심이 없고, 선한 나라인 미국'이라고 생각

---

31 차두현, "한반도 통일에 대한 미국의 시각: 기회와 도전", 『글로벌정치연구』 제3권 2호, 2010, pp.29–51.

한다. 100여 년이 지난 후인데도 구한 말 마지막 중화제국 청나라의 '조선책략'을 따른 조선 위정자들의 인식·언술을 그대로 되뇌고 있다.

한반도 통일에 대한 미국의 입장은 1943년–1948년 전후 처리 과정에서 내보인 원초적인 미국의 대 한반도 정책 그대로다. 미국에 전략적 요충인 한반도는 일국, 특히 적대국인 중국과 러시아가 독자적으로 지배해서는 안 되는 지역이다. 주변국 간의 갈등을 최소화하기 위해서는 분할·분단시켜 관리해야 하는 곳이다.

통일문제는 곧 미국문제

이상의 논의를 통해 동아시아 국제질서에서 한반도 통일과 관련 새삼스럽게 확인할 수 있는 사실은 아래와 같은 것이다.

첫째, 남북통일은 독일처럼 스스로 도둑같이 찾아오지 않을 것이다.
미국의 완고한 통일 반대 입장에 비춰볼 때 미중 양국이 한반도 통일에 협력할 가능성은 없다. 중국은 구소련과 달리 어떠한 경우에도 북한을 포기하지 않을 것이다. 따라서 한반도 통일은 미국과 중국 중 어느 일방이 동아시아에서 힘을 상실할 경우에나 가능한 일이다. 그럴 경우에도 기회의 창문은 순전히 남북한 주민들의 의지·역량으로 열어가야 성공할 수 있다. 독일 통일은 동독 주민들이 이뤄냈었다.

둘째, 한미동맹을 통한 통일 비전이 실현될 가능성도 없다.

한미동맹이 강화되면 북한이 변하고, 남북관계가 개선돼 한반도가 평화통일로 갈 것이라는 희망은 미망이다. 중국도 한국을 무시 못할 것이라는 주장 또한 희망적 사고다. 한미동맹이 더 이상 좋을 수 없는 지금 위협을 느낀 북한·중국, 러시아의 태도 변화가 심상치 않다. 긍정적 변화는커녕 북핵 고도화와 남북 및 한중관계의 파탄으로 평화·통일 가능성이 지워지고 있다. 사실 이게 한미동맹이 추구하는 실질목표이기도 하지만 말이다.

셋째, 분단을 주도한 미국은 한반도 통일에 관심이 없다.

미국은 만약의 경우에도 한국이 아니라 한미동맹과 유엔사를 앞세워 자국이 통일을 주도한다는 복안이다. 미국의 입장에서 보면 한국은 법적으로나 현실적으로 통일의 주체가 될 수 있는 주권국이 아니다. 한반도 통일문제는 곧 미국문제일 수밖에 없는 이유다.

이렇게 제반 구조적인 요인들은 한국이 통일을 추진할 때가 아님을 말하고 있다. 최근 남북한은 사실상 통일을 포기했다. 한국은 건국절 논란 등에서 보듯 분단 국가임을 부정하고 있다. 조선은 '적대적 2국가론'을 공식화했다.

그럼에도 조선 500년 동안 한반도는 압록강·두만강까지 통일된 역사였다. 분단국의 통일은 당위이고 비전이다. 저출산율과 자살률이 세계 최고인 한국이 지구상에서 사라지지 않으려면 남북통일의 길밖에 없지 않을까. 통일된 한국만이 한민족의 꿈인 '동방의 찬란한 등불'이 될 수 있다.

과거 한반도 분단을 주도한 미국은 결자해지(結者解之) 차원에서라도 한반도 통일에 협력해야 한다. 한국에는 미국문제를 해결해 명실상부한 통일의 주체로 거듭나는 일이 급선무다. 통일의 대상인 북한으로부터 '충견·졸개·식민지 괴뢰'라는 조롱, 우회할 수 없는 중국으로부터 '졸개·볼모'라는 비웃음에서 벗어나야 한다.

한국이 종속으로부터 탈출(Korexit)하지 못하면 지금과 같이 통일과 관련해 할 수 있는 일은 물론 말할 자격도, 권한도 없다. 그래서 미국과 중국은 한국에 묻는다.

美: 왜 통일하려고 그러냐?
中: 통일은 무슨 통일이냐?

나. 한반도 통일에 대한 중국의 입장
– "통일? 무슨 통일을 하려고?"

우리가 지향하는 평화통일은 남북대화와 교류협력을 통해 북한의 의미 있는 변화와 남북관계의 정상화를 통해 이루는 것이다. 그 과정에서 통일의 대상인 북한에 대한 특별한 인식과 이해관계를 가진 중국의 협력은 필수적이다. 중국의 입장은 통일의 가능성과 시기·방법을 가르는 변수가 될 수 있다.

한반도 통일에 대한 중국의 입장과 속내를 파악하는 일은 쉽지 않다. 기본적으로 북한지역에 대한 깊고 끈질긴 역사적 인식이 크게 작용하고 있다. 결코 포기할 수 없는 지정학적 이해관계도 있다. 현실적으로는 경쟁국인 미국과의 관계, 특히 미국의 관련 입장과 속내에 대응하는 차원에서 결정된다.[32]

중국의 입장은 미국의 그것 못지않게 직설적이고 부정적이다. 미국이 '왜 (내가 싫어하는) 통일을 굳이 하려고 하느냐? 안 돼!'라는 식인데 반해, 중국은 '(남과 북의 역사와 민족, 현실 체제·이념이 다른데) 통일은 무슨 통일이냐?'라는 것이다.

또 중국의 입장은 다분히 전략적이고, 장기적이며, 이중적이다. 미국의 북한과 달리, 중국에게 북한(지역)은 운명을 같이한 공동체이자 한 집안이다. 중북 우호의 핵심이자 본질적 속성은 공산당이 이끄는 사회주의다. 이렇게 복잡한 중국의 속내를 읽기 위해서는 관련 ① 표명된 정책(stated policy)과 ② 공공외교(Public Diplomacy), ③ 실

---

[32] 김흥규, "한반도 통일에 대한 중국의 입장 분석과 정책제언", 「수은북한경제」, 2014년 여름호.

질 목표(real purpose) 등을 구분해 봐야 한다.³³

표명된 정책: 통일을 지속적으로 지지

국내의 많은 전문가들은 한반도 통일에 가장 적극적인 나라는 미국, 가장 소극적인 나라는 중국이라고 말한다. 그러나 그동안 가장 적극적으로 한반도 통일 지지 의사를 표명해 온 나라는 중국밖에 없다. 중국은 같은 분단국가로서 한반도 통일 실현이라는 당위성을 거부하지 않고, 일관되게 '자주적이고 평화적인 통일' 지지 입장을 유지해 왔다.³⁴

중국의 한반도 통일 지지 입장은 분단·혼란 상태의 한반도보다 통일된 한반도가 자국에 이익이기 때문이다. 중국은 분열된 한반도의 3국 시대와 남북(신라·발해)국 시대에는 무력으로 개입한 적이 있다. 하지만 936년 신라 멸망 이후 900여 년 동안 중국의 한족 왕조가 한반도의 고려와 조선을 정벌한 적은 없었다.

현실적으로도 통일된 한국은 중국에 보다 안정적이고 평화로운 주변환경을 제공해 주는 것이다. 그 속에서 중국은 경제발전과 양안통일, 중국 중심의 동아시아 공동체를 형성할 수 있다.³⁵ 외세와 함께

---

33 문대근, "한반도 통일을 위한 한중 협력의 방향", 남북사회통합연구원 용역과제, 2015.10.16.
34 짱롱판, "중국의 입장에서 본 한반도 통일담론", 세종정책브리프 2024-23, 2024.12.23, pp.12-16.
35 楚樹龍·金威, 『中國外交戰略和政策』, 北京: 時事出版社, 2008, p.176; 김경일, "한반도 평화통일 프로세스와 중국", 『통일과 평화』 제5집 2호, 2013, p.3.

하며 자국을 위협하는 통일한국이 아니라면 반대할 이유가 없다는 것이다.

실제로 중국의 한반도 통일 지지 입장은 변화가 없었다. 1943년 한국문제를 처음 논의한 카이로 회담에서 국민당 장제스의 중국은 한국의 자유독립을 희망한 유일한 나라였다. 공산당의 신중국은 1992년 한중수교 시 공동성명에서 천명한 "한반도가 장래, 한민족에 의해, 평화적으로 통일하는 것을 지지한다"는 입장을 지금까지 유지하고 있다.

보다 진전된 입장은 2013년 6월 시진핑 주석 취임 후 첫 단독 방한 시의 한중 정상회담에서 나왔다. 시 주석은 "중국은 남북관계 개선을 통한 한반도 평화통일을 지지한다. 한반도 통일은 대세이고, 중국의 국익에 부합하며, 중국 국민들이 바라는 것"이라고 강조했다.

한국은 이 발언을 그간 고대해 오던 중국의 북한 포기 및 한국 주도의 흡수통일 지지 가능성으로 읽었다. 2015년 10월 1일, 중국 전승절 70돌 기념 열병식에 참석한 박근혜 대통령은 통일 대통령이라는 부푼 꿈을 안고 베이징 천안문 성루에 섰다. 박 대통령은 시 주석, 푸틴 러시아 대통령과 나란히 열병식을 참관했다. 북한의 최용해 당 비서는 저만치 떨어진 곳에 자리했다.

세계가 주목한 그 장면은 한중관계가 중북관계보다 더 가까워졌다는 인상을 주었다. 일장춘몽(一場春夢)이었다. 중국이 북한을 포기하고 통일에 협력할 것이라는 기대는 2016년 7월 미군의 한반도 사드배치와 한중관계 악화로 귀결되었다. 무지가 낳은 섣부른 기대가 엄청난 후과를 초래한 것이다.

통일의 조건: 그 과정·결과는 두고 보자

한반도 통일에 대한 중국의 기본입장은 복합적이고 조건부적이다. 한마디로 '통일은 지지하나 그 과정·결과는 두고 봐야 한다'는 것이다. 1992년 한중수교 공동성명의 한반도 통일 지지 입장에는 4개의 원칙적인 조건이 들어있다. 통일은 ① 먼 장래에 ② 남북한 당사자 간의 ③ 자주적·평화적 방법에 의해 점진적으로 추진하고, ④ 통일한국은 중국에 우호적이거나 최소한 중립적이어야 한다는 것이다.[36]

중국이 제시하는 조건인 '장래'와 '남북 간에', '자주적 평화통일'의 의미는 미국의 힘이 우세한 지금은 통일을 논할 때가 아니라는 것이다. 중국에게 미군이 주둔한 통일한국, 또 통일한 베트남과 같이 다루기 힘든 통일한국은 위험하기 때문이다.

중국은 미국이 몰락해 개입의 여지가 없을 때, 남북한이 자주독립

---

36 한반도 통일에 대한 중국의 입장은 문대근, 『한반도 통일과 중국 – 과거·현재·미래의 한중관계』, 늘품플러스, 2009, pp.320-327; 문대근, 『중국의 대북정책 – 결정 요인 연구』, 늘품플러스, 2013, pp.116-125; 문대근, "남북통일 과정에서 중국의 예상 태도", 『접경지역 통일연구』 제1권, 한국접경지역통일학회, 2017.6. pp.1-34; 문대근, "중국 대북정책의 특징과 변화의 조건", 한국미래문제연구원 2018년 안보·국방 학술회의, 2018.10.16, pp.20-49.

적이고 평화적으로 통일한다면 돕겠다는 입장이다. 그때까지 중국은 '안정이 모든 것에 우선한다'는 원칙을 견지할 것이다. 현재 중국은 불통·불난(不統·不難), 즉 남북통일과 전쟁을 반대하고, 평화로운 분단상태를 선호한다. 현재와 같이 악화된 정세에서는 북핵문제 해결과 한국의 대북정책에 협력할 의사가 없다.

실질목표·속내: 당분간은 현상 유지

한반도 통일에 대한 중국의 표명된 정책은 미국의 그것("한미동맹을 통한 평화통일")과 다르다. 당사자들인 "남북한 간의 관계 개선을 통한 평화통일을 지지한다"는 것이다. 명분과 체면을 중시하는 중국인들은 좀처럼 속내를 드러내지 않으나 완전히 감출 수는 없는 법이다.

조금 지난 일이지만, 아래 필자의 경험과 2개의 글은 한반도 통일에 대한 중국과 중국인들의 실질목표와 속내를 드러낸 것이었다.

• '한국과 조선'은 서로 통일 대상이 아닌데 무슨 통일?

1995년 3월~8월 간 필자의 중국 이해를 위한 현지(선양 요녕사회과학원) 연수 때의 일이다. 연수 중 한 세미나 석상에서 중국 동북변강의 역사를 연구하는 한 연구원은 한국의 통일부 직원인 필자에게 물었다. "… 한국은 대체 무슨 통일을 실현하려는 것이냐?" 생소한 질문에 놀랐지만, 그 연구원의 질문 의도는 북한지역에 대한 중국의 역사 인식을 드러낸 것이었다.

중국의 '동북공정'은 고구려·발해를 자국 동북지방의 소수민족정권으로 인식한다. 중국인들에게 7세기 당나라·고구려 간의 당고전쟁은 중국 내부의 국가통일전쟁이다. 중국이 인식하는 한국과 중국의 역사상의 경계선은 한사군(漢四郡) 지역 하한선이자 당고전쟁 후 형성된 한반도의 평양~원산선이다.

그 연장 선에서 보면 중국에게 북한은 한국의 일원이 아닌 자국의 옛 소수민족 지방정권과 같은 존재가 된다. 중국 역사에서 한국(韓國)은 한강 이남의 일통삼한(一統三韓), 즉 고대의 마한·진한·변한을 합한 지역을 의미한다. 한국의 한민족은 중국의 동북지방 소수민족 국가의 연장인 조선의 조선족과 다르다는 것이다.

• 한반도 통일에 대한 중국과 북한(조선)의 인식 통일

통상 상호관계가 좋을 때는 좋은 게 좋지만, 안 좋을 때는 본색이 드러난다. 2024년 북한은 남북한 관계에서 '동족과 통일'의 개념을 완전히 지웠다. 1980년대 말 이후부터 민족자주와 민족대단결, 민족공조를 외쳐 온 북한의 민족·민족주의 이론과 구호들은 사실 남한의 그것과 다른 것이었다.

동서독이 통일된 후인 1990년대 중반 이후부터 북한은 민족주의 담론의 하나로 '김일성민족(태양민족)'을 사용했다. "고조선 건국 시조

는 단군이지만, 우리 사회주의조국과 우리 민족은 김일성조국·김일성민족"이라는 것이었다.

북한은 2000년 6·15 공동선언 이후의 남북관계 개선 과정에서 대미·대남 협상전략의 일환으로 '우리 민족끼리'와 '민족공조'를 강조했다. '우리 민족끼리'를 통일문제와 관련한 최고의 이념으로 사용해 왔다. 남북합의서 채택 시마다 합의서 전문에 이 문구를 적시할 것을 고집했다.

북한의 '우리민족제일주의'와 '김일성민족론'은 사실 남한 차단 전략이었다. 남북관계가 악화되기 시작한 2020년 1월 11일, 김계관 북한 외무성 고문은 담화에서 "한 집안 족속도 아닌 남조선이 우리 국무위원장에게…" 운운했다.

한국이 '탈아입일·미(脫亞入日·美)' 하자 북한은 2023년 12월, 당 중앙위 전원회의 결론을 통해 속내였던 '2민족 2국가론'을 공식화했다. 남북관계를 적대적인 2국가 관계로 규정했다. 이에 따라 남북통일과 화해, 동족 개념은 물론 관련 기구들과 합의서들을 모두 폐기했다. 남한에 대한 기대를 접고 상종하지 않겠다는 것이었다.

중국 외교부장은 미국과 공조를 강화하는 한국에 외세개입을 견제하고, 자주독립할 것을 주문했다. "동양인들이 머리를 노랗게 염색하고, 코를 뾰족하게 고쳐도, 유럽·미국·서양인이 될 수 없다"고

힐난했다. 서양의 횡포로부터 벗어나기 위해 동아시아 한중일 3국이 뭉쳐야 한다고 촉구한 것이다.

30년 전, 중국 동북지역 한 역사학자의 '(한국이) 한 족속도 아닌데 (북한과) 통일은 무슨 통일이냐'는 식의 주장이 최근 북한에 의해 현실화된 것이다. 무슨 일인지? 놀랍다. 혹 중국도 남북한의 민족 동일성과 통일 가능성을 부정하는 것 아닌가? 한국 내 일각의 내심(반통일 정서)과 중국·북한의 속내가 통일한 것은 아닌가?

- 한반도 통일은 급한 일 아니다

2010년 12월 28일 자 중국 환구시보의 '사설'은 한국 이명박 정부의 통일준비 노력(통일항아리론)을 다음과 같이 신랄하게 비판했다.

"한국정부의 흡수통일론은 북한의 반발과 논쟁을 유발할 것이다. 그런데도 한국은 취권을 즐기고 있는가, 아니면 정말 취한 것인가? 취권 연출이라고 해도 과하면 상대방이 오해할 수 있다."

2014년 박근혜 정부의 통일대박론에 대해 초대 주한 중국대사를 지낸 장정연(필명: 延靜)의 글은 중국정부의 속내를 그대로 드러낸 것이었다. 그는 "한반도 통일은 조급한 일이 아니다"라는 글(홍콩 大公報, 2014.3.8.)에서 "(한국이) 통일을 논의하는 것은 나쁠 바 없다. 그러나 통일이 언제든지 올 수 있다는 잘못된 판단에 근거한 것이라면 조롱거리다. 중국은 한반도 통일을 지지하나 이는 눈앞에 닥친 급한 일이 아니다"고 일갈했다.

결국, 중국의 입장은 자국에 우호적인, 평화롭고 통일된 한반도를 바라지만 단기적으로 불확실 상황에서 남북한이 현 상태로 있기를 바란다.[37] 아래 〈표-10〉과 같이 통일된 한반도가 자국에 대항하는 미국의 전략적 요새가 될 수 있기 때문이다. 통일한국의 민족주의가 자국 영토인 간도와 중화민족의 일원인 조선족의 통합을 저해할 수 있다는 점도 중국의 우려 사항이다.

〈표-10〉 중국 내 한미동맹에 의한 한반도 통일위협론

구 분	한반도 통일위협론 논리
통일 과정	- 남북통일 과정에서 한반도의 대혼란 불가피 → 대규모 북한주민 동북지역 유입 가능성 등 - 북한 변화·통일 과정에서 미국과 충돌 가능성 → 남북통일은 주한미군의 존재로 인해 불가능
통일 결과	- 미군이 주둔한 통일한국은 안보상의 중대 위협 → 대 미·일 카드 상실, 변방에서 미군과 직접 대치 - 통일한국의 번성, 한민족주의 등은 변방문제 야기 → 간도와 백두산, 북중국경조약 승계문제 등 - 통일한국의 흡인력이 조선족의 자치독립문제 야기

* 출처: 문대근, 『중국의 대북정책』, 늘품플러스, 2013, p.119.

---

37 이태환, "한반도 통일에 대한 중국의 입장", 『세종정책연구』, 2011-20, pp.24-34; 조영남, 『용과 춤을 추자』, 민음사, 2012, pp.153-157 참조.

중국의 또 다른 속내: 한반도 통일이익론

실사구시(實事求是) 하는 중국의 관심과 판단의 기준은 한반도 통일을 지지하느냐, 반대하느냐의 문제가 아니다. 남북통일의 과정과 결과가 자국의 '국익'에 도움이 될 것인가의 여부다. 지난 2011년과 2012년 중북관계가 악화되고 한중관계가 좋아졌을 때, 중국은 한반도 전문가들을 동원해 한국에 대한 공공외교를 펼친 적이 있었다.

〈표-11〉 한때 중국 내 한반도 통일 관련 전략파들의 주장

성 명	주장 요지	일 시
朱 鋒	"중국의 자동군사 개입을 규정한 중북동맹조약은 이미 사문화됨" "남북이 합의하면 통일됨. 중국이 지지하고 말 문제가 아님"	2011. 9.1
楚樹龍	"유사시 중국은 남한이 주도하는 한반도 통일을 수용할 것임"	2011.10.17
曲 星	"동북아에 배타적 군사동맹 존재, 미국은 동북아 평화의 장애임"	2011.10.12
閻學通	"통일은 남북한에 달려 있음. 어느 나라도 통일 반대 못 할 것임"	2011.12.8
唐永勝	"한반도 통일은 역사적 대세임. 한반도는 한반도(남북한)의 것임"	2012.01
金景一	"중국이 통일 반대할 이유 없음. 미일이 긴장·분단유지를 희망" "한반도 통일은 곧 미국의 동북아 전략의 실패를 의미함"	2012.04
鄧聿文	"중국은 북한을 포기하고 한반도 통일을 유도해야 함"	2013.2.28

* 출처: 필자가 당시 국내외 각종 보도자료 등을 취합, 작성함.

위 〈표-11〉에서 보듯, 당시 중국 내의 '한반도 통일이익론'은 한국과 미국, 북한을 향한 고도의 전략과 함께 중국 속내의 일면을 드러

낸 것이었다. 중국 전문가들은 남북한이 합의하면 중국이 반대할 이유가 없다며 미국의 동북아 전략을 비난했다. 중국의 '전술적 변화'는 한국이 주도하는 한반도 통일 수용 가능성을 시사하는 것으로 비춰졌다. 중국의 의도는 한국을 자국 편으로 견인하는 한편, 자국을 곤혹스럽게 하는 북한을 견제하기 위한 것이었다.

한반도 통일에 대한 중국의 입장은 미중관계와 직결돼 있다. 최근 중국 학계의 한반도 통일론의 요지는 첫째, 냉전의 기운이 남아 있는 한반도 통일 문제의 주된 갈등 원인은 쌍방 간의 신뢰 부족에 있다. 둘째, 한국이 통일을 주도하더라도 한미동맹에 기반한 통일 형태는 중국이 주장하는 자주적이고 평화적인 통일과 거리가 있다. 셋째, 중립화를 지향하는 통일이야말로 한민족의 번영과 중국의 국익에도 부합한다는 것이다.[38]

정치통일 아닌 '사람의 통일'로…

역사적으로나 현실적으로 한반도 문제는 미국과 중국 등 주변 강대국의 이해관계로 인해 항상 국제문제화 되었다. 통일문제 관련 미중 양국의 입장은 향후 통일 실현 가능성은 물론 통일의 시기와 방법을 좌우할 것이다.

---

38 짱롱판, 앞의 글(2024-23), pp.15-16. 짱롱판이 소개하는 중국 관련 전문가 3인들의 의견은 王曉波, "朝鮮半島統一的症結(문제점)∙'變'与'不變'", 《東疆學刊》, 2016年 第3期; 梁立昌, "統一問題与中韓戰略合作伙伴關系的發展方向", 《東疆學刊》2016年, 第33卷 第1期; 孟慶義, "朝鮮半島統一進程及中國戰略選擇", 《延邊大學學報》 2016年 第4期 참조.

한반도는 지금 6·25전쟁 이후 최악의 상황에 처해 있다. 평화·통일에 대한 그 어떤 기대나 전망조차 할 수 없다. 남과 북의 몸과 마음과 영혼은 분리돼 버렸다. 평화·통일보다 전쟁 걱정이 앞서는 것은 미중 양국이 패권전쟁 중이기 때문이다.

그렇다고 통일은 포기할 수 있는 문제가 아니다. 지난 1천여 년의 한국사에서 분단은 고작 80년이었다. 강력해질 통일한국은 반만년 역사상 처음으로 독립변수로서의 제 목소리를 낼 수 있다. 통일은 한민족의 꿈인 '동방의 등불', 'K-문명대국' 건설을 위한 조건이다

세계화·다문화 시대에는 민족통일의 명분인 '민족'의 개념도 변화한다. 전략상황 변화에 따라 지정학이나 동맹도 달라질 수 있다. 특히 미중 패권전쟁은 동아시아 지각변동과 역사의 전환을 초래하는 중대 변수다. 우리가 희망조차 버릴 때는 아니라는 것이다.

남북관계 0점 상황에서 한가닥 희망·전략이 있다면, 그것은 '사람의 통일'이다. 국내외 정치가 80년 동안 이루지 못한 영토·제도의 통일은 이제 먼 훗날로 미루고 새로 시작하는 것이다. 남북한 주민에 의한, 주민을 위한 통일, 주민의 통일 방식이 그것이다. 통일을 이루는 주체는 민족 구성원이지 주변국이나 남북한 정부가 아니다.

통일은 결국 민족 구성원의 투표로 결정될 선택의 문제, 바로 민족

자결로 이룰 수 있다. 추상적인 가치나 비용의 문제가 아니라 한민족이 전쟁 걱정 없이 행복하게 잘 살기 위한 국익·민생의 문제다. 통일이 가장 절실한 사람들은 가장 고달픈 북한주민들이다. 독일 통일 과정에서와 같이 한반도 통일도 결국 북한 주민들이 결정할 것이다.

북한주민들의 고난·고뇌를 고려해 남북한 주민들이 같은 주파수를 가지게 하는 일이 통일로 가는 첩경이다. 북한주민들을 타자화하고, 모른 체한다면 통일의 의지와 자격이 없는 것이다. 한국보다 중국을 선호하는 북한 주민들이 '피는 물보다 진하다'는 사실을 깨닫도록 하는 일이 최소한의 통일 조건이다.

06

미국과 중국은 우리에게 어떤 나라인가?

가. 우리에게 미국은?
– 두 얼굴의 야누스(Janus)

　미국은 역사상 가장 강력한 패권 제국이다. 한국은 2차 대전 후 미국이 점령한 한반도 남쪽 지역에서 미국에 의해 건립된 나라다. 이후 남북 분단과 6·25전쟁, 한국 현대사는 미국에 의해, 미국을 위한, 미국의 것이 될 수밖에 없었다. 대부분의 한국인들은 "미국에 의해 일제로부터 해방됐다. 미국 덕분에 북한의 남침을 막았다. 미국의 도움으로 오늘날의 번영을 누리고 있다"고 생각한다. 미국은 한국 현대사에서 한국의 구원자였고, 보호자였다.
　역사적 대전환기다. 한국이 명실상부한 글로벌 중추국가로 거듭나기 위해서는 미국의 신화를 극복해야 한다. 미국을 있는 그대로, 잘 알지 못하면 한국은 다시 미국 또는 미중 전쟁의 희생양이 될 것이다. 미국은 어떤 나라이고, 우리에게 무엇인가? 냉철한 통찰에 파레시아가 필요하다.

긍정적인 면: 아름답고 고마운 나라 美國

미국은 한국의 역사적 전환기마다 우리 곁을 지키며 운명을 좌우해 왔다. 구한말 이후 한국의 역사와 한국인들의 머리에는 항상 '아름다운 나라(美國), 영토에 야심이 없고, 동양 평화를 희구한' 미국이 있었다. 미국은 한국인들의 동경의 대상이었다.

실제로 미국은 한국이 일제 식민지배에서 벗어나게 해주었다. 한반도가 공산화되지 않게 하고, 북한의 남침 시 한국을 구해준 재조지은(再造之恩)의 나라였다. 전쟁으로 폐허가 된 한국을 동북아 반공벨트의 일원으로 삼아 경제성장과 민주화를 이뤄내도록 지원하고 협력도 했다.

6·25전쟁 후 형성된 한미동맹은 지난 72년 동안 한국 안보와 발전의 근간이었다. 주한미군은 외부 위협을 억제해 한반도 평화를 유지함으로써 한국의 안보와 동북아 안정에 크게 기여했다. 미국이 없었다면 오늘의 한국은 있을 수 없다. 참으로 고마운 일이다.

부정적인 면: 미국은 두 얼굴의 야누스

- **구원자·보호자로 한국을 지배하는 나라**

그런데 세상에 공짜로, 타국을 위해 존재하는 나라가 어디 있는가. 미국은 동아시아 정세 변화 과정에서 매번 한반도를 자국 국익을 위한 희생양으로 삼았다.[39]

2차 대전 후 미국은 자국인을 데려와 자국 체제를 이식하는 방식으로 한국정부를 수립했다. 6·25전쟁 후부터는 분단구조와 냉전을 최대한 활용해 한국을 완벽하게 지배했다. 일제의 친일파들을 그대로 친미파로 재활용해 군사독재 정권을 지원·비호했다.

그 과정에서 미국은 반공을 앞세워 친일잔재 청산을 못 하게 했다. 미국과 한미동맹을 신성불가침의 영역으로 만들었다. 이의를 제기하는 사람들은 배은망덕을 넘어 종북·친북이라는 프레임을 씌워 적대세력으로 공격했다.[40] 한국사회에는 미국이라는 압도적인 상대에 의한 가스라이팅 중독 현상이 일상화되었다. 대다수 한국인들은 미국적인 이념·진영의 논리와 가치관에 세뇌돼 있다.41 자율적인 사고와 결정을 할 수 없는 한국은 미국이 원하는 일들을 관철하기 가장 좋은 나라였다.

---

39 나가타 아키후마 지음·이남규 역, 『미국, 한국을 버리다 시어도어 루스벨트와 한국』, 기파랑, 2007.
40 전 미 CIA 한국지부장 그래그는 그의 저서에서 미국이 싫어하거나 이해하지 못하는 외국 지도자나 집단을 무조건 악마화하려 드는 경향을 지적했다. 도널드 그래그 지음·차미례 옮김, 『역사의 파편들』, 창비, 2015, p.449.

• 속국인 한국 정치를 좌지우지

한국전쟁에서 피를 흘린 미국은 한국에 큰 지분을 가지고 있다. 사실상 한국사회를 움직여 왔다. 그동안 미국은 한국사회의 곳곳에 존재했다.[41] 오래전 이야기다. 1966년 8월, 주한 미대사가 미 국무부에 보고한 전문은 한미관계의 특수성을 말한다.

"우리는 한국인들과 매우 특별한 관계를 맺고 있다. 우리가 아니면 한국은 존재할 수 없다. 우리는 한국 군대가 움직이도록 하며, 모든 중요한 경제적 결정에 참여한다. 한국이 어느 곳이든 중요한 자리에는 미국인들이 있다."[42]

트럼프의 말처럼 미국이 '허락해야 존재'하는 한국과 특수한 한미관계는 군사 분야에서 유별나다. 미군은 1945년부터 한국에 주둔했다. 6·25전쟁 이후에는 주한미군이 한국군의 작전지휘권을 갖고 있다. 미국은 1961년의 5·16 군사정변, 1979년 12·12사태, 1980년 5·18사태, 1987년 6월 민주화 정국에도 개입했다.[43] 한국 군부가 미국의 허락 없이 쿠데타를 자행할 수는 없다. 미국이 입맛에 맞는

---

41 박지동, 『미국의 한반도 지배사. 2,3』, 책과나무, 2018.
42 박태균, 『우방과 제국 한미관계의 두 신화 : 8.15에서 5.18까지』, 창작과비평사, 2014, 서론.
43 https://www.thecolumnist.kr/news/articleView.html?idxno=3290, 최용주, "우리에게 미국은 무엇인가 : 5·18과 미국책임론", (전) 5.18진상규조사위 조사1과장, 2024.11.19.

사람들을 대통령 자리에 앉힌 것이다.[44]

그런데도 그동안 어떤 한국 정부도 5·16, 5·18 쿠데타와 2017년 2월 기무사의 쿠데타 모의의 진실을 찾지 못했다. 미국에서 5년 3개월 동안 지내고 귀국 직후 체포된 조현천은 웃으며 자신의 무혐의를 자신했다. 사건의 전모가 오리무중인 이유는 한국 정부가 손댈 수 없는 곳에 그 뿌리가 있기 때문일 것이다.

진실은 언젠가는 드러난다. 아래와 같이 관련 미국 인사들은 미국 정부의 한국 군부의 쿠데타 지원을 자국 국익을 위한 자랑스러운 일로 생각했다.

- "1961년 3월 1일 실제 쿠데타가 있기 45일 전에 나는 한국군 내의 쿠데타 기도가 있음을 상부에 보고했다(한국정치를 주무른 막후 공작자였던 전 주한미군 하우스먼 회고록)."
- "재임 중 CIA의 해외활동 가운데 가장 성공적인 정책은 한국에서의 5·16 군사정변이었다(1964.5.3. 당시 CIA 국장 알렌 델러스 영국 방송 출연 언급)."

---

44 남북 분단과 6·25전쟁에 참여한 미국은 그만큼 한국문제에 대한 지분을 가지고 있다. 따라서 미국이 한국 내정에 개입·간섭한 사례는 일본보다 훨씬 많았을 것이다. 배기찬, 『코리아 다시 생존의 기로에 서다』, 위즈덤하우스, 2005. p.6.

- "박정희 그가 바라는 대로 추가 6년의 임기를 더할 경우, 그는 아마도 살아서 임기를 마치지 못할 것이다(도널드 그레그, 전직 CIA 한국지부장, 1976년 텍사스대 연설)."
- 전두환 정권 수립과 관련 "(미국이) 의도하지 않았지만 공헌했다(글라이스틴 주한 미국대사의 1999년 회고록)", "우리의 공작 노력은 헛되지 않았다. 보람도 크다(1980.8.7, 위컴 주한미군사령관 LA타임즈 인터뷰)."
- "(타국의) 쿠데타 계획을 도운 사람으로서, 쿠데타를 일으키려면 많은 작업이 필요하다(2022.7.12, 존 볼턴 전 국가안보보좌관 CNN 출연 발언)."

　미국은 한국 현대사에서 민주화 바람이 세차게 불 때마다 개입했다. 불법 쿠데타 세력이 헌정질서를 파괴한 후 정권을 잡을 때 침묵으로 용인했다.[45] 한국의 독재자들과 미국은 그때마다 '안보를 위하여!'를 합창하며 협력했다. 미국에게는 한국의 민주주의와 인권보다 정치안정과 패권이익이 우선이었다. 미국은 쿠데타 세력이 친미 반공 노선만 내세우면 무조건 지지했다.[46] 한국의 모든 군부쿠데타 목적의 제1조는 반공·안보, 자유 민주주의 수호였다.

45　김준형, 『영원한 동맹이라는 역설 – 새로 읽는 한미관계사』, 창비, 2021, p.152.
46　김용진 저, 『그들은 아는 우리만 모르는』, 개마고원, 2012 참조.

글라이스틴 주한 미국 대사의 말처럼 "미국과 한국을 대등한 관계에서 논하는 것은 비현실적이다. 양국관계에서 실질적인 평등은 없다." 미국은 한국의 거의 모든 것을 조정할 수 있는 수많은 자원을 가지고 있다. 그 누구도 감히 미국을 반대하는 일을 생각하지 못한다. 한국에서 미국에 해로운 언론보도는 며칠 가지 않는다. 미국은 한국인의 사상과 의식까지 점령하고 있다.[47]

한국인들에게 미국과 한미동맹은 불가침의 성역이다. 한국에서 가장 큰 물리적 힘과 막강한 정보력을 가진 제1의 정치세력은 미국이다. 묵계처럼, 언론도 정치인도 지식인 어느 누구도 이를 말하지 않으며 도전하지 않는다.[48] 미국이 한국 정치의 주요 대목마다 등장하는 막후 실세라는 사실은 한국정치의 가장 큰 비극이다.

한국 내 촛불정국을 전후한 시기인 2017년, 미국은 최초로 한국 미션센터를 운영하기 시작한다. 한미·북미 관계가 복잡할 때 한국 정치를 촛불혁명 이전으로 복원해 초기화할 필요가 있었을 것이다. 김용현 전 국방부장관과 육사 동기인 조현천 당시 국군기무사령관은 2017년 박근혜 대통령 탄핵 기각을 기정사실로 간주하고 계엄령과

---

47 김준형, 앞의 책, p.494.
48 배기찬, 앞의 책, p.377; 마고사키 우케루 지음·문정인 해제, 양기호 옮김, 『미국은 동아시아를 어떻게 지배했나 - 일본의 사례 1945~2012』, 메디치, 2013. 한국과 마찬가지로 일본 내에서도 친미 성향의 보수 정치가와 관료 및 재계, 그리고 보수언론과 일본 외무성 등이 단단히 네트워크를 구축하고 있다. 우케루는 저서에서 "미국은 일본 내 친미파를 육성·지원해 정·재·학 관계에서 헤게모니를 잡도록 했다. 일본의 자주파를 친미파로 바꾸는 시스템은 일본 사회에 뿌리 깊게 박혀 있다. 주로 일본의 검찰과 언론이 이를 담당한다고 주장한다"고 주장한다.

위수령을 공포한 뒤 군 병력을 투입한다는 쿠데타 계획 문건 작성을 지시한 것으로 알려졌다. 2017년 12월 미국으로 출국, 2023년 3월 귀국한 그는 5년 미국 생활은 "도주한 것이 아니고, 귀국을 연기한 것"이라고 웃으며 답했다. 미국에서 잘 살고, 웃으며 귀국하는 그의 모습은 이후 그가 무사할 것임을 말해 주는 것이었다.

2024년 12.3계엄과 이후 촉발된 '빛의 혁명' 상황에서 미국의 태도는 어떤 것이었을까? 여전히 민주화 정국에서 미국의 태도는 한국의 민주정부 수립보다는 자국의 이익을 충실하게 보장해 주는 윤석열 정부와 같은 독재정부를 선호한다는 사실을 확인해 주었다. 관련 미국인들의 언행들은 미국이 의심을 사기에 충분한 것들이다.

한국의 비상계엄 정국에서 미국 정부는 12.3 계엄을 "심각한 오판", 4.4 윤 대통령 파면 결정을 "헌재 결정 존중", 6.3 선거를 "자유롭고 공정한 선거 진행"으로 논평했다. 하지만 미국은 윤 대통령 탄핵 기각 후 만남을 기대했다. 탄핵 인용(파면) 후에는 유력한 야당 후보의 퇴진을 희망하고, 한덕수 총리의 등판을 고취하는 등 대다수 한국인들의 여망과 동떨어진 행보를 보였다. 트럼프의 지인인 스티브 배넌과 로라 루머는 한국 대선 결과에 "한국은 무너졌다", "공산당이 차지했다"고 주장했다. 한국 극우 단체·인사들은 태극기와 함께 성조기를 흔들며 내란 수괴인 윤 대통령의 지지를 과시했다.

• 한반도 평화·통일을 반대하는 나라

한국은 미국에 원하는 일들을 제약 없이 관철할 수 있는 나라다. 한국은 미국을 종주국으로 하는 속국이나 다름없다. 진정한 주권국이 아니라는 것이다. 주권은 영토에 대한 독립적인 지배와 내·외정에 대한 불간섭을 의미한다. 그런데 한국 군통수권자인 대통령은 전시작전권을 갖고 있지 않다. 비대칭 동맹인 한미동맹에서 한국은 안보를 미국에 의지한 채 대외정책, 특히 대북정책에서 자율권이 없다.

미군이 유엔사의 이름으로 관할(지배·통제)하는 비무장지대(DMZ) 남쪽지역 425㎢은 한국의 '주권'과 '영토보전' 문제를 제기한다. 정전협정 체제 하의 한반도는 군사분계선(MDL)을 두고 북한과 유엔사를 앞세운 미국이 대치하고 있다. 법적으로 남북한이 직접 대치하고 있지 않은 것이다.

한국의 대북정책을 관리통제하고자 하는 미국의 태도는 확고했다. 최초로 대북정책의 자율성을 추구한 김대중 대통령은 한미정상회담에서 부시 대통령에게 '이 사람(this man)'이라는 말을 들었다. 햇볕정책에 의문을 제기하며 거부감을 표시한 것이었다.

반미·자주의 이력을 가졌고, 한국 내 반미정서의 도움으로 대선에서 승리한 대통령 노무현은 지금 없다. 당시 노무현 정부와 날카롭게 대립각을 세웠던 부시 전 미국 대통령은 이례적으로 노무현 10주기 행사 참석차 봉화마을을 찾았다.

필자의 30년 통일부를 돌이켜보면, 노무현 정부 때 남북관계가 가장 활성화되었다. 2004년을 전후 필자가 담당했던 개성공단 개발과 남북 철도·도로 연결, 임진강 수해방지 사업 등이 그것이다.

지금 우리가 배운, 우리를 위한 미국은 없다

미국은 고마운 나라지만 꼭 그런 나라만은 아니었다. 야속하고 실망스러울 때가 적지 않았다. 냉정하게 국익만 추구했다. 이런 미국의 정책과 행동을 비난만 하는 것은 우둔한 일이다. 미국으로서는 자국 국익을 위해 할 수 있고, 해야 할 일을 했을 뿐이다. 당하는 나라가 바보일 뿐.

미국이 주도하는 세계 및 동아시아 국제질서 속에서 한미동맹관계는 아주 특수하다. 전통시대의 전형적인 한중 조공책봉관계와 1945년 이후 한미관계는 다른 게 별로 없다.

17세기 조선의 모화(慕華) 의식은 동아시아를 둘러싼 명청 패권전쟁 중에 병자호란의 화를 초래했다. 19세기 말의 세기적 지각변동 상황에서도 무지한 정세 인식이 일제 식민지배를 초래했지 않는가. 21세기 미중 패권전쟁 상황에서 한국의 숭미 사대의식이 가져올 결과는 무엇일까?

그동안 우리가 배워서 아는 미국, 한국을 위한 미국은 없다. 미국은 지금 자유시장과 인권, 민주주의를 수호하는 패권국이 아니다.[49] 여전히 한국을 속박하며 자국의 '더 나은 재건'과 제조업 활성화, 대중국 견제를 위해 한국을 최대한 활용하고자 할 뿐이다.

가스라이팅에 중독된 한국인들이 말하지 못해서 그렇지 속내는 그렇지 않다.[50] 정보지식화 사회에서 역사의 진실을 통해 깨어난 시민들이 많아졌다. 무한한 시간 속에서 영원한 비밀, 비정상은 없다. 새로운 세상, 진정한 자유 민주주의 사회에서 거짓과 위선·기만은 설 땅을 찾지 못할 것이다.

나. 우리에게 중국은?
- 애증이 교차

전통시대, 한중 양국은 특수한 관계 속에서 애증이 교차하는 공동운명체 관계를 유지했다. 1910년 조선이 망하자 1912년 2000년 중화제국 청이 멸망한 것은 결코 우연이 아니다.

현대사에서도 마찬가지다. 1940년대 중·후반 신한국과 신중국이 수립된 직후 양국은 6·25전쟁에서 싸웠다. 40년 냉전시대에는 교류

---

49 안병진, 『미국은 그 미국이 아니다』, 메디치미디어, 2021.
50 가스라이팅(gaslighting effect)은 '타인의 심리나 상황을 교묘하게 조작해 그 사람이 스스로 의심하게 만듦으로써 타인에 대한 지배력을 강화하는 행위'를 뜻하는 용어다. 가스라이팅 상태에서는 합리적인 이성과 국익을 위한 실용주의는 작동되기 어렵다.

가 없는 적대관계였다. 1992년 한중수교 후 30년 양국관계는 언제 그랬냐는 듯 세계사의 '외교의 기적'으로 불리는 관계 발전을 이뤘다.

2017년 미국의 사드 배치는 동북아 중심에 던진 신의 한 수였다. 지금 한국인들은 먼 친구인 미국을 가장 좋아한다. 가까운 이웃인 중국을 가장 미워한다. 중국에 대한 한국인들의 '닥치고 혐중(嫌中)'은 구한말 청이 던진 조선의 원교근공(遠交近攻) 전략과 같은 것이다. 국망은 아니더라도 전쟁 걱정 없이 잘 사는 나라 만들기는 어렵게 되었다.

알기 어려운 중국은 몰라서는 안 될 나라다. 오늘날의 중국은 중국은 세계에서 가장 큰 영향력을 갖고 있는 나라다. 격변기에 위태롭지 않기 위해서는 이웃 중국에 대한 보다 냉철한 지피지기가 필요하다. 중국을 보다 잘 알기 위해서는 중국의 역사와 중국공산당에 대한 이해부터 시작해야 한다.

중국은 어떤 나라인가?

중국은 오랜 역사에 14억이 넘는 인구, 한반도의 44배에 달하는 땅에 56개 민족이 살고 있다. 큰 나라다. 14개 국가와 인접하고 있다. 1개의 중국 속에는 4개의 서로 다른 중국이 있다. 중국은 거대한 코끼리다.[51] 이런 중국의 안보 목표는 시대상황을 막론하고 권력집중을 통해 외부 침략을 억제하고, 내부 정치·경제의 안정과 번영

---

51 임명묵, 「거대한 코끼리, 중국의 진실」, 에이지21, 2018.

을 이루는 것이다.

• **역사가 종교인 나라?**

중국에 종교가 있다면 그것은 과거의 역사다. 유구한 역사와 문명 속에서 나온 경험적 지혜는 중국의 무궁한 자산이다. 기독교인들이 성경 속 문장을 인용하듯 중국인들은 역사를 인용하며 의사 전달의 설득력을 더한다. 전통시대뿐만 아니라 현대의 지도자들은 먼 옛날의 사건에서 관련 사례나 전략적 원칙을 끌어와 이야기한다.[52]

현대의 신중국도 수천 년 지속돼 온 역사와 문명 속에서 존재한다. 거기서 얻은 경험·지혜를 현대와 결합해 만든 규칙에 따라 자신만의 길을 가고 있다. 역사는 그 나라의 정체성과 국민들의 사고방식 및 행동양식을 결정한다. 중국의 정치체제나 이념, 행태는 중국 공산당이 "역사를 거울삼아 미래를 개창"한 데서 비롯된 것이다.

• **가본 적 없는 민주·공화의 길**

중국은 '중화인민공화국'이지만 인민에게 주권이 있지 않다. 서구식 민주·공화의 길은 중국인들이 가본 적이 전혀 없는 길이다. 과거 왕조 체제나 지금의 공산당 체제에서도 국가는 어느 누구와도 권력을 나누지 않았다. 황제에게 있던 주권이 인민주권이 아닌 국가주권

---

52 성균관대학교 성균중국연구소 편, 『중국 지도자의 수첩』, 성균관대학교출판부, 2016.

으로 대체된 것이다.

농경민족인 중화민족은 침략·약탈보다 착실하게 일하는 것(實墾)을 중시했다. 청담(淸淡)은 나라를 망치는 일로 의회 민주주의 같은 제도는 옳지 않다고 여겼다. 중국인들이 중시한 것은 신의이고 도덕이지 계약이나 법률이 아니었다. 소유권이 명확하고 공사가 분명해야 민주와 헌정, 공화가 있을 것인데, 중국 역사에서 모든 것은 황제인 천자의 것이었다.

이 때문에 중국에서 민주화는 곧 중국공산당 일당 통치와 신중국의 붕괴를 의미한다. 중국인들은 나라의 혼란·붕괴보다 강력한 지도력에 의한 경제발전과 현대화를 선호한다. 공산당이 없으면 신중국은 없었다. 공산당이 없으면 경제발전과 G2로의 굴기도 없었을 것으로 믿는다. 대다수 중국인들에게 서구식의 자유와 민주, 인권문제는 현재나 미래에도 관심사가 아니다.

• 현능주의(賢能主義: meritocracy)의 나라

신중국의 정치모델은 새로운 것이 아니다. 국가주도형 발전 모델(국가자본주의)이나 정치체제 등은 중국 고유의 문화·전통에서 비롯되었다. 상층부의 지도자를 어질고 유능한 사람을 뽑아 그에게 정치를 맡긴다는 현능주의 또는 현인주의 민주론(賢人主義民主論)은 과거

중국의 관료 충원제도를 계승·발전시킨 것이다.[53] 정치적 현능주의는 플라톤 이래 지속돼온 철인통치와 이상(理想)국가론의 21세기적 변종이다. 2000여 년 전에 편찬된 예기(禮記)는 '대도(大道)'를 모든 사람의 이익을 위해 움직이는 세상이라고 정의한다. 이를 위해 어질고 유능한 사람들을 뽑아 관직을 맡기는 것을 이상적인 현능주의 원리로 제시했다.

중국의 각 왕조는 현능주의를 실현하려고 했다. 한 무제와 당 태종, 명의 영락제 등 태평성세를 연 황제에게는 탁월한 업무수행 능력이 있는 신하(인재)들이 있었다. 왕조 정치의 정당성은 인민들의 기본 생활조건 보장과 전쟁·자연재해 등 위기를 극복하는 위정자들의 업무수행 능력에 있었다.

이 때문에 황제들은 훌륭한 인재의 양성과 선발·활용을 조정의 성패를 가르는 일로 여겼다. 황제는 신하들과의 토론을 거쳐 중요 정책을 결정했다. 학문이나 기술을 강론·연마하고, 신하들과 국정을 협의하는 경연(經筵)이 중요한 국사였다. 조정에서는 영명하십니다! 아니올시다! 간의 쟁론이 끊이지 않았다.

2000년대 이후 중국 부상 원인의 하나로 회자된 현능주의는 선거

---

53 조호길, "유교를 보는 눈 '인류 보편적 가치' VS 봉건독재 이념체계", 중앙SUNDAY, 2017.5.21.; 권경록, "중국 현능주의 모델의 정치철학적 토대와 보편화 (불)가능성", 성균 차이나브리프, 2023.1.13, pp.153-160.

를 토대로 하는 서구 민주주의와 다른 것이다. 지난 30년 동안 중국에서는 정부 상층부의 인재를 선발하고 양성하는 정교한 체제가 발전돼 왔다. 중국의 고위직 공무원은 오랫동안 단련되고, 평가받고, 검증된 인재만이 될 수 있다. 이게 큰 시행착오 없이 오늘날의 중국을 만든 중국만의 절대 무기다.

현능주의를 신봉하는 중국지도자들이 유능한 것은 역사에서 배우기 때문이다.[54] 땅이 넓고 인구가 많은 중국에서 1인 통치는 불가능하다. 원탁 토론문화와 상하구분 없는 언어문화는 '집단지도체제'라는 통치스타일을 낳았다.[55] 지금도 국가 주석을 비롯한 중국의 지도자들은 정기적으로 '집체학습'의 이름으로 경연을 하고 있다. 여름휴가 때는 전체 지도부가 휴양지인 베이따허(北戴河)에 모여 수일간 정책토론을 즐긴다.

중국인들은 각 왕조의 태평성세를 교훈 삼아 뛰어난 자질의 정치인들에게 관심을 갖는다. 정치 제도나 절차보다 현자(賢者)가 더 정의롭고 완전한 사회를 이룬다고 믿는다. 덩샤오핑은 신중국 현자의 대표적인 지도자일 것이다.

지금 중국인들은 주석의 임기 여부를 떠나 덩샤오핑이 이룬 발전

---

54 대니얼 A. 벨 지음·김기현 옮김, 『차이나 모델 – 중국의 정치 지도자들은 왜 뉴능한가』, 서해문집, 2017.
55 중국의 역사와 문화가 어떤 지리적 무대 위에서 전개되었는지에 대한 보다 자세한 내용은 류제헌, 『중국 역사 지리』, 문학과지성사, 1999 참조.

추세를 잘 살려 '중국몽'을 실현할 수 있는 현자를 기대한다. 오늘의 중국은 오천 년 중국사에서 가장 융성한 시대다. 신시대를 이끄는 시진핑 주석은 1300여 년 전의 당 태종을 따라 배우는 모습이다.

• 실사구시하는 현세주의 중국인들

오랫동안 고단한 삶을 산 중국인들은 현세적이고 실리를 추구하는 경향이 강하다. 내세에는 관심이 적다. 현세의 안정과 풍요를 추구한다. 유교는 인간관계를 형성하고, 사회질서를 조화롭게 유지하는 데 관심을 두었다. 기독교·이슬람교와 달리 내세나 이상향을 추구하지 않았다.[56] 세속의 윤리와 도덕규범에 순응하면서 살았지, 종교적 신조와 규율을 따르지 않았다.

또 중국인들은 보수적이고 수동적이다. 끊임없는 분열·통일의 역사에서 기존 질서를 유지하고자 했다. 급격한 변화나 모험을 피하고 온고이지신(溫故而知新)했다. 고증학 등의 학문도 실사구시(實事求是)하며, 현실 사회의 구제를 위한 경세치용(經世致用)에 중점을 두었다. 일상에서의 안정적인 발전을 추구한 것이다. 중국사회에서 개혁을 시도한 중국의 정치가들은 모두 뜻을 이루지 못하고 사라졌다.

이 같은 중국의 문화와 전통은 신중국에서도 변함이 없다.[57] 대내

---

56 그레이엄 앨리슨·정혜윤 역, 『예정된 전쟁』, 세종서적, 2017, p.181.
57 선정규, 『중국의 전통과 문화』, 신서원, 2007.

정치는 물론 대외정책에서도 평화와 안정을 추구한다. 혁명을 지향하지도 않고, 세계를 구원하겠다는 생각도 없다. 흑백논리에 매달리지도 않는다. 신중국의 제1 과업인 대만통일도 유연하고 실사구시적으로 접근해 왔다. 양안관계는 긴장 국면에서도 많은 교류가 이루어졌다. 가치·이념에 얽매이지 않고 자유왕래와 교류협력에 힘쓰는 것이 최선이라고 믿는 것이다.

• 공산당 일당 독재의 나라

당·정 국가체제

중국의 정치는 전적으로 공산당 중심이다. 공산당은 국가를 통치하는 '집권당'이자 사회(인민)를 특정한 목표, 즉 사회주의 건설로 인도하는 '영도당'이다. 중국은 사실상 '공산당에 의한, 공산당의, 공산당을 위한' 나라다. 당연히 중국의 핵심이익은 당과 국가를 보존·발전시키는 것이다.

중국공산당은 행정부를 영도하며, 정부의 정치행위를 대신하고, 군사를 관장하는 최고 권력기구다. 중국 정치의 가장 큰 특징은 공산당과 국가가 인적·조직적으로 결합해 정치 과정에서 공산당이 국가를 영도하는 '당·국가' 체제라는 것이다.

중국공산당은 어느 나라 정당보다도 우수한 인재들이 모인 정당이다. 그들은 안정된 엘리트 정치와 지배연합을 형성, 정세 변화에 잘 적응하고 대응하며 좋은 성과를 냈다. 중국이 이룩한 부상·굴기는 놀랄만한 기적이다. 이는 효율적인 시스템 속에서 여러 단계의 평가와 검증을 거친 당 지도부가 국민적 지지를 받는 가운데 국민들과 함께 이뤄낸 것이다.

최근 중국 인민들의 중국공산당 지지는 70% 수준이다. 그럼에도 중국에 새로운 세대들의 의식은 이전의 중국인들과 다르다. 그들은 자유를 꿈꾸고, 그 꿈을 현실이 되기를 바란다. 이게 저항의 신호탄은 아닐지라도 그들의 목소리를 주의 깊게 듣지 않으면 안 되는 중국이 되어가고 있다. 특히 디지털 문화생활이 일반화된 중국이 열린 사회를 지향할 때가 된 것이다.

독특한 정치구조와 이념

현 신중국의 정치구조 또한 역사의 산물이다. 중국공산당은 1912년 청 멸망 이후 수많은 정당·군벌들이 난립한 혼란 수습 과정에서 대안으로 선택된 것이다. 2024년 말 현재 9918만 명의 중국공산당 당원은 각계각층의 엘리트들이다. 중국은 이를 통해 복잡다단한 사회를 하나로 통합하고, 동원·조직해 내고 있다. 이는 서구의 정당이론으로는 설명할 수 없는 중국만의 시스템이다.

중국인들은 사회주의·민족주의·유가사상을 교묘하게 혼합해 중국만의 새로운 통치이념을 만들었다. 중국 특색의 사회주의·시장경제가 갖고 있는 가장 큰 장점은 강한 동원력과 통제력이다. 중국인들은 대체로 공산당 정부를 지지하며, 행복하다고 생각한다. 중국의 미래가 과거보다 훨씬 더 찬란할 것으로 믿는다.

- **여시구진(與時具進): 끊임없이 변화**

중국은 지난 40년 동안 끊임없이 변화하고 진화해 왔다. 기회를 놓치지 않고 적극 활용했다. 위기도 전화위복의 기회로 만들어 성장·발전했다. 중국공산당이 '시대 변화와 함께 진화'하는 유연성을 발휘하며 성공을 이룬 것이다.[58]

중국이 개방·개혁 후 40여 년 동안 이룩한 부상·굴기는 놀랄만한 기적이다. 이는 중국 정부의 효율적인 시스템 속에서 여러 단계의 평가·검증을 거친 뛰어난 지도부가 국민적 지지를 받는 가운데 국민들과 함께 이뤄낸 것이다.[59]

현재 시진핑의 중국은 세 번째의 신중국이다. 중국을 잠에서 깨운 손중산 이후 마오쩌둥은 중국 천하를 제패해 통일을 이뤘다. 덩샤오핑은 개혁·개방으로 중화 강산을 안정시켰다. 시진핑은 중화민족의 전성시대를 열고 있다. 몰락한 구소련·동구권과 달리 공산당이 중국을 성공적으로 통치하고 있는 이유는 꾸준한 변화와 혁신에 있다.

---

58 이희옥·백승욱 편, 『중국공산당 100년의 변천 – 혁명에서 '신시대'로』, 책과함께, 2021.6.30.
59 정덕구, 『한국을 보는 중국의 본심』, 중앙books, 2011, pp.6-7.

그 과정에서 중국은 국부에서 민부로(선부론에서 공부론으로), 사회주의 시장경제에서 국가 자본주의로(시장〈국가), 발전도상의 대국에서 강대국으로, 대륙국가에서 해륙국가로, 집단지도체제에서 현능주의로 끊임없이 변화·발전해 왔다

2021년 중국공산당 창립 100주년 20차 당대회에서는 두 번째 백년 목표와 비전을 제시했다. 제3차 역사결의 등에서 제시한 핵심 키워드는 새로운 중국의 길, 신시대 중국특색의 사회주의, 일국양제, 공동 부유, 중국적 가치 등이다. '새로운 중국의 길'과 '중국적 가치'는 향후 중국이 나아가는 길과 관련해 주목되는 것이다.

2021년 당대회에서 중공은 관행이었던 격대지정(隔代指定: 현 지도자가 차차기 지도자 지정)을 철회했다. 칠상팔하(七上八下: 67세는 정치국 상무위원이 될 수 있고, 68세는 될 수 없다.) 원칙도 신축성 있게 적용하고 있다. 국가주석 연임 제한을 폐지하고, 시진핑으로의 권력 집중을 제도화했다. 미국과 전쟁하는 상황에서 '여시구진' 하며 국내외 도전을 극복하기 위해 강한 리더십이 필요하기 때문이다.

경제 면에서도 중국은 계획경제와 시장경제의 장점을 취해 낭비와 비효율을 없앴다. 국가발전 모델인 '국가자본주의'와 '베이징컨센서스'는 경제적 효율성과 사회적 책임성 측면에서 비교적 성공적이었다.

중국의 시스템은 비용의 효율성과 생산성을 최우선시하는 회사처럼 경제를 관리한다.

중국이 미국에 도전할 수 있는 기반은 무엇보다 강력한 혁신능력이다. 중국은 지금 현금을 보기 어려운 디지털 선진국이다. 위기를 기회로 바꾸며 도저히 일어날 것 같지 않은 것을 기술로 해내는 '블랙스완' 국가다. 첨단기술 혁신능력은 최근 다방면에서 미국을 앞서가는 중국을 만들고 있다. 인공지능(AI), 양자, 전기차, 태양광 패널, 로봇드론, 극초음속미사일, 수소폭탄, 우주기술 등은 미국에 뒤지지 않는다. 하루가 다르게 쏟아지고 있는 가성비 좋은 중국산 제품은 전통적인 제조업 강국들을 위협하고 있다.[60]

• **아직 개발도상의 대국**

그럼에도 중국은 개발도상의 대국일 뿐이다. 정치는 현대국가의 필수 요소인 공화·민주·헌정과 자유·법치·인권이 확보되지 않았다. 경제는 엄청난 규모에도 불구하고 속이 덜 차있다. 고속 성장에 따른 모순이 분출하고 있다. 중국 사회는 여전히 폐쇄적이고 권위주의적이다. 배금주의와 이기주의, 부정부패가 여전하고, 당과 정부를 견제할 수 있는 자발적인 시민사회도 형성돼 있지 않다.

특히 자본주의 국가들 못지않은 양극화와 불평등은 과다한 부채

---

[60] 장윤미, "전환기의 세계와 중국의 변화, 그리고 우리의 대응", 인천연구원 한중Zine Vol. 581 인차이나브리프, 2025.3.26.

와 부동산, 인구감소 문제와 함께 중국공산당을 위협하고 있다. 중국 인구 총 14억828만 명 중에 9억 명의 월평균소득이 2,000위안(약 36만 원)이다. 이 중 6억 명은 1,000위안(한화 18만원) 미만이다. 3억 명에 달하는 농민공 문제도 해묵은 과제다.

'중화민족의 위대한 부흥'이라는 중국몽 앞에 놓인 4개의 함정(투키디데스 함정, 중진국 함정, 타키투스 함정, 서양화와 분열화)도 넘어야 할 산이다. 중국의 G1 등극 여부는 앞에 놓인 첩첩산중과 고산준령을 극복한 다음의 문제일 것이다.

우리에게 중국은 무엇인가?
• 여전히 운명공동체

중국은 2000년에 걸쳐 애증이 교차한 한중관계 역사에서 한반도의 운명에 가장 큰 영향을 미쳐온 나라다. 전통시대의 중국은 사실상 한반도 국가와는 운명공동체였다. 한중 모두 상대방의 안정이 곧 자신의 안전을 결정할 정도로 양국관계는 숙명적이었다.[61]

근현대 시기에도 한국과 중국은 비슷한 경험 속에서 많은 공통점을 갖고 있다. 일제 식민지배를 겪었고, 제국주의 침탈에 공동전선을 펼치기도 했다. 비록 이념이 달랐지만 둘 다 미소 얄타협력체제와 냉전의 희생자였다. 1980년대 이후 비슷한 시기에 상호 의존하고

---

61 쉬부(徐步), "중국의 평화발전과 외교정책의 논리", 성균차이나브리프 11권 1호, 2023, pp.96–98.

협력하며 성장해 지금은 먹고살 만하다. 서로는 드넓은 세상에서 오랫동안 가장 가까운 사이였다.

• **애증이 끊임없이 교차**

중국은 고조선 때부터 마지막 조선, 그리고 한국 현대사의 어느 페이지에서도 등장했다. 이웃 간에 많은 일들이 있었다. 좋은 일 나쁜 일, 미운 정 고운 정, 갈등은 자연스러운 것이었다. 그러나 양국은 서로에게 필요한 파트너였다.

특히 1990년대부터 한중 양국은 서로의 생존·발전에 꼭 필요한 파트너였다. 한반도·동북아의 평화와 안정, 경제발전은 공통 이익이다. 문화적 유사성도 양국 관계 발전의 중요한 배경이다. 한국은 부상하는 중국 옆에서 중국 특수를 누리며 발전할 수 있었다.

그 과정에서 중국의 북한 편향 태도는 한국인들에게 실망을 주는 경우가 많았다. 2016년 이후 힘없는 나라인 한국이 불가피했던 사드 배치에 대한 각종 보복조치들은 한국인들로 하여금 중국을 다시 생각게 했다. 중국이 더 부상할 경우 기대보다 두려움을 갖게 했다.

한국을 경이롭고 신비한 나라로 대접하던 중국은 2003년 경제적으로 한국을 추월하면서부터 얕잡아보기 시작했다. '한국쯤이야!'라는 중화패권 의식하에 한국을 하대하는 인식·태도가 빈번했다. 한중관계가 자칫 전통시대와 같이 주종관계로 변질될지 모른다는 우려가 빈말이 아니게 되었다.

반면, 부상한 중국이 한국의 평화와 안정, 경제발전에 큰 도움을 줄 것이라는 기대도 있었다. 중국의 꿈이 실현되면 물질적 풍요가 정신적 풍요를 동반할 것이다. 이 경우 중국몽은 중국뿐만 아니라 이웃 한반도에도 평화·번영과 통일을 가져오는 길몽이 될 수 있다.

• 지금은 서로 가장 미워하는 나라

중국은 '가깝고도 먼 나라'다. 2015년에만 해도 한국인들 대부분은 중국을 긍정적으로 생각했다. 37%만이 중국을 부정적으로 인식했다. 2017년 미국의 사드 배치는 한중관계를 격추시켰다. 서울대 아시아연구소의 2021년 설문조사 결과는 6.8%만이 중국을 신뢰하고 협력할 국가로 꼽았다. 2022년 12월 미 외교 전문매체 디플로맷의 중국 인식 조사 결과에서는 한국인 77%가 부정적이었다. 2022년도 한국정부의 중국어 교사 선발 정원은 0명이었다. 1997년 이후 처음이었다.

한국인들의 중국 인식이 이렇게 나빠진 데는 여러 원인들이 있다. 가장 큰 요인은 이웃 강대국에 대한 경계심과 중국이 반도체, 자동차, TV 등 한국이 자랑하던 과학기술을 추격한 데서 오는 위기감이다.[62] 중국 내의 강압적인 사회분위기 등의 배경적 요인에 한중 간의 정치적 이념과 체제의 차이, 문화적 정체성과 민족주의적 갈등도 작용하고 있다.

한중관계는 미국의 한국 내 사드 배치와 중국의 보복(한한령 등)을 기화로, 미중 패권전쟁이 본격화되면서 크게 악화되었다. 한국 정치와 언론, 학계의 미국 편향적인 사고와 정서, 사실 왜곡, 가짜뉴스도 크게 작용하고 있다. 미국의 정치를 꼭 닮은 한국 정치에서 반대파를 공격하기 위한 수단으로 중국을 정치화하고 친중 딱지를 붙이며 반중·혐중 정서를 부추기는 흑백논리는 혐중을 부추긴다.

이런 부정적 여론을 고려하지 않더라도 사실 한중관계는 점점 '불편한 동반자' 관계로 변하고 있다. 경제는 협력보다 갈등·경쟁이 불가피한 구조로 가고 있다. 미국은 탈중국화한 동맹 한국에 자국의 '대 중국 견제' 전략에 동참할 것을 요구한다. 한미동맹을 안보의 근간으로 삼는 한국은 중국 봉쇄에 동참할 수밖에 없는 상황으로 몰리고 있다.

• 그래도 도전과 기회의 나라

굴기한 거대 중국은 우리 시대의 경제적·지정학적 변화를 규정할

---

62 과학기술정보통신부 발표 2022년도 기술 수준 평가는 미국을 100%로 보았을 때 중국은 82.6%로 81.5%인 한국의 수준을 앞섰다. 한국과학기술평가원이 2025년 2월 23일 발표한 반도체 3대 게임체인저 부문의 기술 수준에서 중국이 모두 한국을 추월한 것으로 나타났다.

거대한 상수다. 중국의 굴기와 미중 패권전쟁의 결과는 어떤 식으로든 우리에게 큰 도전이나 기회가 될 것이다. "국제관계에서는 영원한 동맹도, 영원한 적도 없다. 오직 국익이 있을 뿐임"을 안다면 말이다.

먼저, 중국의 부상과 흔들리는 미국과 패권질서, 아시아의 역량 성장, 그리고 미중 어느 쪽도 패권을 장악하지 못하는 다극적 세계화·지역화 시대는 한국에 기회다. 중국의 굴기는 한반도 문제의 평화적 해결을 실현할 수 있는 기회가 될 수 있다. 중국은 결단코 영원히 패권을 추구하지 않을 것이라고 공언한다. 중국의 대전략은 세계 패권이 아닌 인류문명공동체다.

경제 면에서도 한국의 경제 성장에 도움이 됐던 중국은 지금도 세계 최대의 시장이자 연구개발기지이며, 4차 산업혁명의 실험장이다. 중국의 내수 증대를 통한 쌍순환 성장과 공동부유 전략, 중산층 증대 등은 한국에 더 크고 다양한 시장을 제공할 것이다.

다만, 과도한 중국경제 의존에 따른 위험이 안보문제와 결부된 보복의 취약성을 키울 수 있다. 중국의 무역구조가 바뀌고, 한국의 경쟁력이 저하되는 가운데, 자칫 중국이 한국을 방기하는 상황이 올 수도 있다. 중국의 굴기에 대응하는 한미일 안보협력의 증대는 한국의 대북·북방정책에 어려움을 더해주고 있다.

• 중국은 몰라서는 절대 안 될 나라

일의대수(一衣帶水)라는 말이 있다. 한반도와 중국은 지리적으로나 역사적·현실적으로 서로 떼려야 뗄 수 없는 불가분의 관계다. 반면, 원교근공이라는 말은 이웃하는 국가와 좋은 관계를 유지하기 어렵다는 것이다.

아무리 싫고 달라도 한국인들이 싫어하는 세계 1위 나라가 중국인 것은 정상적이지도, 바람직하지도 않다. 이제 미국과 비교할 수 없을 정도로 지구촌의 가장 영향력 있는 나라가 된 이웃 중국을 직시하고, 지혜롭게 대응하며, 좋은 관계를 유지하는 것이 최선이다.

한중관계는 미중 패권전쟁 직전인 2017년에 단행된 사드 배치로부터 악화되었다. 사실 한국은 또 미국의 희생양이 되었다. 한중관계는 그 구조인 미중관계로부터 자유로울 수 없다. 하지만 주권국이라면 그렇게 휘둘릴 일만은 아니었다. 앞으로 한미일·북중러 대결 구도가 더 강화될 경우 한국은 북한과 미일과의 관계처럼 어려운 상황에 처할 수 있다.

혐한과 혐중은 양국 모두에 도움이 되지 않는다. 현안들을 서로에 대해 감정적인 선입견이나 편견, 이념·진영의 논리로 판단할 일이 아니다. 사실에 근거해 합리적으로 행동해야 한다. 역사적으로 중국이 번성할 때 한국도 잘 살 수 있었다. 가까운 이웃은 멀리할 것이 아니라 친구로 삼아야 이익이다. 다가오는 아시아 시대에 중국과 척을 지고 경제의 지속적인 발전과 평화·통일을 이룰 수 없다.

07

미중 양국의 체제·이념 비교

— 화성에서 온 한국인들…

미중 패권전쟁의 실체는 체제·이념적 요소가 결합된 전략적 경쟁이다. 민주주의와 자본주의 나라라고 자부하는 미국은 중국과의 전쟁을 '민주주와 독재와의 싸움'으로 규정했다. '중국 특색의 사회주의와 시장경제'를 내세우는 중국은 자국 체제가 미국 것보다 더 민주적이고, 효율적이며, 사회적 책임을 다하고 있다고 자신한다.

양 체제 중 어느 것이 더 우수한가? 시스템은 운영의 결과로 말한다. 코로나19 사태 시 드러난 미국의 민낯과 미중 패권전쟁은 미국의 쇠락과 중국의 굴기 추세를 확인했다. 최근 양국에 대한 국제사회의 평가도 변하고 있다. 한국인들의 약 70%는 미국 편인데 반해, 관련 여러 지표·현상들은 대략 미국 편 30%, 중국 편 70% 수준이다.

미국과 영국에서 실시한 조사의 결과도 비슷하다. 2021년 6월, 미국 '퓨리서치센터(Pew Research Center)'가 발표한 16개국, 1만6,254명 대상 여론조사 응답자의 80%는 "미국은 민주주의의 이상적 모델이 아니다"고 답했다. 미국 국민의 85%는 "미국의 정치시스템에 중대한 변화 내지 완벽한 개혁이 필요하다"고 믿는다. 2022년 10월 발표한 영국 케임브리지대 조사 결과에 따르면 전 세계 70% 이상의 국가가 미국보다 "중국을 지지하고 있다."

국제사회와 달리 유독 한국인들만 왜 거꾸로일까? 지피지기를 잘 못한 탓일까? 아니다. 한미동맹의 신화에 가스라이팅되고, 고착화된 반공·진영의 논리에서 벗어나지 못한 탓일 것이다. 지피지기는 있는 그대로 볼 수 있어야 하는데 한국적 상황은 그것을 허용하지 않는다. 세계는 지각을 흔드는 미중 패권전쟁을 주시하고 있다. 제2권에서 논의한 '국제질서 주도권 경쟁 – 체제·이념, 규범·질서 공방' 논리에서 보듯 양국 정치경제 체제의 장단점과 적나라한 실태는 감출 수 없다.

가. 미국의 정치·경제 체제

정치: 자유 민주주의

- 미국은 자유 민주주의 종주국

미국식 민주주의의 요체는 선거와 권력분립, 자유다. 정치체제는 직접 선거제도와 대통령 중심제(임기제), 삼권분립 등으로 대변된다.

대통령 중심제를 탄생시킨 미국은 사실 입법권과 예산권을 독점한 '의회 중심'의 대통령 중심제다.

미국의 정치체제는 20세기까지만 해도 지구촌에서 가장 보편적이고 선진적인 제도로 인식되었다. 단극 패권국이 된 이후 미국은 신자유주의 세계화를 앞세우고 세계의 미국화(시장화·민주화)를 추구했다. 절대 권력이 절대 독재하며 부패해 절대 몰락의 길로 나아갔다.

탐욕과 일방적 예외주의가 낳은 미국의 대내외 부정의들은 민주주의 실패와 미국발 세계금융위기를 초래했다. 2008년 세계금융위기와 코로나19 사태는 새로운 시대의 도래를 의미했다. 실패한 미국식 자유민주주의와 금융자본주의가 더 이상 지배적 원리가 아니게 되었다. 금융위기 속에서도 지속적으로 성장하며 미국과 세계경제를 구하고, 성장을 견인한 중국식 모델이 우수함을 증명했다.

• **결함 있는 민주주의 국가**

영국 이코노미스트 지의 국가경제평가기관 EIU는 2022년 보고서 제목을 '중국의 도전'으로 붙였다. 중국이 서구 민주주의와 자본주의 모델에 도전한다고 본 것이다. 2024년 보고서는 민주주의 국가의 종주국이자 대표 격인 미국을 세계 29위로 평가했다. 미국은 7년 연속 '결함 있는 민주국가'로 분류되었다.

미국은 20세기 100여 년 동안 인류 역사에서 가장 위대한 성취의 증거였다. 그런 미국이 가장 실망스러운 민주주의 국가가 된 이유는 3가지로 정리할 수 있다.

첫째, 미국은 소수 자본·기업이 정치를 지배하고 있다.

미국 정치권은 국익이 아닌 자본의 이익을 중심으로 작동한다. 경제 엘리트와 기업 이익단체들은 정치를 통제할 수 있는 강력한 힘을 갖고 있다. 특히 네오콘들이 지배하는 나라에서 딥 스테이트(Deep State)를[63] 구성하고 정치를 좌우하는 '방 안의 코끼리'는 누구도 몰아낼 수 없다.[64] 트럼프 2기 정부는 1기 정부 때에 자신의 정치적 의제(議題)를 방해해 온 딥 스테이트 척결을 정조준하고 있다.

미국 대선에서 후보자의 성공에 큰 영향을 미치는 요소는 광고, 홍보, 유세 등 다양한 활동에 필요한 비용과 후원금이다. 2024년 미 대선 전체 캠페인 비용은 대략 159억 달러(한화 22조 원)으로 '쩐의 전쟁'이었다. 문제는 공짜가 없다는 것이다. 정치적 기부와 로비는 정치권력을 자본을 위한 도구로 만든다. 돈이 지배하는 금권정치가

---

[63] 딥 스테이트는 미국 연방정부와 FBI(연방수사국), CIA(중앙정보국) 등 정보기관, 언론 등에 포진해 있는 워싱턴 기득권층으로 외국과 손잡고 미국 국민 보다 사적(私的)인 이익을 더 챙기는 사람들을 일컫는다. 미국 민주당 상원의원인 '털시 개버드의 말': 미국은 선거에서 당선된 이들과 관료, 방산업체, 주류 언론과 빅테크가 상부상조하는 클럽(Deep State)이 미국을 다스린다. 그들에게 국가나 국민은 안중에 없다. 그들은 기득권과 이익을 추구한다. 정치인들은 이 클럽에서 쫓겨나지 않으려고 알아서 복종하는 구조다.

[64] '방 안의 코끼리(elephant in the room)'는 딥스테이트와 같이 명확하게 잘못된 문제라고 알고 있지만, 그 누구도 얘기하지 않는 현상을 비유한 표현이다. 어떤 사실이 너무 거대하고 무겁고, 말하는 것이 두렵고 무서워 덮어두고 언급하길 꺼리는 상황을 의미한다.

불가피하다.[65]

둘째, 미국식 선거 민주주의 폐해는 심각하다.

미국 의회와 정부의 거의 모든 정책은 국민의, 국민을 위한 것이 아니라 선거에 의한, 선거의, 선거를 위한 것이다. 정책의 최우선 고려사항은 2년마다 있는 중간선거와 대통령, 주지사 선거에 도움이 되느냐의 여부다. 눈앞의 지지율만 따지며 집권을 위해 수단·방법을 안 가린다. 집권 후에는 도움 준 사람들과 부와 권력을 나눈다. 동시에 전임자의 모든 정책과 전략은 폐기된다.

셋째, 치명적 징후는 타락한 민주주의와 당파주의에 따른 기능부전이다.

이는 미국 안보에 가장 큰 도전이고 위협이자 모든 것을 악화시키는 주범이다. 미국 민주주의 실패의 원인에는 실로 다양한 '미국병'이 있다. 미국병으로 고장 나고 무너진 정치·행정 시스템에서 어떤 대안이나 희망을 기대하는 것은 무리다.

미국 지도자들도 자국의 민주주의 위기를 심각하게 받아들이고 있다. 현 위기의 밑바닥에 민주주의 실패가 있다고 생각한다. 바이

---

65 2025년 4월 12일, '과두 정치와 싸우자'는 구호가 걸린 LA시 대규모 집회시위에서 버니 샌더스 상원의원은 "트럼프 정권은 대통령과 그 측근들이 권력을 장악하고 상위 1%만을 위한 독재정치를 한다. 트럼프 집권 이후 일어난 일은 독재정치에서나 있는 일이다. 이건 민주주의가 아니다."라고 비판했다.

든 정부 시 해리스 부통령은 "모두가 주의하지 않고 지키지 않는다면, 민주주의는 흔들리고 무너질 것"이라고 했다. 바이든 대통령도 "민주주의가 21세기에 성공할 수 있을지에 관한 의문이 미국 앞에 놓인 도전과제"라고 말했었다.

트럼프 2기 정부에서 미국 연방정부 혁신을 주도하고 있는 일론 머스크는 미국 연방정부는 민주주의가 아닌 관료주의에 좌우되고 있다고 비판했다. 미국이 각종 기업과 단체들의 로비에 좌우되는 부패하고 타락한 국가라는 것이다.[66]

• 미국식 민주주의는 최악의 정치체제

미국식 민주주의는 정말 가장 덜 나쁜 정치체제가 아니다. 영국과 인도의 처칠과 네루 수상은 민주주의 정치를 아주 나쁜, 최악의 정치체제라고 말했다. 그러면서도 그나마 민주주의가 다른 체제보다 더 낫다고 보았다. 하지만 21세기 초 미국식 민주주의는 진짜 최악의 정치체제임을 증명하고 있다.

사실 그동안 미국이 전파해 온 자유 민주주의와 인권은 거짓 위선이 된 지 오래다. 미국에서 민주주의라는 미명 아래 자신의 의지를 관철할 수 있는 세력은 돈(로비), 총기, 백인, 미디어, 군대, 마약을 가진 자들 뿐이다. 일반 국민은 결정을 내리고, 혜택을 누리는 세

---

66 사이토 고헤이 지음·김영현 옮김, 『지속 불가능 자본주의』, 다다서재, 2021.

력이 아니다. 미국의 정치 수준과 민주주의를 결정하는 일반 국민들에게 한국인들과 같은 깨어 있는 민주시민 의식과 행동을 기대할 수 없다.

미국은 당초 국민에 의한, 국민의, 국민을 위한 국가에서 '자본·시장', 즉 기업들의 로비가 정치를 좌우하는 기업을 위한, 기업의, 기업에 의한 국가로 변했다. 기업가 출신이 많은 트럼프 2기 정부의 권력자들은 정치와 외교, 안보 문제도 사업적인 거래 개념으로 접근한다

여기에 고질인 '미국병'과 함께 마약·노숙자, 도둑들로 엉망진창인 대도시의 거리 무질서는 '소돔과 고모라'를 상기할 정도다. 샌프란시스코의 스타벅스에는 의자와 화장실이 없다. 2024년 12월 기준 미국에는 약 77만 명의 집 없는 노숙자들이 있다. 이로 인한 각종 사회문제는 개선될 조짐 없이 악화일로다.[67]

경제: 자유 시장경제와 자본주의, '워싱턴 컨센서스'

그동안 미국의 경제체제는 대내적으로는 자유 시장경제와 시장 자본주의, 대외적으로는 '워싱턴 컨센서스'와 신자유주의 세계화가 기본이었다.

당초 미국 주도의 자본주의 패러다임은 시장 중심의 경제체제였

---

[67] 2024.12.27 미국 주택도시개발부는 공개한 보고서에서 77만명은 2007년 노숙자 집계 시작 이래 가장 큰 규모로 이는 1년 전보다 무려 18%가 증가한 수치라고 밝혔다. 급속한 노숙자 증가에는 급등한 집값, 정부 지원 축소, 중·저소득층 임금 정체, 노숙자 지원 제도 미비, 자연재해 빈발, 이주민 급증 등의 원인이 작용하고 있다.

다. 국가의 과도한 시장 개입과 과다한 재정지출, 지나친 정부규제를 비판했다. 금융·무역의 자유화와 민영화를 핵심으로 하는 미국식 모델인 워싱턴 컨센서스는 '작은 정부, 재정 건전성, 무역·통상·투자 자유화, 공기업 민영화'를 강조했다. 이 컨센서스는 사실 미국 기업들이 진출하기 좋은 해외시장 만들기였다.

신자유주의 세계화가 내건 개혁의 목표는 성장의 가속화였다. 미국은 세계가 부를 더 많이 나누어 가질 수 있으려면, 그전에 먼저 미국이 더 많은 부(富)를 창출해야 한다고 주장했다. 신자유주의 세계화야말로 이 목표를 달성할 수 있는 방법이라고 강조했다.

미국의 자유주의 시장경제 체제는 미국과 세계경제의 발전에 크게 기여했다. 세계의 모든 나라들은 미국을 따라 배우기 시작했다. 그러나 미국이 제국화돼 지나친 규제 완화와 부도덕이 지배하면서 자유와 시장이 실패하기 시작했다. 이후 미국식 경제모델은 미국은 물론 세계경제에도 결코 좋은 결과를 제공하지 못했다.

신자유주의에서 '자유'는 규제 완화에 따른 '기업 활동의 자유'일 뿐이었다. 살기 좋은 세상을 만들지도 못했다. 이리 떼(초국적 자본 등)에게 주어진 자유는 양 떼에게는 죽음이었다. 미국식 자유시장주의라는 선언적 구호 아래 거대한 약탈 금융자본주의, 마피아자본주

의, 카지노자본주의가 판을 쳤다.[68]

이에 미국 내에서 민주주의의 실패에 따른 시장경제의 실패를 국가가 개입해 극복해야 한다는 여론이 형성되었다. 바이든 대통령이 구상한 신 워싱턴컨센서스는 '신자유주의 경제정책'에서 벗어나 기업 보조금 지급 등 정부 개입 확대, 누진 과세와 사회복지, 경제적 불평 등 해소에 초점을 맞춘 것이었다.

나. 중국의 정치·경제 체제

정치: 중국 특색의 사회주의

중국의 역사 경험은 서구와 다르다. 중국은 문명형 국가, 즉 수천 년 면면히 내려온 중단되지 않은 고대 문명과 초대형 현대 국가의 결합체다.[69] 이에 중국은 자신의 규칙에 따라 발전하고, 중국만의 독특한 발전의 길을 가고 있다. 중국의 꿈은 부강하고 문명화한 사회주의 현대화 강국을 만드는 것이다.

중국 특색의 사회주의는 중국의 역사 및 전통적 철학사상과 융합된 사회주의를 의미한다. 또 서구의 발전모델, 자유주의에 기반한

---

68 조지 팩커 저·박병화 역, 『미국 파티는 끝났다』, 글항아리, 2015 참조.
69 장웨이웨이 저·성균중국연구소 역, 『중국은 문명형 국가다』, 지식공작소, 2018.12.14.

정치경제 체제와 구분되는 중국식 발전 경로와 중국식 정치경제 체제를 의미한다. 이 체제는 당 우위의 당·국가체제, 간접 선거제도와 국가주석 (사실상) 종신제, 일당독재, 현능주의 등으로 대변된다.

중국인들은 "공산당 없는 신중국은 없다(沒共産黨 沒新中國)"고 노래한다. 또 "사회주의만이 중국을 살릴 수 있었고, 중국 특색의 사회주의 시장경제가 중국을 발전시켰다. 이는 역사의 결론이고, 중국 인민의 선택이었다"고 믿는다.

이와 함께 중국인들은 정치적 능력주의를 표방하는 중국모델로서의 '현능주의 민주론'이 미국식 선거 민주주의보다 낫다고 주장한다. 현능주의는 권력세습이나 무분별한 선거에 의한 부적절한 지도자 선출 가능성을 차단한다. 오랫동안 단련되고 검증된 사람만을 지도자로 뽑는 것이다.

현능주의는 고대부터 현대에 이르기까지 바람직한 정치원리로 인식돼 왔다. 그리스 시대 플라톤의 정치철학과 로마제국의 200년 태평성세였던 5현제 시대는 물론, 수백 년 동안 교황청의 정치원리이기도 했다. 유능하고 깨끗한 최고의 공무원들이 나라를 운영하는 싱가포르 정치체제는 현능주의에 입각해 있다. 시진핑 주석이 미국식 민주주의가 중국을 결코 따라잡을 수 없다고 확신하는 이유가 아마도 여기에 있지 않을까?

경제: 중국 특색의 사회주의 시장경제의 장단점

중국은 '국민에 의한 정부'는 아니지만 '국민을 위한 정부'로서 사회 안정과 경제발전을 최우선으로 삼아왔다. '시장의 보이지 않는 손'과 '국가(당)의 보이지 않는 손'이 서로 충돌하지 않고 조화를 이루며 시너지 효과를 내왔다. 그 결과가 현재의 부상·굴기한 중국이다.

신시대 시진핑의 중국은 '공부론(共富論)'을 내세우며 다 같이 잘 사는 나라를 추구하고 있다. 국가의 사회적 책임을 강조한다. 아담 스미스가 『자본론』에서 주창한 가장 자본주의적이고 부자인 나라는 미국 아닌 중국이다. 자본주의 시장경제보다 중국 특색의 사회주의 시장경제, 즉 국가 자본주의가 더 다 같이 잘 사는 평등주의에 기초하고 있기 때문이다.

그러나 중국의 정치경제 체제는 후진성을 벗어나지 못하고 있다. 중국 특색의 민주에서 가장 기본인 사회주의 정치원칙과 정치제도는 세계의 보편과 거리가 있다. 덩샤오핑이 제시한 '4항 기본원칙'은 경제발전 과정에서 반드시 ① 사회주의 ② 인민 민주독재 ③ 공산당 지배 ④ 마르크스·레닌주의와 마오쩌둥 사상을 견지해야 한다는 것이다.

중국 특색에는 다당제와 대의제가 없다. 중국에서 민주주의란 사실 인민을 위한 중국공산당의 지배를 의미한다. 인치가 아닌 법치, 의법치국(依法治國)을 표방하고 있으나 중국은 공산당이 국가의 법체계 밖이나 위에 존재한다고 볼 수 있다.

현능주의의 성과에도 불구하고 탁월한 능력을 갖춘 불세출의 영웅은 없다. 철인통치와 이상국가론의 21세기 판인 현능주의는 절대 권력의 남용 가능성이 있다. 권력의 도덕적 정당성을 납득시키기도 쉽지 않다. 무엇보다 '당신은 지금의 중국에서 살고 싶은가?'란 질문에 선뜻 손을 드는 외국인들이 많지 않다. 중국 특색의 사회주의가 갖고 있는 여러 한계는 더 많은 혁신과 매력을 요구하고 있다.

국가자본주의, '베이징컨센서스'

1992년 덩샤오핑의 '남순강화' 이후 본격적으로 시행된 중국 특색의 사회주의 시장경제는 통상 국가 자본주의와 '베이징컨센서스'로 통용돼 왔다. 근래에는 '중국방안'이 자주 거론되고 있다.

그동안 중국 경제는 특정 이데올로기에 얽매지 않고 자본주의나 사회주의가 아닌 제3의 길을 걸어왔다. 미국식 자본주의와 대비되는 중국식 국가 자본주의는 시장보다는 국가가 경제를 조정·통제하는 정부 주도의 경제발전 모델이다.

중국모델의 하나인 '베이징 컨센서스'는 저개발국의 발전을 위한 대안이다. 권위주의 체제하에 시장경제적 요소를 최대한 도입하되, 점진적인 경제 개혁과 균형 발전을 강조한다. 강력한 리더십을 통한 정치적 안정, 점진적 개혁, 해당 국가의 실제와 역사적 맥락을 고려

한 혁신을 주 내용으로 하고 있다.[70]

새로운 시대의 중국모델인 '중국방안'도 중국의 경험을 바탕으로 한 개발도상국의 현대화 모델이다. 중국은 자국의 성공에서 비롯된 '4개의 자신감(四個自信: 중국의 길·이론·제도·문화)'을 바탕으로 "인류가 직면하고 있는 문제들을 해결하는데 중국의 지혜와 중국식 접근으로 공헌하겠다"는 야심 찬 꿈을 갖고 있다.

중국 부상의 주된 원동력은 강력하고, 일관적이며, 효율적인 공산당의 통치와 실용주의적인 경제정책의 결합에 있다. 경제적 효율성이 입증된 중국모델은 사실 중국만의 것이 아니다. 일본과 한국, 싱가포르, 대만 등의 경제가 걸어온 경로이다. 미국을 비롯한 세계의 모든 나라 또한 경제발전계획을 국가가 기획·조정하며, 적극 주도하고 있다.

중국 모델의 또 다른 장점은 필요한 변화를 추구하기 쉽다는 것이다. 장기적인 국가발전전략도 중단 없이 집중적으로 추진할 수 있다. 미국식 선거 민주주의 체제에서는 매일 국민 여론의 압력을 받는다. 2년 또는 4-5년마다 선거를 치러야 하기 때문에 변화가 힘들다. 힘들게 만든 변화도 정권이 교체되면 모든 것이 부정된다. 장기적인 국

---

[70] Keun Lee, Man Soo Jee, 「China's Economic Catch-up Washington Consensus or Beijing Consensus」, 「Second World Forum on China Studies」, CASS, 2008, pp.558-596; 전성흥 편, 『중국모델론』, 부키, 2009, pp.27-110; 전가림, 「중국모델은 존재하는가?」, CSF 전기웹진, 2009.6.10, p.1; 대니얼 A. 벨 지음·김기현 옮김, 『차이나 모델 - 중국의 정치 지도자들은 왜 뉴능한가』, 서해문집, 2017 참조.

가전략을 추진하기 어렵다.

　근래 모든 민주주의 국가가 권위주의 국가보다 경제 성장이 느린 이유 중 하나가 바로 이거다. 중국 현대화의 역동성은 비평등주의와 물질주의에 바탕을 두고 있다. 이 때문에 중국식 특색을 가진 사회주의 정치체제는 자주성을 유지하면서 경제성장을 추구하는 개발도상 국가들에게 매력적인 모델로 선택받을 수 있을 것이다.

다. 미국과 비교할 수 없는 중국의 강점들

　큰 나라인 중국은 큰 만큼 단점도 많고 장점도 많다. 그중에 그동안의 고속 성장을 견인하며 현재의 중국을 만든 중국만이 가지고 있는 중국 특색의 강점들이 있다. 주목할 것은 미국의 정밀한 규제와 통제에도 불구하고 중국의 강점들이 생산해 내는 각종 제품과 무기가 세계 시장을 지배하고, 미국과의 전쟁에서 게임체인저가 되고 있는 것이다. 5개 분야만 정리해보면,

　첫째, 중국 정부의 강력한 통제력과 효율적인 시스템이다. 그동안의 중국 부상은 엘리트 정치의 안정화와 국가체제의 합리화, 정치민

주화가 병행되면서 추동력으로 작용했다.[71] 수십 년간 단련되고 검증된 우수한 인재들이 중장기 정책전략을 세워 집중적으로 관리하는 정치·행정 시스템은 세계에서 유일한, 가장 두려운 중국의 강점이다. 미국의 정치·행정 시스템은 오래전부터 무너지고 고장 나 있다.

둘째, 잘 구축된 인프라의 속도다. 45000여 km의 고속철도와 160000여 km의 고속도로에 디지털 스마트시티까지 중국은 세계에서 가장 빠르고 효율적인 인프라를 완성해 활용하고 있다. LA~라스베이거스(351km)를 달리게 될 미국의 첫 고속철도는 2024년 착공해 2028년 개통할 예정이다.

셋째, 과학기술 투자와 첨단기술 혁신 능력이다. 중국은 '중국제조 2025', 'AI+ 이니셔티브' 등등 체계적인 과학기술 진흥 정책과 집중적인 기술 투자로 AI, 반도체, 양자, 드론로봇, 우주기술 등 4차 산업혁명을 선도하는 기술혁신 능력을 갖게 되었다. 중국은 육·해·공의 첨단무기 분야에서도 게임체인저가 될 수 있는 무기들을 개발해 벌써 미국을 앞서가기 시작했다. 2025년 5월 초, 중국을 방문한 엔비디아 CEO 젠슨 황은 "중국 화웨이는 세계에서 가장 무서운 기술 기업 중 하나다. 중국의 반도체 기술력은 미국 못지않다"고 말했다. 2025년 4월 미국 CSIS 보고서는 "미국의 수출 금지 전략은 시간을 벌 수 있어도, 판을 바꾸지는 못한다"고 강조했다.

---

71 조영남, 『21세기 중국이 가는 길』, 나남, 2009, pp.278-279.

넷째, 중국은 노동집약적인 세계의 공장에서 부가 가치가 높고, 최고의 품질을 보장하는 세계의 공장으로 거듭났다. 이제 세계 각국은 값싸고 가성비 높은 중국의 상품들과 경쟁해야 살아남을 수 있다. 반면 미국의 제조업은 여전히 공동화 상태에 있다. 관세폭탄은 타국의 공장을 미국으로 이전토록 해 제조업을 활성화하려는 고육책이다.

다섯째, 중국의 14억 인구와 증가하고 있는 중산층은 이미 중국을 미국보다 더 큰 소비시장으로 만들었다. 이제 중국은 세계에서 가장 큰 공장이자 가장 큰 시장이 되었다. 미국이 중국을 앞서가는 것이 무엇인가? 2025년은 미중관계가 크게 변하는 한 해가 될 것이다.

08

미중 패권전쟁이 미치는 영향

　미중 패권전쟁은 21세기 국제질서의 가장 중요한 이슈다. 다양한 분야에 걸쳐 전 세계에 중대한 영향을 끼치고 있다. 한국은 지정학적·경제적으로 미중 사이에 위치해 있어 그 영향이 다양하고 크다. 미국과 중국이 일으키고 있는 지각변동의 영향은 앞으로도 상당 기간 지속될 것이다. 주요 측면을 살펴보도록 하자.[72]

가. 경제적 측면

　국제사회의 탈세계화와 함께 미중 간의 디커플링·디리스킹은 미중 양국의 경제적 의존도를 줄이면서 공급망도 분리하고 있다. 미국과

72　이 부분은 2025.4.3. 아래와 같은 오픈AI₩ChatGPT 자료들을 활용해 정리한 것이다. https://chatgpt.com/c/67fb9525-c580-8009-9e35-c1d03a5aaa6d, https://chatgpt.com/c/68065fc6-e998-8009-9ed8-ff61df289246 외 6건 검색 참조.

그 우방은 제조업을 국내와 우방국으로 재배치하는 리쇼어링과 니어쇼어링을 강화하고 있다. 중국은 내수 중심의 '쌍순환 전략'을 통해 해외 의존도를 낮추면서 무역망의 다변화도 모색한다.

한국·일본·대만 등 동아시아 기업들은 중국 의존도를 줄이기 위해 동남아, 미국 등으로 생산기지를 분산하고 있다. 기술 면에서도 독자적 생태계를 구축하려는 탈동조화 현상이 뚜렷하다. 애플, 테슬라, 삼성 등 글로벌 기업들은 미중 사이에서 줄타기를 강요받고 있다.

나. 기술 패권경쟁

미중 패권전쟁의 핵심은 기술패권 경쟁이다. 그동안 미중 양국은 AI·반도체·우주 분야 등에서 국가 차원의 기술 개발에 주력했다. 미국은 중국 기업에 대한 IT 산업 규제과 수출을 제한하고, 중국은 데이터 보안 강화 등을 통해 외국 기업을 통제해 왔다. 미국은 중국 기업에 대해 제재를 가하고, 자국 기술의 중국 수출을 철저하게 제한하고 있다.

중국은 기술 자립화를 추진하면서 자체 반도체 및 OS 개발 등 국산화에 박차를 가하고 있다. 2025년 초, 중국은 미국의 집요한 공격망을 뚫고 자체의 자립적 반도체 생태계를 구축하는 데 성공했다.

대표적으로 화웨이의 첨단 AI칩과 SMIC의 3나노 반도체 개발은 네덜란드의 ASML과 대만의 TSMC 제품의 중국 수출길을 차단하는 것이다. 미국은 중국에 대한 기술규제와 수출통제의 필요성을 재검토할 수밖에 없게 되었다.

다. 군사·지정학적 측면

전쟁이 악화될수록 타이완 해협과 남중국해 등에서 긴장이 높아지고 있다. 미중 패권전쟁은 동아시아 지역에 보다 깊고 복합적인 영향을 미치고 있다. 대만 문제, 남중국해 및 동중국해 갈등은 미국 및 동맹국(일본, 호주 등)과 해양 팽창을 모색하는 중국 간의 군사 충돌 가능성을 높이고 있다. 북한과 중국을 견제하기 위한 한미일 안보 협력이 확대되면서 중국의 반발도 커지고 있다. 중국은 러시아 및 글로벌 사우스(남반구 신흥 개발도상국)와의 협력을 늘리고 있다.

라. 외교 및 국제질서

미국 중심의 일극 체제가 약화되고, 중국의 부상으로 인해 다극적인 국제질서가 형성되고 있다. 그런 가운데 WTO, WHO, 유엔 등 국제기구의 신뢰와 역할이 흔들리고 있다. 많은 나라들이 미중 사이에서 '편 가르기' 압박을 느끼고 있는 가운데 특히 동남아시아, 중동, 유럽에서 균형 외교가 강조되고 있다. 미국 중심의 G7·쿼드 vs 중국 중심의 브릭스와 SCO를 통한 블록정치의 부활 조짐도 보이고 있다.

글로벌 사우스 등 개도국들은 대체로 균형 외교 혹은 전략적 모호성을 유지하면서도 미국의 잦은 실수 등으로 실망해 많은 나라들이 중국 편으로 가고 있다. 미중 협력이 어려워지면서 기후변화, 탄소배출 감축 등 전 지구적 문제의 해결은 난관에 봉착하고 있다.

미중 패권전쟁으로 불확실성이 높아지고, 위기 발생 가능성도 증가해 국가별로 리스크 관리의 중요성이 부각되고 있다. 한국은 미중 사이에서 균형을 잡기가 더 어려워지고 있다. 동북아 지역 내 협력 구조(예: 한중일 정상회의, RCEP 등)도 영향을 받아 무력화되거나 분열될 조짐을 보이고 있다.

특히 동북아는 첨단기술(반도체, 5G, AI 등) 경쟁의 핵심 무대로 이 지역이 기술 냉전의 최전선이 되고 있다. 미중 간의 전략적 경쟁이 심화되면서 대북정책 공조가 약화되고, 대만 해협 혹은 남중국해에서 미중 충돌이 발생할 경우, 한반도가 긴장 상태에 놓일 수 있다.

전 인류 및 사회에 미치는 영향도 다양하다. 소비자 물가 상승, 일

자리와 산업 구조 변화, 기술 사용 제한, 교육·유학 환경 변화, 사이버 위협 증가, 여행·이주 자유 제한 등이 그것이다. 특히 미국의 관세전쟁과 대외정책의 불확실성은 투자와 무역 환경의 예측 가능성을 낮춰 글로벌 경제에 부담을 주고 있다. 전 세계 투자자 심리 위축, 무역 불확실성과 금융 시장의 불안정성은 세계경제의 대침체로 인한 대공황 가능성을 높여주고 있다.

제2부

지각변동 상황에서 한국의 위·기(危·機)

01

격변: 국제질서 붕괴, 지구촌 급변

미국의 쇠락과 중국의 부상에 따른 미중 패권전쟁은 지각변동이고, 천하대란이다. 미국이 주도해 온 국제질서의 붕괴는 지구촌의 근본적인 변화를 야기하면서 새로운 세계가 등장하고 있다. 국제사회의 패러다임의 변화하고, 각 지역·국가들은 국익을 쫓아 헤쳐 모이고 있다. 지정학적 단층에 위치한 한국에 국제정치의 변화는 위기지만 새로운 세계를 열 기회이기도 하다.

가. 미국 주도의 국제질서 붕괴

지난 70여 년의 국제질서는 미국이 주도한 '자유주의 세계질서(또는 규칙 기반 국제질서)'였다. 미국은 강력한 힘을 바탕으로 유엔 등 국제기구를 통해 패권체제를 유지했다. 냉전시기의 미국은 무소불위의 슈퍼파워, 국제경찰이었다.

미국 패권은 탈냉전 후 단극 체제의 오만이 초래한 2008년 세계 금융위기 때부터 무너지기 시작했다. 2009년 브라운 영국 총리는 미국의 "워싱턴 컨센서스는 끝났다"고 단언했다. 2018년 트럼프 대통령의 '미국 우선주의'는 "자유주의 국제질서의 죽음"이었다.

2022년 러시아의 우크라이나 침략은 미국 패권질서 와해를 향한 '쿠데타'였다. 2025년 초 트럼프 2기 정부의 미국 우선주의와 무자비한 관세폭탄은 미국이 자유 세계의 리더 자격이 없는 나라임을 증명하고 있다. 여전히 예외주의적인 일방주의와 보호주의는 국제질서에 충격을 주면서 미국을 고립시키고 있다.

2022년 이후 미국이 동맹·파트너들과 함께 '더 나은 재건'과 '힘을 통한 평화'를 추구했으나 글로벌 리더십은 나날이 추락하고 있다. 지금은 무질서(G0) 시대. 국제사회는 자국 이익만 추구하는 미국과 싸우는 가운데 다극체제 형성을 가속화하고 있다.

붕괴의 요인

미국 주도 국제질서의 붕괴 원인은 3개로 정리할 수 있다.

첫째, 근본 원인은 미국 패권전략의 실패가 초래한 국력의 쇠락이다. '신자유주의 세계화', 즉 무모한 세계의 미국화 전략은 미국의 성장 둔화와 경제적 불평등, 양극화를 초래했다. 테러와의 전쟁에서는 군사비를 과도하게 소모했다. 금융위기 이후에는 지구촌을 이끌어 갈 힘을 잃었다. 그 사이에 중국은 고속으로 성장해 굴기했다. 미국의 쇠락과 중국의 부상이라는 구조적인 세력판도의 변화가 모든 것을 흔들고 있는 것이다.

둘째, 미중 패권전쟁과 코로나19 사태, 우크라이나 전쟁 후 새로운 세계에서 자연스럽게 신질서가 태동하고 있다. 국제사회는 지금 편 가르기 속의 보호주의와 탈세계화 및 디커플링으로 가고 있다. 국제질서가 무너지면서 유엔 등 국제기구는 제 기능을 못 한다. 국가들 간의 협력도 잘 이뤄지지 않는다. 국제사회를 위해 어떠한 일도 할 수 없는 미국이 설 땅은 급속히 좁아지고 있다.

셋째, 미국이 흔들리는 틈을 이용한 중국의 대국 외교와 차이나머니가 힘을 발휘하고 있다. 그동안 제3세계와 개도국 편이었던 중국에 미국의 위기와 그에 따른 무분별한 관세폭탄은 절호의 기회다. '일대일로' 사업, '중국방안'과 함께 중국의 국제질서관은 가치보다 실익을 찾는 개도국들에게 매력적이다. 아프리카는 물론 중동과 중남미 국가들 대부분은 중국 편으로 가고 있다. 최근 아프리카의 변화에서 보듯 모든 대륙이 정치적으로 각성하며 잠에서 깨어나고 있는 현상도 미국의 입지를 흔들고 있다.

각 분야 질서 붕괴의 실태

- **미국 패권질서(RBO)**

2022년부터 세계 각 지역에서 미국의 시대가 저물고 있다는 징후들이 봇물이다. 러시아의 우크라이나 침략 이후 미국의 위상을 시험하고 있는 국가가 한둘이 아니다. 고삐 풀린 북한은 러시아와 손잡고 핵·미사일 개발을 가속하며 핵무기 사용도 공언하고 있다. 중동의 이란과 사우디아라비아는 중국의 중재로 손잡았다. 중동발 지정학적 위기 속에서 이스라엘과 하마스는 전쟁의 원칙을 위반했다. 이란의 지원을 받는 후티 반군은 홍해와 수에즈 운하 해상교통로를 위협했다. 이란과 이스라엘 간의 전쟁에서도 전쟁의 원칙을 찾아볼 수 없다. 핑크 타이드가 휩쓴 중남미 강자들인 브라질과 아르헨티나, 멕시코의 움직임도 심상치 않다.

2025년 초, 트럼프 2기 행정부의 대외정책은 그동안 미국이 주도해 온 패권질서와는 전혀 다른 판이다. 미국은 국익에 따라 동맹·우방도 버리며 기존의 국제질서를 파괴하고 있다. 주권 국가의 영토적 존엄성이나 자유주의 국제질서 같은 가치 규범은 먼 옛날의 구호가 되었다. 미국은 그린란드 매입과 파나마 운하 통제권 확보, 가자 지구 소유 등 팽창주의를 추구하고 있다. 전 세계를 대상으로는 관세 폭탄을 투하하고 있다.

특히 미국이 러시아와 우크라이나 전쟁 종전 협상에서 보여주고 있는 태도는 한 시대가 저물고 새로운 질서가 도래하고 있음을 보여준다. 협상은 전쟁의 당사국이자 이해관계가 큰 우크라이나와 유럽을 배제한 채 미·러 담판 형식이다. 진영 대결 전선이 허물어지고 적과 우방이 뒤바꿨다. 미국은 러시아의 입장을 대변하며 러시아에 접근하고 있다. 같이 싸우던 서방 동맹국들과는 갈등·대립하고 있다.

트럼프의 '미국 우선주의'는 국가적 역량과 예산을 첨단 제조업 재건과 국방력 강화에 집중해 다시 강한 미국(MAGA)을 만든다는 것이다. 트럼프 2기 정부의 국가 전략적 이익과 외교정책 원칙인 보호주의, 반이민주의, 비개입주의, 미국 예외주의, + 팽창주의도[73] 경제 활성화 정책과 함께 규칙 기반 국제질서를 스스로 무너뜨리는 것이다.

트럼프의 미국은 그동안의 패권적 지위를 포기하고, 미국의 국익을 거칠게 추구하는 일반 강대국으로 변모하고 있다. 국제질서는 강대국들이 노골적이고 적나라한 방식으로 자신들의 국익을 거침없이 추구하며 타협·거래가 병행되는 세력균형 질서로 바뀌고 있다. 이 질서는 약자를 희생시키는 19세기의 강대국 외교와 같은 것이다.[74]

---

73 이찬송, 앞의 글, p.2.
74 김정섭, "자유주의 패권의 종말: 미-러 종전 협상의 전망과 함의", 세종포커스, 2025.2.28, pp.5-6.

한편, 미국이 버린 국제질서의 공간은 중국이 채워가고 있다. 우선 중국은 전략적 절제를 유지하며 새로운 국제질서를 모색하고 있다. 이를 위해 중국은 일대일로 이니셔티브(BRI) 추진, 상하이협력기구(SCO) 브릭스(BRICS) 확대, 포괄적 경제동반자협정(RCEP) 및 글로벌 사우스 정책을 보다 적극 추진하고 있다.

중국은 공정과 정의 원칙에 따라 국제관계의 기본 원칙을 수호하고 강권 정치와 냉전 사고에 반대한다. 대립이 아닌 대화와 동맹이 아닌 협력의 길을 강조한다.[75] 중국은 G7 등 소수 서방 국가들이 국제문제를 농단하는 것을 반대하며 국제관계의 다극화와 민주화를 추구한다. 최근에는 개발도상국들이 주축인 '글로벌 사우스'를 새로운 국제질서의 핵심 역량으로 보고, 보다 강력한 역량 구축에 주력하고 있다.[76]

• 세계 자유무역질서

트럼프 대통령은 WTO 체제로 상징되는 세계무역질서와 미국이 동맹국들의 안보를 책임지고 도와주는 구조에서는 미국이 계속 힘들고 가난해진다고 진단한다. 현재 미국의 실상은 그의 주장이 과장이나 허풍이 아님을 증명한다.

---

75 정재홍, 앞의 글, p.94.
76 정재홍, 위의 글, p.109.

2011년 말 14조 달러대였던 미국의 국가부채는 2015년 18조 달러, 2025년 2월 기준 36조 달러를 넘었다. 불과 9년 만에 두 배로 불어난 것이다. 49년 연속 무역적자와 방만한 정부 지출 등으로 인한 연방 재정적자가 누적된 결과다. 미국은 국가부채 이자를 갚기 위해 매일 30억 달러(약 4조 3000억 원)를 쓰고 있다.

　지난해부터 국가부채에 따른 총 이자비용 1조 달러는 연간 국방비보다 많다. 미국의 국가부채는 세계 경제력 기준 2~6위인 중국, 독일, 일본, 인도, 영국 등 5개국의 연간 국내총생산(GDP)를 합한 것과 맞먹는다.

　1995년 출범한 세계무역기구(WTO) 체제의 시대정신은 각국이 무역의 문턱을 낮추고 궁극적으로는 모든 무역 규제를 철폐하는 것이었다. 그런데 미중 패권전쟁 이후 자유주의 국제질서가 허물어지면서 세계의 자유무역 시스템도 무너지고 있다. 미국의 망가진 정치가 자유무역 질서의 붕괴를 촉진하고 있다. 미국은 겉으로는 중국의 잘못된 관행을 지적하나 내부의 선거 표심과 경제활성화, 제조업 보호·재건을 위해 국제무역질서를 자유롭게 어지럽히고 있다. 국가안보 위협을 빌미로 자유롭고 공정한 무역을 거부하고, WTO의 무역분쟁 조정·해결 역할을 부정하고 있다.

　2024년 9월, 미국은 중국산 전기차 관세를 25%→100%로, 반도체와 태양광 패널은 50% 인상했다. 관세폭탄과 함께 '자유무역과 시장주의'의 한계를 극복하기 위한 보호주의 조치에는 '워싱턴컨센서스'의 '신워싱턴컨센서스'로의 전환, 기업에 대한 국가의 막대한 보조금 지원, 빈번하게 사용하는 징벌적 제재 등이 있다.

트럼프 2기 정부는 자유무역 제도와 규범을 완전하게 폐기했다. 미국이 관세전쟁 1라운드에서 승자가 없는 것으로 확인되었음에도 다시 더 강력한 관세폭탄을 활용하고 있는 이유는 제조업이 공동화한 실정에서 경제활성화를 위한 마땅한 방법이 없기 때문이다. 노답을 답으로 계속 사용하는 것은 경제의 효율성보다 국민적 지지를 의식한 정치적 판단이 앞선 결과일 것이다.

문제는 그동안 세계가 FTA 체결 등 관세장벽 낮추기로 이룩한 수많은 성취들을 미국 스스로 부정하면서, 자국은 물론 세계를 어렵게 만드는 것이다. 더 큰 문제는 중국의 가성비 높은 상품들로 자국 제조업의 경쟁력이 없게 되자 다시 보다 강력한 보호무역, 경제안보를 중시하는 방향으로 선회하고 있다. 오랫동안 중국의 보호주의와 국가자본주의를 비난해 온 미국이 이제 중국을 따라 배우고 있다.

중국과 패권전쟁 중이고, 무너지고 망가진 국가 재건을 하루아침에 이룰 수 없는지라 무슨 원칙까지 생각할 겨를이 없을 것이다. 하지만 앞으로 국제사회가 시대착오적인 신중상주의와 국가자본주의, 보호무역주의로 가면 세계 경제는 어떻게 될 것인가? 2025년 초의 미국에는 재정적자 폭증, 재정 보전 위한 비합리적 방법(관세폭탄, 영주권 장사 등) 동원, 대내외의 반발·저항 증가, 여전한 제국주의 행태 등 제국들이 몰락하는 과정에서 늘 있었던 일들이 나타나기 시작했다.

• **유엔과 국제기구 무력화**

전통적인 해외정책과 결별하는 트럼프의 국익 우선주의와 고립주의의 미국은 유엔을 버리는 모습이다. 냉전시대의 미국은 IMF, 세계은행, 세계무역기구(WTO) 등을 자기들이 만든, 자기들 것으로 간주했다. 국제기구들을 정치화해 자신들을 반대하거나 이익을 침해하는 국가의 제재에도 활용했다.

트럼프 2기 행정부에게 국익에 도움이 되지 않는 국제기구는 존재 의의가 없다. 미국은 국익에 도움되지 않는 대외원조를 전면 중단하고, 유엔 인권이사회, 팔레스타인 구호기구, 유네스코, 기후협약, 세계보건기구(WHO)에서 탈퇴했다.

시대 상황이 변하고 미국·서구가 지배하는 시대가 저물자 국제정치경제 시스템을 보호했던 기관들이 없어지거나 신뢰를 잃어가고 있다. 안보리를 비롯한 유엔은 사실상 기능정지 상태다. WTO는 미국의 방치로 제 역할을 하지 못한다. 미국의 패권질서 유지 수단이었던 IMF는 중국 등의 지분이 많아지고, 환경문제와 금융안정보장 문제가 제기돼 정체성의 위기에 직면해 있다. 국제사법재판소(ICC)도 전쟁 당사자들에 의해 무력화되었다.

우크라이나 전쟁 후 국제금융결제시스템(SWIFT)도 흔들리고 있다. 중국의 '국경 간 위안화 지급 시스템(CIPS)'을 이용하는 나라들이 많아지고 있다. 중국과 러시아, 브라질, 사우디 등은 양국 간 교역에 현지 화폐 활용을 강화하고 있다. 설상가상으로 미국의 달러 기축통화의 위상도 흔들리면서 2025년은 가파른 변곡점이 될 전망이다.

나. 국제질서 패러다임의 전환

철학자 토머스 쿤이 그의 저서 『과학혁명의 구조』에서 소개한 패러다임(paradigm)은 어떤 한 시대 사람들의 보편적 사고의 틀이나 인식의 체계를 말한다. 그는 과학의 발전은 새로운 패러다임의 등장, 즉 '패러다임의 전환(shift)'을 통해 이루어진다고 보았다.

2020년대 세계는 미국 시대가 저물면서 역사가 이동하는 대전환기다. 세기적인 패러다임의 전환 모습이 확연하다. 전환기는 변화·혁신의 기회일 수 있다. 새로운 시대에 보호주의와 탈세계화, 디커플링 등 국제질서의 변화에 따른 새로운 패러다임에 대한 이해는 필수다.

여기서는 각 분야의 여러 패러다임들이 아직 태동 중에 있거나 전환 중에 있고, 중첩되는 개념들이 많아 대략적인 개념과 흐름만 살펴보기로 한다.

패러다임의 전환 요인

먼저 구조적인 원인은 미국의 쇠락과 중국의 굴기라는 세력판도의 변화다. 미국의 국력이 지속적으로 쇠퇴하는 데 반해, 중국은 경제·기술·국방 등 거의 모든 분야에서 급속한 성장 추세를 보이며 미국을 추격·추월하고 있다.

근본적으로는 미국의 자국 우선주의와 보호주의, 탈세계화, 반중국 노선이 국제질서를 흔들고 있다. 미중 패권전쟁 이후 발발한 3개의 대사건은 대전환을 가속시켰다. 코로나19 팬데믹과 미군의 아프간 철수, 우크라이나 전쟁이 그것이다. 이를 통해 국제사회는 세계질서의 붕괴와 구미 선진국들의 민망함, 강대국 정치의 냉정함을 보았다. 지구촌 사람들의 가치관과 세계관은 코로나19 팬데믹을 계기로 크게 달라졌다.

미중 패권전쟁이 탈세계화를 촉진하면서 양국 간의 디커플링과 신냉전, 문명충돌 양상으로 가고 있는 것도 국제질서를 변화시키고 있다. 미중 양국의 국익 우선주의와 공세적인 대외정책은 글로벌 가치사슬(GVC)을 축소시켰다. 국제협력을 약화시키며, 강대국 관계를 긴장시키고 있다. 국제사회의 구심점이 약화되자 각 지역에서는 권위주의 리더십이 발흥하고 있다. 미국과 미국 패권질서의 변화는 세계를 흔들면서 국제정치경제 관계의 구조적인 변화를 가져오고 있다.

2025년도 다보스 세계경제포럼(WEF) 보고서는 올 한 해 국제사회의 분열은 더욱 심화될 것이며 지정학적·지경학적 갈등이 주요 리스크로 작용할 것으로 전망했다. 트럼프 행정부의 적극적인 관세정책과 공급망의 탈중국화, 고립주의 회귀는 국가 간의 협력 공간 축소, 거대 경제권 간의 갈등, 세계무역 총량 감소, 진영 간 경제권 분리 등을 촉진하고 있다.[77]

패러다임 전환의 양상

• 정치적으로는 다극적 세계화 가속

정치 면에서 가장 두드러진 전환은 지난 50년 '신자유주의 세계화' 시대가 끝나고 있는 것이다. 자본과 무역의 자유화에 대한 선진국들의 태도와 관점이 변했다. 탈세계화는 다극적 세계화와 블록화, 지역화를 특징으로 한다. 이는 정치·경제적 필요성과 신기술이 추동하고 있다.

일찍이 루소는 인간의 불평등이 심화해 결국 인류는 멸망한다고 주장했다.[78] 탈세계화의 가장 큰 원인은 신자유주의 세계화로 인한

---

77 유현정, "2025 다보스 포럼 평가 및 시사점", INSS 이슈브리프 658호, 2025.2.14.
78 하영선, "21세기 기술혁명시대의 전쟁과 클라우제비츠", 국제문제연구소 미래전 연구센타 워킹페이퍼 No.24, 2019.12.26, p.17.

불평등과 양극화의 심화다. 그로 인해 미국과 미국의 패권, 미국식 민주주의와 시장경제가 흔들리면서 미국이 주도해 온 세계화가 끝나고 있다. 국가주의와 지정학의 귀환도 국가들 간의 갈등을 심화시켜 탈세계화를 증대시키고 있다.

미중 패권전쟁으로 국제질서가 무너진 2020년 이후 각 지역에서는 특색 있는 다극형의 세계체제가 형성되고 있다. 중·러를 중심으로 하는 BRICS 국가들의 외교정책과 담론도 다극적 세계화를 촉진하고 있다. 다극체제, 다자주의, 주권, 내정 불간섭을 강조하는 BRICS의 주장은 중동과 중남미 국가들에게 매력으로 작용해 BRICS의 몸집이 배가되고 있다.

미국의 국제관계 전문가 파라그 카나가 그의 저서 『아시아가 바꿀 미래(2021)』에서 낸 아래의 독특한 의견은 한국이 미래를 준비하는 과정에서 반드시 기억해야 할 것이다.

"21세기는 인류 역사상 처음으로 모든 대륙과 지역이 자주적 권리로 독립적 권력의 깃발을 내거는 시기다. 복잡다단해진 세계에서는 그 어떤 강대국도 전 세계를 대상으로 자신의 독단적 의지를 관철시킬 수 없다. 앞으로의 세계화는 특정국이 아닌 대륙별로 통합된 세계화가 될 전망이다."

- **경제적으로는 보호무역, 지역화·블록화 추세**

'세계화' 시대의 종말, 탈세계화의 신호는 특히 세계 경제에서 다양한 형태로 나타나고 있다. 가장 싼 나라에서 물건을 생산해 가장 비싼 나라에서 팔고, 가장 세율이 낮은 나라에서 세금을 내던 시대가 끝나고 있다. 비교우위의 자유시장경제 법칙이 흔들리며 경제에서도 '안보'를 중시하는 시대로 가고 있다.

주요 산업별 글로벌 공급망도 탈세계화와 블록화 방향으로 가고 있다. 같은 경제질서와 가치, 규범을 공유하는 나라들끼리 협력하는 글로벌 가치사슬(GVC) 시대로 재편 중이다. GVC는 적대 국가를 가치사슬에서 배제해 산업경쟁력을 잃게 만드는 신냉전적인 '편 가르기'다.

이 같은 세계 경제의 변화 추세는 아래와 같은 3가지 특징을 보이고 있다.

① **자유주의 ⇒ 보호주의, 신중상주의로의 변화**

미국의 '자국 우선주의'는 신자유주의의 종말과 함께 '신중상주의'로의 이동을 재촉하고 있다. 자유로운 무역과 시장보다 공적부문을 통한 부국강병책인 신중상주의와 보호무역 정책으로 전환하는 것이다. 미국은 자유무역과 자유통항의 수호자 역할을 해왔다.

미국은 망가진 국가의 '더 나은 재건'과 중국과의 패권전쟁에서 승리하기 위해 기존 체제와 이념을 수정하고 있다. 각종 지원 정책과 입법, 보조금 등을 통해 기업들을 유치·보호하고 있다. 자국 및 외국 기업들에게 공장의 미국 이전도 요구하는 등 중국 모델을 취하고 있는 것이다.

미국 스스로가 기존의 질서를 무너뜨리면서 변화하고 있으니 지구촌은 바쁠 수밖에 없다. 공존·협력보다 자국의 이익을 우선하며 '각자도생'한다. 보호주의와 국가주의가 대세다. 무역전쟁과 진영 간의 지정학적 위험이 고조되면서 '신냉전'의 기운도 감돈다. 세계화와 자유무역이 흔들이고, 탈세계화와 경제블록화가 진행 중인 가운데 '경제가 곧 안보인 시대'로 가고 있다.

② **디커플링/디리스킹, 신냉전 강화**

미국은 패권전쟁을 시작할 때부터 반도체, 전기차, 바이오 등 첨단기술 분야는 물론 중국의 부상·굴기를 저지할 수 있는 가능한 모든 정책들을 동원했다. 협력보다 담을 쌓는 디커플링이 대표적인 것이다.

미국 등 서방은 중·러와의 전쟁을 '민주진영 대 권위주의 행위자들 간의 대결'로 정의했다. 그들이 주도하는 '규칙에 기반을 둔 국제질서'의 인정·준수 여부도 하나의 구분 기준으로 삼았다.

중국에 대한 미국의 '신냉전' 공세와 기술 디커플링, 프렌드쇼어링 등은 자국 주도의 세계체제에서 중국을 몰아내기 위한 '탈중국화'다. 미국은 이를 통해 중국이 자국 주도의 세계체제에서 이뤄온 부상과 굴기를 저지해 역사의 대전환을 역전시키려는 것이다.

그럼에도 오늘날이 신냉전 시대라고 말하기는 어렵다. 미중은 현대식 패권전쟁 중이고, 러시아는 우크라이나와 열전 중이다. 탈냉전시대가 끝났으나 지구촌은 두 진영으로 갈라지지 않았다. 다양한 이해관계로 얽혀있다. 무엇보다 미국과 중국 모두 세계를 양분할 역량이 없다. 어느 한 진영에 서지 않는 수많은 '여타 국가들(the Rest)'도 있다. 다시 냉전시대로 가기는 어렵다는 것이다.

미국과 유럽의 경제적 탈중국화인 디커플링(탈동조화: decoupling) 노력도 소기의 성과를 내지 못하고 있다. 명칭을 디리스킹(위험 완화: derisking)으로 변경할 수밖에 없었다. 중국보다 미국이 더 손실이 크고, 국내 기업들은 물론 동맹국들의 반발을 무마할 수 없으며, 국제사회의 시선도 따가웠기 때문이다.

③ 경제안보시대의 공급망 재편

우크라이나 전쟁은 러시아가 원자재를 레버리지로 벌이고 있는 서방과의 경제전쟁이기도 하다. 전쟁 발발 직후 발생한 세계적인 식량·에너지, 원자재 난은 경제안보가 전통안보 못지않게 중요하다는 사실을 알렸다.

얼마나 싸게 공급하느냐는 가격 경쟁력이 아니라 얼마나 신뢰를 얻고, 안정적으로 공급받을 수 있느냐가 중요해진 것이다. 경제안보는 미중 패권전쟁과 우크라이나 전쟁 등과 같은 지정학적 이슈와 연계돼 있다. 무역질서는 안정성과 지속가능성을 고려해 중·러 중심의 권위주의 국가와 미·유럽 중심의 민주주의 국가로 구분되는 양상이다.

• 자유 민주주의 위기 ⇒ 포퓰리즘, 신국가주의

미국식 자본주의와 민주주의의 실패·위기는 사실상 이데올로기의 종언이다. 각국은 한국과 같이 이데올로기에 집착하지 않고 중국식에 가까운 자국 이익 중심의 신중상주의와 신국가자본주의로 가고 있다.

미국은 서구 최초의 자유민주주의 국가지만 지금은 세계의 본보기가 아니다. 탐욕이 지배하는 자본과 시장(돈)이 정치를 지배하면서 민주주의가 부패하고 타락해 기능부전 상태다. 오늘날 미국 민주주의는 사실 최악의 정치체제의 전형으로 민주주의 국가의 축에 들지 못하는 독재적인 과두정치라는 비판을 받고 있다.

2008년 세계금융위기는 미국식 민주주의와 자본주의가 효율적이지도 안정적이지도 않다는 것을 보여주었다. 민주주의 정치체제가 합리적 제도인지 의문을 제기했다.

현재 민주주의는 곳곳에서 위기에 처해 있다. 미국과 한국의 정치를 보노라면 플라톤과 처칠, 네루가 왜 민주주의를 최악의 정치체제로 칭했는지 알 것 같다. 자기 멋대로 하는 자유와 무지·무능함은 차치하고 거짓말을 밥 먹듯하고 공사를 구분하지 못하는 최고지도자의 파렴치하고 파시즘적인 행태는 가관이었다. '중년의 위기'에 처한 민주주의에는 국민이 없고, 하는 일 없이, 싸우기 바쁘다.

자본주의 위기와 변화의 역설

자본주의 세계체제는 주기적 변동을 수반한다. 패러다임의 전환은 40여 년을 주기로 지속돼 왔다. 2020년대는 1930년대와 1970년대와 같은 경제 패러다임의 대전환기다.

현재 각국은 보호주의와 탈세계화, 큰 정부·반시장 추세 속에서 시장의 실패를 정부가 어떻게 조정하고 보완하느냐는 문제를 고민하고 있다.[79] 전환의 방향은 정부의 주도적인 역할과 시장 개입을 강조하는 신케인주의적인 국가자본주의화다.

미국과 중국은 물론 많은 나라들은 위기 속에서 예산을 경제 살리기에 투입하고 있다. 가상경제의 금융자본주의에서 나아가 제조업 중심의 실물경제를 강화하는 산업자본주의화의 움직임도 한 추세다.

신자유주의와 자본주의의 재수정 필요성은 역사의 반복과 시대

---

79 사이토 고헤이 지음·김영현 옮김, 『지속 불가능 자본주의』, 다다서재, 2021.

변화의 역설이다. 이제 국익에 앞서는 체제·이념은 어디에도 없다. 미국도 자국 우선주의를 강조하며 신중상주의와 신국가자본주의 같은 사회주의의 외투를 입는다. 중국과 똑같이 기업에 대한 엄청난 보조금 지급에도 앞장선다. 한국·대만의 최고 반도체·자동차 기업들이 미국 내에 공장을 지어 제조업이 활성화되도록 한다.

중국도 미국을 대신하는 자유주의 질서와 평화의 수호자 역할을 자처하며 유엔 중심의 세계질서를 추구한다. 전쟁 중에 상대방을 공격하면서도 상대방을 따라 배우는 오늘날은 '역설의 시대'다.[80] 미중 양국이 자국 고유의 체제와 이념을 잊은 채 물불을 가리지 않고 싸우고 있는 것이다.

위기 상황에서 대안은 미중 패권전쟁의 결과에 따라 달라질 것이다. 어느 나라 정치가 더 안정적이고 건강하며, 경제성장과 사회적 책임을 다할 수 있느냐가 관건이다. 내부 정치·경제 시스템의 성과와 경쟁력이 세계 패권과 패러다임을 가르게 될 것인바, 결국 전쟁 승자의 것이 선이 되고 표준이 될 것이다. 패러다임의 전환은 역사의 발전 과정에서 이뤄진다.

---

80 함명식, "'중국 특색 국제정치이론' 논의의 출현과 향후 전망", 『국가안보와 전략』, 19권 2호, 2019.6, pp.77~114.

다. 각자도생하며 헤쳐 모이기
― 각 지역·국가들의 국익 찾기

지각변동 상황에서 모든 나라는 생존과 발전이라는 국익을 추구한다. 국제질서가 붕괴하고, 세계 패러다임이 전환되면서 지구촌 각 지역·국가들은 각자도생하며 헤쳐 모이고 있다. 그 진원지는 미국이다.

미국식 각자도생: MAGA 지정학

트럼프 정부는 '국익 우선주의'에 따라 미국을 더 강하고, 안전하며, 번창하게 하는 것을 미국 외교의 원칙으로 삼고 있다. '미국을 다시 위대하게(MAGA)' 하기 위한 트럼프 2기 행정부 외교정책은 1기 때와 다른 특이한 지정학을 추구한다. 기존의 보호주의와 반이민주의, 비개입주의, 미국 예외주의에 특별히 팽창주의적 요소를 추가했다. 외우내환(外憂內患)의 위기에 처한 미국은 우선 역외로부터의 지전략적이고 지경학적인 위협에 선제적이고 예방적으로 대응하고자 한다.

이를 위해 트럼프 정부는 영토 확장, 영토 통제, 영토 거래 등의 지정학적 요소를 활용해 미국의 이익을 극대화하고, 쇠락한 미국의 상대적인 국력을 회복하는 목표를 추구한다.

MAGA 지정학으로 일컫는 트럼프 2기 행정부의 특이한 외교정책은 고립주의를 추구하면서도 일방적인 무소불위의 예외주의를 버리지 못하고 있다. 비정상적인 관세폭탄을 마구 투하하고, 지구상의 전략적 요충지에 미국의 직접 통제구역이나 일정한 완충지역을 설정하며, 이 경계선 내부를 미국의 뒷마당으로 설정해 역내의 특권과 이익을 주장하는 행태가 그것이다.

미국은 본토 방어를 위한 핵심적인 지전략적 가치를 보유한 네덜란드령 그린란드를 자국이 통제하고자 한다. 파나마 지역에서 점증하는 중국발 지경학적 위협에 대처하기 위해 파나마 운하를 회수했다. 세계에서 두 번째로 영토가 큰 자원 부국 캐나다를 51번째 주로 합병을 원한다.[81] 전쟁으로 폐허가 된 중동의 가지지구를 미국이 직접 통치·소유하고 관광지로 개발하겠다는 구상은 국제적 논란을 불러일으켰다.

시진핑 집권 이후 중국도 국가의 안보와 발전을 핵심이익으로 강한 국가를 목표로 한다. 미중 패권전쟁 상황에서 당 중심의 통일적 영도를 강조하며 오랫동안 지켜온 정치규칙인 주석의 2회 연임 제한과 격대지정(隔代指定)을 깨뜨려버렸다.[82]

미국과 중국의 변화, 양국 간의 패권전쟁이 악화되면서 수반된 지정학적 변화와 세계화의 퇴조, 여기에 코로나19 팬데믹과 우크라이나 전쟁을 거치면서 기존 질서가 빠르게 해체되고 있다. 아직은 새로

---

81 이찬송, 앞의 글, pp.11-16.
82 '격대지정'은 중국 지도자 교체 방식으로 현 지도자가 한 대(代)를 뛰어넘어 그다음 세대 지도자를 미리 정해 권력의 승계를 안정적이고 투명하게 하는 것으로 1992년 덩샤오핑이 고안해 낸 것이다.

운 질서가 확립되지 않은 불확실한 시대다. 각자도생하며 편 가르기 식의 헤쳐 모이기는 미국의 리더십 공백을 중국과 각 지역의 중견국들이 채우며, 미국의 몰락을 재촉하는 모양새로 전개되고 있다.

대전환의 시기, 전 세계 대부분의 나라들은 아직도 여전한 미국의 입김과 커진 중국의 영향력 속에서 고민 중이다. 그들의 생각과 행동은 한국의 선택에 많은 시사점을 제공한다. 주목할만한 사례를 중심으로 지구촌 변화의 흐름과 추세를 살펴보자.

해쳐 모이기: 미중 간의 다자협력체 확장 경쟁

2020년대 세계의 탈세계화는 새로운 '편 가르기' 형식의 다극화와 블록화, 지역화를 촉진했다. 전쟁 중인 미국과 중국은 서로 '마음에 맞는' 국가들과 다자협력체 확장에 주력하고 있다. 미국은 NATO와 IPEF, 중국은 BRICS와 SCO를 전위대로 삼고 있다.

• 미국 중심의 NATO·IPEF

탈냉전 이후 나토는 꾸준히 회원국을 확대하며 동진해 왔다. 미국의 아프간 철수와 러시아의 우크라이나 침공 후 러시아와 인접한 발트해의 중립국들인 핀란드와 스웨덴이 나토에 가입했다. 2024년 3월 현재 회원국은 32개국이다.

우크라이나 전쟁 후 서방의 군사동맹인 나토는 신냉전 분위기 속에서 중국도 견제하는 '아태판 나토'를 모색하고 있다. 한국과 일본, 호주와 뉴질랜드를 파트너로 삼아 협력을 강화하고 있다. 안보협력체인 나토가 외연을 확장하는 가운데 2022년에는 미국 주도로 다자 경제협력체인 '인도·태평양 경제프레임워크(IPEF)'가 출범했다. 중국발 공급망 위기에 대응하기 위한 이 기구 회원국은 한·미·일, 호주 등 14개국이나 미국의 리더십은 이전 같지 않다.

- **중국 중심의 BRICS·SCO**

미중 패권전쟁은 전방위적 대결 양상을 보이고 있다. 악화일로인 미국의 대내외 위기는 미국에 조바심과 공포를 야기하고 있다. 미국이 느끼는 위협의 크기만큼 미국의 중국에 대한 공세는 강력해지고 있다.

그런데 중국은 예전의 중국이 아니다. 더 강해지고, 맷집도 커졌다. 국제사회에서 우군도 보다 많이 확보했다. 중국은 미국의 중국 포위망에 대응해 자국이 주도하는 브릭스(BRICS)와 상하이협력기구(SCO)를 확장하고, 신흥 개발도상국들인 글로벌 사우스(Global South)와의 협력을 강화하며, 미국 중심의 국제질서에 도전하고 있다.

브릭스는 2022년부터 경제동맹권 확대와 회원국 간의 통화금융 시스템 통합을 위해 새로운 국제결제시스템을 구축 중이다. 동시에 '개발도상국판 G7'인 BRICS(+)를 추구하며 외연을 확대하고 있다.

2024년 기준 브릭스는 기존 5개 회원국 외에 이란, UAE, 이집트, 에티오피아, 인도네시아를 신규 회원국으로 영입해 현재 회원국은 10개국이다. 가입을 신청하거나 가입 의사를 표명한 국가도 30여 개국에 달한다. 브릭스의 급속한 성장은 미국 주도의 국제질서 몰락의 징표다. 트럼프 2기 정부의 각종 대외정책들은 브릭스의 확장에 힘을 실어주고 있다.

상하이협력기구(SCO)는 중·러가 주도하는 유라시아 지역 경제·안보협력체다. 나토에 대항했던 구 바르샤바조약기구(WTO)와 유사하다. SCO는 중앙아시아 4개국과 인도, 파키스탄, 이란, 벨라루스 등 10개 회원국과 1개 참관국(몽골) 외 14개 협력파트너 국가와 5개 회원 신청국이 있다. 중국은 미국의 나토 확장과 인도·태평양 전략에 맞서 이 협의체의 확대에 주력하고 있다.

각자도생: 각 지역·국가들의 독자적 행보

- **국제관계 제1법칙은 '국익 우선'**

대전환기인 오늘날, 국제사회에서 중요한 이데올로기는 '국익 우선'이다. 모든 나라는 자국의 국익을 최우선 순위에 두고 있다. 미국과 중국도 마찬가지. 특히 트럼프의 미국은 보다 철저한 '미국 우선주의'에 따라 '더 위대하고, 강하고, 더 특별한' 미국을 추구하고 있다. 시종일관 미국 국익을 최우선시하며, 외국에 대한 관세 증대와 연방정부 축소, 강한 미군 건설과 대외 불개입 등을 통해 다시 번영하며 존경받는 미국이 되고자 한다.

국제사회 대부분의 국가들이 '가치'보다 '실익'을 추구한 극명한 사례는 2022년 3월 유엔총회 투표였다. 러시아의 우크라이나 침공 규탄·제재를 위한 유엔 결의안 채택에는 총 141개국이 찬성했다. 그러나 미국의 러시아 제재에 참여한 국가는 40여 개국이었다. 미국의 우방인 멕시코와 사우디아라비아, 이스라엘은 물론 나토 회원국인 튀르키예, 쿼드 회원국 인도, 군사동맹 이스라엘도 러시아 제재에 참여하지 않았다. 미국과 이해관계가 다르고, 미국의 눈치를 볼 필요가 없기 때문이었다.

- **각 지역 국가들의 각자도생 움직임**

국제기구뿐만 아니라 세계 각 지역 차원에서도 각자도생 또는 독자적인 역량 강화 움직임이 활발하다. 특히 미중 패권전쟁을 틈타 각 지역 중견국들이 보폭을 넓히고 있다. 이들의 독자적인 행보는 다극적 세계화를 가속하고 있다. 아래는 5개 지역의 대표적인 2개 중견국가들의 관련 현황이다.

① **불안정한 가운데서도 변화가 가장 큰 중동**

미군이 주둔하고 있는 **사우디아라비아**는 과감한 삼각·균형외교를 이어가고 있다. 미국이 중동에서 발을 빼자 중국을 새로운 '역외 균형자'로 삼고 있다. 국가과제인 '경제의 다각화와 현대화·국방'을 중국과의 협력을 통해 해결코자 한다.

사우디의 중국 접근 이유는 3가지다. 사우디에게 중국은 ① 미국과 달리 '내정 간섭'을 하지 않고, ② 네옴 시티 건설·투자 관련 능력이 있는 유일한 국가이며, ③ 핵·미사일 개발 협력도 가능한 국가다. 최근 사우디의 최대 석유 수입국이 미국에서 중국으로 바뀐 것도 중요 요인이다.

사우디는 중국의 적극적인 협력의 대가로 중국 중재 하에 반미의 상징인 이란과의 관계를 정상화했다. '페트로 달러' 주도국에서 이 체제를 흔드는 원유·가스의 중국 위안화 거래도 시작했다. 사우디는 BRICS·SCO 가입도 입질 중이다.

사우디와 함께 중동의 쌍두마차인 **이스라엘**의 변화도 주목된다. 미국의 가장 모범적인 동맹국인 이스라엘은 복잡하고 불안한 중동정세 속에서 미국과의 동맹이익이 아니라 국익을 우선시한다. 2023년 10월 발발한 하마스와의 전쟁에서 이스라엘은 미국의 적극적인 지원을 받으면서도 미국의 속을 썩이는 경우가 다반사였다.

2021년 미군의 아프간 철수 후 미국 바이든 대통령 앞에서 '자주국방'을 외친 이스라엘 전 총리 베네트의 발언은 이스라엘이 왜 강한 나라인지 말해준다. 그는 바이든에게 "앞으로도 이스라엘이 미군

파병을 요청하는 일은 없을 것이다. 우리를 지키는 건 우리의 일이다. 우리는 결코 안보를 외부에 맡기지 않을 것이다."라고 말했다. 이런 이스라엘과 팔레스타인 문제 관련 미국 트럼프 정부의 반(反) 이스라엘주의 제재는 국내적으로는 특히 대학의 자유 민주주의를 파괴하고, 국제사회에서는 미국의 왕따를 초래하고 있다.

② '핑크타이드(좌파 물결)' 물결이 일고 있는 중남미

2022년 **브라질** 룰라 대통령 재집권 후 중남미에서는 6개국(페루, 칠레, 콜롬비아, 아르헨티나, 브라질, 베네수엘라)에 좌파 정권이 들어섰다. 핑크타이드의 부활은 미국의 안마당이었던 중남미에서 그 영향력이 감소하고 있다는 방증이었다. 미국의 정책 실패 여파로 먹고살기가 힘들어진 유권자들은 다시 좌파 세력을 선택했다. 그들은 미국의 영향력에서 벗어나 새로운 중남미의 미래를 꾀하고 있다.

가장 적극적인 나라는 브라질이다. 룰라 대통령은 핑크타이드를 중남미의 통합으로 연결코자 한다. 그는 아르헨티나와 함께 통합을 주도하며, 달러가 배제되는 '중남미·카리브해 국가공동체(CELAC)' 형성을 추진하고 있다. 브라질은 인도와 같은 철저한 실리·균형 외교를 통해 역내 위상을 제고하며 영향력을 되찾아가고 있다.

미국 코앞의 대표적인 친미국가 **멕시코**의 변화도 놀랍다. 전임

(2024.10 이전) 오브라도르 멕시코 대통령은 기존 미주기구(OAS)의 혁신과 '새로운 공존'을 추구했다. 그는 "라틴아메리카 국가들이 역사와 현실, 고유의 정체성에 근거한 통합을 위해 행동해야 한다. 미주기구가 중재나 하는 하수인의 역할에서 벗어나야 한다"고 강조했다. 경제적으로 미국에 의존하면서도 정치적으로는 할 말을 하는 멕시코를 추구한 것이다. 그는 2018년 취임 직후 500년 전 아스테카를 정복한 스페인을 '악'으로 규정했다. 스페인과 교황청에 공식 서한을 보내 "칼과 십자가를 들고 저지른 학살과 압제를 사과하라"고 요구했다. 2024년 10월, 그의 퇴임 시의 국민 지지율은 70%였다. 멕시코 사상 첫 여성 대통령으로 취임한 쎼인바움은 트럼프가 때린 25% 관세폭탄과 양국 인접 강물 분쟁에 국익을 최우선으로 지혜롭게 접근, 국민적 지지를 받고 있다.

③ EU도 미중·우크라이나 전쟁과 미국의 관세폭탄으로 홀로서기 고민이 크다.

중국과 함께 세계 3대 강국의 국력을 가진 EU는 자체의 방위력 증강에 돈을 쓰지 않았다. 미국이 안보를 대신해주는 걸 당연하게 생각해왔다. 미국의 트럼프 2기 행정부는 나토 동맹국들에게 전례 없이 거친 언사를 퍼부으며 GDP 3%대 국방비 증액을 요구했다. 우크라이나 전쟁 종전을 위한 협상에는 유럽을 배제했다.

2025년 3월 19일 유럽연합 27개 회원국은 2030년까지 향후 5년간 8000억 유로(약1273조 원) 이상을 투입해 군사력을 증강하는 '유럽 재무장'에 합의했다. '의지의 연합'으로 이름 붙인 세계 30여 개국 군사 고위 지도자들은 20일 런던에서 모여 국방비 증액, 유럽통합군 창설, 방위산업 육성, 자체 핵우산 정책 등을 논의했다. 영국, 스웨덴, 덴마크 등은 GDP 3%대로 국방비 증액을 잇따라 결정했다.

  유럽 방위의 강화와 재무장은 미국의 변화와 미국과 러시아의 밀착 기조에 위기를 느낀 유럽에서 본격화되고 있다. 그 과정에서 미국과 유럽과의 관계도 변화하는 모습이다. EU는 정치적으로는 미국과 적극 협력하나 국익이 걸린 경제에서는 미묘한 신경전을 계속해 왔다.
 미국과 중국에게 치이고 있는 EU의 기본 카드는 유럽의 이익을 위한 '전략적 자주성' 키우기다. 또 안보와 핵심 산업의 대외 의존도를 줄여 자율 역량을 강화하고, 협력의 대상을 다변화하는 일이다. 나토군과 다른 별도의 '유럽군' 창설도 해묵은 과제다.

 중국은 이미 2020년에 EU 최대의 교역국이 되었다. 유럽은 미국과 중국에 대한 우려를 공유하면서도 중요 시장인 중국과 경제협력을 계속하고 있다. EU의 중심국인 독일과 프랑스는 미중 사이에서 국익 우선을 추구한다.

유럽의 좌장으로 미국의 신자유주의 경제체제와 다른 시스템을 가진 **독일**은 예전의 독일이 아니다. 점차 가난해지고 있는 독일은 "미국과 독일의 이익이 완전히 부합하지 않는다"는 점을 강조한다. 중국과의 디커플링을 원치 않으며, 진영 대결도 반대한다는 입장이다. 우크라이나 전쟁과 트럼프 2기 정부의 관세폭탄 이후 독일은 미국을 더 이상 신뢰할만한 파트너로 생각하지 않는다.

'**프랑스**의 길'을 가려는 마크롱 대통령의 행보는 유별나다. 그는 유럽의 장기적 과제인 대 미국 '전략적 자율성' 찾기를 멈추지 않는다. 그는 "유럽은 미국과 중국 중 어느 쪽도 추종해서는 안 된다", "동맹이 곧 속국은 아니다", "프랑스는 프랑스만의 길을 간다"고 강조한다. 프랑스는 미중 패권 다툼에 휩쓸리지 않고, 미국에 안보를 의존하지 않기 위해 유럽 자강론에 프랑스 핵우산론도 외치고 있다.

2025년 초 미국 트럼프 정부가 자국 우선주의와 대 유럽 관세를 강화하자 유럽에서는 미국의 영향력에서 벗어나 독자적 생존을 해야 한다는 아래와 같은 '자강론'이 힘을 받고 있다.

- 노엘 바로 프랑스 외무장관: "우리 공동의 안보를 위해 필요한 것은 유럽의 단결과 국방력 강화 등의 행동이다."
- 카야 칼라스 EU 외교안보 고위대표: "오늘, 자유세계에는 새로운

지도자가 필요하다는 것이 분명해졌다. 이 도전을 받아들이는 건 우리 유럽인들 몫이다."
- 가브리엘 아탈 전 프랑스 총리: "오늘날의 미국은 자유세계의 리더라고 말할 자격을 잃었다."
- 드 빌팽 프랑스 전 총리: "미국은 더는 유럽의 동맹으로 간주될 수 없다. 유럽은 스스로 운명을 개척해야 한다. 환상을 버려야 한다."

미국의 가장 충실한 동맹인 **영국**도 중국과의 디스리킹 등으로 경제가 악화, 2024년 GDP 성장률이 0.1%인 실정에서 다시 중국과의 관계 강화를 검토하고 있다. 2025년 2월 13일, 영국을 방문한 중국 왕이 외교부장은 영국 외무장관과 7년 만에 양국 전략대화를 재개하고 양국 간 경제협력과 국제안보 문제를 논의했다.

④ 아시아 국가 중 미국과 중국 사이에서 국익을 최대한 챙기는 인도

인도는 서슴없는 마이웨이 행보와 균형자 역할로 국익을 챙기고 있다. 인도는 중국 주도의 BRICS 회원국이지만 수시로 딴지를 걸며 브릭스의 확장과 반미 행보에 부담이 되고 있다. 미국 주도의 Quad에도 가입해 미중 사이에서 균형·주도·실리 외교의 전형을 보여주고 있다.

14억 인구의 인도는 먹고사는 문제에서 물불을 가리지 않는다. 미국과 중국, 러시아 사이에서 어느 나라의 눈치도 보지 않고 국익을 챙긴다. 미국에 공정무역 강조, 중국과 국경분쟁, 브릭스의 외연 확대 제동, 러시아의 우크라이나 침공 제재 불참, 러시아산 원유 수입 증대, 중·러와의 합동군사훈련 참가 등이 그것이다.

좌충우돌하며 가치보다 국익을 챙기는 인도의 당당함과 자신감은 지정학적 위치에 기반한다. 미중 패권전쟁은 인구 수가 가장 많고, 향후 경제대국이 될 인도가 선택하는 나라가 큰 힘을 받을 수 있다. 인도는 '중국을 견제한다'는 명분으로 러시아와 밀월관계를 유지하며 미국에도 협력한다.

2024년 7월 9일 모디 인도 총리는 모스크바 크렘린궁에서 러시아 최고 영예훈장을 받았다. 러·인 양국은 첨단기술 협력뿐 아니라 원자력 등 민감한 국방기술 협력, 양국 화폐(루피화·루블화)를 사용하는 무역 결제에 합의했다.

쿼드 동맹국인 인도의 거침없는 행보는 중국보다 미국이 더 불편하다. 2024년 10월 23일, 러시아 카잔에서 진행된 상하이협력기구 정상회의에 참석한 시진핑과 인도의 모디 총리는 5년 만에 중·인 정상회담을 갖고 중·인 관계 정상화 방침을 천명했다. 중·인 양국이 서로를 잃는 것은 경제적으로나 안보적으로도 이익이 아니다. 국제정세의 불확실성이 증가하는 상황에서 상호 적대관계는 부담이다.

중국과 인도는 국경 관리와 변경 교류와 관련된 6개항의 합의했다. 2022년에는 무력충돌까지 갔고, 2025년 5월 인도와 파키스탄 간의 충돌로 다소 미묘해진 중인관계지만 양국의 관계 개선은 글로벌 사우스를 이끄는 브릭스와 상하이협력기구의 응집력을 강화하고 국제질서의 다극화를 촉진하는 중요한 변화다.[83]

동남아시아국가연합(ASEAN) 국가들도 미국과 중국의 러브콜을 받으며 몸값을 올리고 있다. 중국과 분쟁 중인 필리핀과 베트남은 미국을 십분 활용하며 중국을 견제한다. 미국의 관세폭탄에는 중국과 공조한다. 싱가포르는 철저한 중립과 아세안을 활용한 집단 대응 방식으로 목소리를 내고 있다. 인도네시아 또한 '자주외교'와 '역동적 균형'을 중시하는 아시아 지역 강국으로 성장하고 있다.

전체 아세안 국가들의 태도 변화도 주목된다. 2024년 4월 2일 싱가포르 ISEAS 연구소는 아세안 회원국 국민들을 대상으로 실시한 설문("미국이냐 중국이냐, 하나만 택하라.") 조사 결과를 발표했다. 응답자들의 50.5%는 중국을 선택했다. 미국 선택 비율은 49.5%였다. 중국을 택한 응답은 2023년 조사 때보다 11.6% 포인트나 상승했다. 아세안 주도국인 인도네시아와 말레이시아의 응답자는 70% 이상이 중국을 선택했다. 아세안에서 중국 선택 비중이 절반을 넘어선 것은 처음 있는 일이다.

해당 설문의 '동남아에서 가장 경제적 영향력이 있는 국가 또는 지

---

83 이남주, "중국-인도 관계 개선과 국제질서 변화", 다산포럼, 2024.12.31.

역'을 물은 질문에는 59.5%가 중국을 꼽았다. 미국은 14.3%였다. 전통적으로 중립 노선을 추구하는 나라들이 많은 동남아시아 사람들도 판세의 변화를 읽고 있는 것이다. 가장 역동적이고 중립적인 베트남의 '대나무 외교' 행보도 최근에는 친중으로 선회, 태국과 함께 브릭스 가입을 추진하고 있다.

동북아의 북한도 별반 다르지 않다. 2018년과 2019년 중국과 긴밀히 협의하며 미국에 접근한 바 있는 북한은 한미를 통한 생존 전략을 폐기했다.[84] 2024년부터는 가장 가까운 중국도 무시하며, 자국의 무기가 필요한 러시아에 올인하며 이익을 챙기고 있다. 미·중·러 3국에 역사나 체제·이념이 아닌 국익을 보고 접근한 것이다.

⑤ 아프리카에서 중국의 영향력은 미국과 비교할 수 없다.

아프리카는 오래전부터 미국의 시야에 있지 않았다. 중국은 오래전부터 검은 공간에 눈독을 들여왔다. 현재 미국의 대 아프리카 '영향력'이나 '긍정도'는 중국에 크게 뒤진다.

남아프리카공화국 '이츠코위츠 가족재단'이 공개한 '2022년 아프리카 청년세대 조사' 보고서는 아프리카에서 가장 큰 영향력을 가진

---

[84] 2025년 3월, 트럼프 대통령은 북한을 핵 보유국으로 지칭하고, 김정은 위원장과 관계를 복원하겠다고는 의지를 표명했으나 북미 정상회담 성사는 물론 북미관계가 개선되고 북핵문제가 해결될 가능성은 크지 않다. 2018년과 2019년 2차례의 북미 정상회담에서 볼턴을 보좌관으로 둔 트럼프의 최대 관심사는 재선에 활용할 사진 찍기였다. 자세한 내용은 문대근 외 2인, 『북중관계 1945-2020 - 김정은 시대의 북중관계』, 경남대 극동문제연구소, 국제관계연구 시리즈 37, 2021, pp.195-270 참조.

국가는 중국(77%), 가장 긍정적인 효과를 주는 나라도 중국(76%)이었다. 아프리카 사람들이 정치적인 각성도가 높아지는 가운데 그동안 중국이 쏟아부은 차이나 머니와 중국의 경험을 담은 '중국방안' 홍보가 성과를 내고 있는 것이다.

근래 3년 동안 아프리카 7개 국가(가봉, 기니, 차드, 니제르, 말리, 부르키나파소 등)에서 군부쿠데타가 성공해 정권을 장악한 일도 큰 변화다. 부패하고 무능한 독재정권 또는 대리 통치자들 아래서 빈곤에 시달리던 국민들에게 군부가 대안이 된 것이다. 특히 미국과 프랑스의 전략 거점이었던 서아프리카의 니제르 쿠데타와 부르키나파소의 아브라힘 트라오레가 이끄는 아프리카 자유·독립·단결 운동의 확산은 양국의 아프리카 전략에 타격을 주고 있다. 이 틈을 적극 활용하는 중국은 머지않아 검은 대륙의 맹주가 될 전망이다.

라. 국제사회 변화의 의미

국제질서가 붕괴하고 세계 패러다임이 전환하는 시대, 지구촌 국가들은 미중 사이에서 눈치를 거의 보지 않고, 실리를 취하고 있다. 중견국들은 보폭을 확대하는 모습이다.

중국은 아시아, 아프리카와 중동, 중남미 지역을 장악해 가며 미국이 설 땅을 좁히고 있다. 국제사회의 반패권적인 다극적 세계화와 지역화의 확산은 미국을 곤혹스럽게 하고 있다. 미국 편은 미국의 '마음에 맞는' 유럽과 극소수 동맹·파트너들뿐 미국 패권은 종말을 맞는 분위기다.

이유는 두 가지다. 먼저, 중국만의 강점이다. 중국은 잠재력이 큰 브릭스를 앞세우고, 풍부한 차이나 머니와 가성비 좋은 첨단기술 상품을 폭탄으로 사용하고 있다. 특히 식민지를 경영하지 않았던, 중국의 성공적인 발전 경험이 담긴 '중국방안'과 개도국 맞춤형 외교정책은 '나머지 국가들에 매력이 아닐 수 없다.

중국의 강점은 곧 미국의 약점이다. 중국이 정치 경제적 당근으로 영향력을 확대하고 있는데, 미국은 당근은 물론 중국 견제로 인한 나라들의 손실 보전조차 보장해주지 못한다. 중국 기업들은 국가의 지시·지원하에 적극적이나 미국 기업들은 수익성을 계산하고 사업의 개시 여부를 살핀다.

트럼프의 미국은 여전한 예외주의적 패권주의와 자국 우선주의가 부메랑을 맞고 있는데도 패권에 대한 미련을 버리지 못하고 제국주의 행태를 보이고 있다. 국익 우선주의가 일반화된 국제사회에서 대가 없는 진영의 줄 서기, 국익 없는 동맹은 기대할 수 없는 시대다. 많은 나라들은 솜방망이를 개의치 않고, 당근을 받아먹으며, 다가오는 신세계를 상상하고 있다.

02

위기: 다시 기로에 선 대한민국

　국제질서와 패러다임 전환기에 한국도 기로에 섰다. 국제질서의 대변동 시마다 수난을 당했던 한국은 그 변화를 잘 읽어야 한다.[85] 오늘날, 역사상 가장 강력해진 한국은 가장 복잡한 다중 위기에 직면해 있다. 나라 안에서는 경제가 내리막길을 걷고, 정치사회는 불평등과 정치적 양극화로 갈등·대립이 미국 못지않은 내전 수준이다. 남북관계는 장기간의 대화 단절 속에서 제2의 6·25를 걱정한다. 나라 밖으로는 저무는 미국에 올인하는 가운데 한국은 세계에서 '가장 불행한 나라', 지구에서 '가장 먼저 사라질 국가'로 꼽힌다. 한국이 어쩌다 이렇게 됐나?

85　정세현, 『정세현의 통찰 - 국제질서에서 시대의 해답을 찾다』, 푸른숲, 2023.02.16.

가. 오늘날이 구한말과 같은 이유

흔들리는 변곡점에 선 한국은 저출산율, 청년·노인의 자살률·빈곤율, 정치사회적 갈등이 세계 1위다. 경제와 외교·안보도 예전 같지 않고, 한반도 주변정세도 위중하다. 윤석열 정부 3년 동안 성성하던 나라가 나락으로 떨어져 어디 온전한 데가 없이 흔들리고 있다.

21세기 초의 오늘날을 구한말(1897년 대한제국 수립→ 1910년 경술국치)에 비유하는 이유는 아래와 같은 4박자 유사성 때문이다.

① 미국이 주도한 동아시아 패권질서가 붕괴되자 대륙·해양 세력들이 한반도를 두고 각축하고 있다. 근래 일본과 러시아의 한반도 문제에 대한 개입 방식·강도가 변하고 있다.

② 몰락하는 미국은 구한말 몰락하던 청의 '조선 속국화' 정책과 같이 한국을 단단하게 결박해 자국의 대 중국 견제와 경제 활성화의 도구로 활용코자 한다.

③ 여전히 자주독립이 절실한 한국은 100여 년 전 조선의 '원교근공(遠交近攻=聯美)' 전략을 답습해 미국과 한미동맹을 경제와 안보의 근간으로 삼고 있다.

④ 역내에서 미국과 중국이 전쟁하는 가운데 미국이 기존의 자유주의 국제질서 대신 근대 유럽의 세력권 정치를 연상케 하는 새로운 국제질서를 모색하고 있는 것도 19세기적인 모양새다.

임진왜란과 병자호란, 구한말 당시 한국인들은 주변정세의 변화에 둔감했다. 무엇이 위기인지도 모른 채 외세가 국토를 유린하고, 수십만 명의 부녀자들이 만주로 끌려갔으며, 끝내 나라가 사라지는 국망의 화를 당했다. 분단된 한국이 지금보다 더 약한 나라가 되고, 사실상 북한과 한 집안인 이웃 중국이 국제질서를 주도하게 된다면 과거의 대한제국보다 더 위험할 수 있다.

트럼프식 거래주의가 국제정치의 주된 흐름으로 자리 잡은 오늘날, 한반도 문제가 강대국 간의 갈등과 교섭의 대상이 될 위험이 그 어느 때보다 높아졌다. 이에 따라 한미동맹을 포함한 한국의 국가전략 전반에 대해 근본적인 재성찰이 불가피하다. 구한말이나 특히 2차대전 후 미·영·소와 미·소·중은 자국의 이익을 위해 한반도의 분단과 6·25전쟁을 획책하고 야기했다. 오늘날은 미·중·러가 한반도 문제를 둘러싸고 세력균형에 입각한 딜(deal)을 할 수도 있다.[86]

나. 격변기 한국이 직면한 위기

지구촌의 변화

분기점이라는 대격변 상황에서는 지각변동이 일어난다. 먼저 인류

---

[86] 차태서, "다시 만난 세계: 강대국 정치의 귀환과 2기 트럼프 행정부의 대 중국 전략", 성균 차이나브리프 통권75호, 2025.4.1, p.75.

의 운명을 좌우할 지구촌의 큰 변화는 3가지가 화두다.

첫째는 정보·생명 기술의 비약적 발전이 인류에게 주는 전혀 새로운 도전과 위협이다. AI가 인간지능을 압도하고, 2025년 3월, 중국이 개발한 '쭈충즈-3호'라는 초전자 양자컴퓨터는 최고 성능의 현존 수퍼컴퓨터보다 1000조배 더 빠른 연산속도를 가졌다. 바이오 생명공학은 진화의 법칙을 초월해 인간의 존재 가치를 흔들 전망이다. 기대 수명의 연장은 교육→일→은퇴라는 삶의 3단계 공식을 파괴해 인간 삶의 기본 구조마저 바꿔놓을 것이다. 이들은 지구촌에 변화의 기회이지만 위험·위협 요소들도 많다.

둘째는 미중 패권전쟁 과정에서 평화로운 세력전이가 이뤄질 것인가? 아니면 파멸적 상황에 직면할 것인가에 대한 우려다. 같은 문명인 영→미와 달리 미→중 간의 세력전이는 평화롭게 이뤄어질 가능성이 크지 않다. 20세기 초·중반, 영→미간의 세력전이는 유럽을 중심으로 한 1, 2차 세계대전을 통해 이뤄졌다. 21세기 초의 현대판 미중 패권전쟁도 세력전이의 임계점에서는 한바탕 열전이 불가피하다. 그 형태는 대만·한반도 등 동아시아 지역을 중심으로 하는 국지적 대리전이나 상상을 초월하는 첨단무기가 동원되는 3차 대전 가능성도 배제할 수 없다.

셋째는 기후변화가 초래하고 있는 지구촌 종말 가능성의 현실화다. 기후변화는 식량·물 부족, 홍수, 극심한 폭염, 질병 만연과 경제 손실 등 다양한 모습으로 인간을 위협한다. 기후위기는 국제사회의 불평등 문제와도 연계된 현 세계의 가장 중대한 문제이고, 지구상의 모든 생명의 안위를 결정하는 실존의 문제다. 온난화 수준이 1.2°C 상승한 현 상태에서 앞으로 1.5°C 이상으로 상승할 경우 지구는 돌이킬 수 없게 된다.

이외에 세계 경제의 대침체와 미국식 민주주의와 자본주의 위기도 인류의 해결 과제로 제기되고 있다.

한반도의 위기

한반도는 그동안 남북관계를 지배해 온 정전·북핵·동맹 체제가 강화되고 있다. 북한(조선)은 러시아와 동맹을 강화하고, 한국은 한미동맹을 강화하는 가운데 한반도의 평화통일은 꿈조차 꿀 수 없게 되었다. 미국과 중국·러시아가 다시 한반도에서 대결하는 제2의 6·25가 걱정이다.

실제로 '유엔사의 재활성화'와 한국의 NATO 파트너화를 비롯한 한미동맹의 강화는 북한의 핵 고도화와 만나면서 정전체제의 불안을 가중시키고 있다. 불안한 정전체제가 국제적인 신냉전 구도와 맞물리며 위험이 배가되고 있는 것이다.[87]

---

[87] 구갑우, "평창 '임시평화체제'의 형성 원인과 전개ㅣ한반도 안보딜레마와 한국의 '삼모순(trilemma)'", 『한국과 국제정치』 34권, 2018, p.163.

한미동맹이 72년 전 공고한 평화체제로 가기 위해 설정한 과도기적인 정전체제를 강화하는 것은 시대착오다. 다시 열전으로 가는 길이고, 한국의 주권도 더 제약하는 것이다. 한반도의 평화·통일과 양립할 수 없는 한미동맹이 중국을 견제하는 역할에 주력하면 중국시장 이익이나 다가올 아시아 시대와도 어울릴 수 없다.[88]

한반도의 긴장도 점입가경이다. 북한이 러시아와 밀착, 미국의 통제에서 벗어나면서 한반도 위기가 한층 고조될 전망이다. 75년 전 6·25 전야에 함께 마주한 한미와 북러가 다시 맞서게 된 한반도는 거대한 힘들이 충돌하는 단층지대가 되고 있다.

한국의 위기

2021년 7월, 유엔무역개발회의는 한국의 지위를 개도국에서 선진국으로 변경했다. 당시 한국은 구매력 기준 1인당 GDP가 4만 불이 넘었다. 속도와 창조력 등 디지털 시대에 유연하게 적응할 수 있는 조건도 갖췄다.

일장춘몽, 잠 깨어보니 선진국이었던 나라가 다시 잠 깨어보니 후진국으로 떨어지고 있는 형국이다. 2024년 한국의 1인당 GDP는 3만6024달러로 떨어졌다. 한국 사회는 극심한 불평등과 양극화의 덫에 빠졌다. 한국의 극우 친일기득권 세력들이 보수라는 이름으로 추

---

88 정욱식, "정전협정 70돌…'묻지마 한미일 동맹'으론 평화 못 꾸린다.", 한겨레, 2023.4.24.

구하는 자유 민주주의에는 국가와 국민은 없었다. 오로지 자신들의 기득권 보호만 있었다.

2025년 초 현재 한국인들의 삶의 만족도는 하락세에서 OECD 38개국 중 33위다. 2024년 영국 이코노믹스 계열 조사분석 기관인 인텔리전스 유닛이 발표한 한국의 민주주의 성숙도는 세계 32위로 2023년보다 10계단 추락했다. 한국 통계청이 2025년 2월 24일 발표한 '국민 삶의 질 2024 보고서'에서도 한국인의 '삶의 만족도'는 10점 만점에 6.4점으로, 전년보다 0.1점 떨어졌다. 겉으로는 눈부신 경제성장을 일군 살만한 나라라지만, 속으로는 일찍 늙고 병들어 가고 있다. 이상한 나라의 불행한 한국인들이다.

가장 큰 문제는 경제가 아닌 정치였다. 국민들의 낮은 정치 수준이 엄청난 위기를 초래했다. 세상에서 보기 드문 전형적인 소시오패스를 국가의 대통령으로 뽑았다. 모든 분야에서 퇴행을 거듭한 지난 3년은 국민들의 정치적 각성과 경계, 비판적 사고가 얼마나 중요한가를 확인해 주었다.

다. 미국과 중국의 대 한국 강박

미국과 중국의 대 한반도 정책의 핵심은 남북한 중 상대편을 자기 편으로 데려와 역내 영향력을 확대하는 것이다. 미국에게는 북한, 중국에게는 한국이 그 대상이다. 2018년 이전에는 주로 한국을 둘러싼 공방전, 2018년과 2019년의 북미·북중 정상회담은 북한을 둘러싼 쟁탈전이 있었다. 2020년 미중 패권전쟁 이후 미중 양국의 한국에 대한 요구는 이전과는 다른 차원의 것으로 한국을 곤혹스럽게 하고 있다.

미국의 구애·강박

중국의 부상 후 미국이 아태지역 회귀가 시작된 2010년부터 한국을 둘러싼 미중의 구애와 쟁탈이 뜨거워졌다. 미중 패권전쟁 이후 한국에 대한 미중의 요구는 더 노골적이었다. 양국 모두 상대방 편을 들지 말라는 것이었다.

미중 패권경쟁 과정에서 미국이 한국에 요구하고 있는 선택적인 현안도 한두 가지가 아니다. ① 한미일 안보협력 강화 및 동아시아 미사일 방어(MD) 체계 참여, ② 남중국해 항행의 자유 작전 참여 등 인·태지역 자유·번영 위한 합당한 수준의 기여와 역할, ③ 중국 반도체 기술 규제 동참, 미국의 제조업 활성화 투자 협력 ④ 중국의 인권, 대만문제에 대한 입장(대만의 국제기구 참여지지 등) 표명, ⑤ 미국의 INF 탈퇴 이후 중거리미사일 한국 배치 협력 등이 그것이다.

한미동맹의 가치동맹화, 즉 대 중국 군사동맹화를 추구하는 미국은 한국이 대 중국 공격기지가 되어주기 바란다. 주한미군의 전략적 유연성을 강화하며 한국의 중국 견제 역할을 요구한다. 중국의 반발을 불러올 중거리미사일의 추가·신규 배치를 추진할 가능성도 있다.

미국은 미래 한국으로의 전시작전권 반환을 상정해 유엔사의 역할 확대를 추구하며 대 한국 및 한반도 지배권을 놓지 않으려 한다. 나아가 한국이 '아시아 판 나토(NATO)'의 협력 파트너가 되기를 바란다. 또 한국이 G7+ 국가가 돼 미중 패권전쟁에 참여하기를 원한다. 미국 하원은 한때 미국이 민감한 안보정보를 공유하는 동맹국인 '파이브 아이즈'에 한국의 참여를 검토하기도 했다. 한마디로, 그동안 구해주고 도와주었으니 이제 한국이 미국을 몸 바쳐 도우라는 것이다.

이 같은 미국의 강박성 구애와 요구에 자유와 가치 연대를 추구하는 윤석열의 한국 정부는 적극적이고 발 빠르게 협력해 왔다. 한국의 삼성과 현대차, SK하이닉스, LG에너지솔루션 등 알짜 기업들이 미국에 올인하며 수백억 달러를 투자했다. 2023년을 전후해 미국에 가장 많이 투자한 나라는 한국이었다. 바이든과 트럼프 대통령이 늘 자랑하는 자신의 중요한 업적에는 한국 기업들의 미국 투자가 있었다.

오늘날 모든 국가들은 '국익 우선'을 국제관계의 제1법칙으로 삼고 있다. '미국 우선주의'를 강조하는 트럼프 대통령은 2025년 2월 러시아와의 협력을 위해 나토의 역대 최대 규모의 연합군사훈련에 불참했다. 2월 24일, '러시아 규탄' 유엔총회 결의안에 미국은 러시아와 북한, 벨라루스 등과 함께 반대표를 던졌다.

한국이 그토록 자유와 민주주의, 인권을 내세우며 미국의 충직한 동맹으로서 의무를 다하고 있는데 정작 국익 우선을 추구하는 트럼프의 미국은 피아를 구별하지 않고, 진영을 내세우지도 않는다. 경제·안보를 미국에 기대며 열녀문을 세운다고 칭찬받거나 보상받는 세상이 아니라는 것이다.

중국의 구애·강박

중국의 시진핑 주석은 2019년 12월 베이징 한중정상회담 등의 기회에 "우리는 줄곧 긴밀하게 협력해 온 친구이자 파트너다. 한국과 친구 하고 싶다", "한중 양국이 손을 잡으면 많은 일을 해낼 수 있다. 이것은 나의 진심이다."라고 말했다.

2023년 6월 8일, 싱하이밍 주한 중국대사는 이재명 대표의 대사관저 초청만찬 시 (미중 패권전쟁과 관련) 일각에서 미국이 승리할 것이고 중국이 패배할 것이라고 베팅하고 있는데, 이는 분명히 잘못된 판단이다. 단언컨대 나중에 반드시 후회할 것"이라고 말했다.

중국은 한중관계의 올바른 방향과 안정적이고 건전한 발전을 말하며 한국의 변화를 주문한다. 한국이 ① 독립자주를 견지하고 외세의 영향을 받지 말 것, ② 상호 선린우호, ③ 공급망·산업망 수호, ④ 내정 불간섭, ⑤ 다자주의 견지가 그것이다. 한국이 자국을 견제하는 반중국 정책을 추진하지 말라는 것이다.

중국은 한국에게 "미국의 각종 요구를 받아들이면 힘들어질 것이다. 미국을 추종하지 말고 중국을 선택하라. 중국체제가 미국체제보다 이익도 크고 좋다. 특히 나토의 동진에 협력하면 안 된다"고 강조한다.

중국의 강박은 미국 못지않다. 한국이 중국을 겨냥한 미국의 군사동맹이 될 경우 한국은 중국의 적이 돼 미국의 '총알받이'가 될 것이라고 경고한다. 한국의 칩4 반도체 동맹 참여는 '상업적 자살'이 될 것이라고 겁박한다. 핵심이익인 대만문제에 관여하는 한국에 대해서는 서슴지 않고 미국의 '졸개'라고 힐난한다.

대격변기에 한국이 고려해야 할 세계와 한반도, 국내 차원의 위기들은 역사에서 언제나 그랬던 것처럼 한국의 운명을 가를 수 있다. 위기를 극복하며 역사적인 기회로 만들기 위해서는 무엇이 '위기'인지 현상을 그대로 인정하는 일이 중요하다.

지피지기를 잘하면 위태롭지 않다고 했다. 역사를 돌이켜 보면, 한국은 전쟁과 IMF, 민주주의 위기를 극복하며 기적적인 발전을 거듭해 왔다. 21세기 초, 주목하는 경제·기술·문화 강국인 한국에게 대격변의 위기는 더 없는 호기가 될 수 있다.

2025년은 미중관계뿐만 아니라 한국도 역사의 변곡점이 될 수 있는 중요한 순간이다. 상술한 대격변의 위기요인과 함께 한국의 기회요인과 자질·역량, 역사가 주는 교훈 등을 살펴 새로운 미래를 열어갈 한국의 대전략을 상상해 보도록 하자.

03

기회: 격변기는 한국의 대전환 기회

21세기 초, 세계는 중요한 갈림길에 섰다.

서구가 주도해 온 국제질서가 거의 완전하게 저물었다. 미국, 영국, 프랑스, 독일 등 선진국은 활력을 잃었다. 경제적 부와 권력의 아시아로의 이동은 역사적이고 불가역적인 추세다. 2025년, 중국은 게임체인저라고 일컬어지는 AI와 양자, 바이오, 전기차 등 첨단 과학기술 분야에서 세계 최초·최고의 기록들을 거의 주(週) 단위로 써가고 있다.

100년 만의 대격변은 신국제질서를 창출하고 있다. 그 과정에서 한국도 대전환의 기회를 맞이할 수 있지 않을까? 2000년 강대국의 속박·속국에서 탈출(Korexit)해 '한국의 꿈'을 실현해나가는 일들 말이다.

위기(危機)는 곧 위기(危機+機會)다. 한국의 경우 위기가 지속되면 2050년에는 세계 15위 국가가 되고, 2세대 60년 후에는 지구상에서 소멸된다고 한다. 그러나 골드만삭스의 분석, 조지 소로스의 예측 등과 같이 한국이 위기를 기회로 전환해 스스로 통일한국을 이룬다면 세계를 리드하는 2위의 경제대국이 될 수 있다.

격변기마다 수난을 당해 온 한반도가 더 이상 역사를 반복할 수는 없다. 과거는 무지와 무력, 사대와 분열이 고통과 수난을 초래했다. 지금은 조금 다르다. 대전환기인 오늘날의 지각변동 위기가 왜 한국에 기회인지 알아보자.

가. 역사의 기로에 선 한반도

역사를 돌이켜보면, 천하대란은 늘 새로운 길과 세상을 열었다. 변화는 평화로울 수만은 없었다. 과거와 미래의 힘이 충돌하고, 도약과 붕괴의 힘이 팽팽했다. 제3자들의 선택은 어렵고, 고통스러우며, 한쪽의 선택은 곧 다른 쪽과의 단절이었다.

오늘날 미중 패권전쟁으로 인한 지각변동도 마찬가지다. 흔들리는 양국 사이에 낀 한국은 가장 취약하다. 지정학적 요충인 한국에게 선택은 생존과 직결되는데 전쟁이 악화되면서 선택의 압력은 더 커지고 있다.

과거 동아시아 지역의 세력전이 과정에서 발생한 17세기 병자호란과 구한말 경술국치 때의 한국은 모두 몰락하는 패권을 선택했다. 힘없는 복속국으로서 사실 국제정세의 변화조차 인지하지 못했고, 선택의 여지도 없었다. 오늘날의 한국 윤석열 정부도 쇠락하는 미국이 몰락하지 않을 것으로 굳게 믿고 미국을 선택했다. 사실 전통시대의 조중 조공관계와 같이 현대의 한미 동맹관계에서도 한국의 선택 여지는 극히 제한적이다.

유사한 상황과 조건에서 한반도 역사가 반복될 조짐이다. 한반도가 다시 강대국의 패권 전장이 되어가고 있다. 유럽이 중심이었던 20세기와 달리 21세기는 미국과 중국이 대치하는 공간이 동아시아 한반도와 인도·태평양 지역이 위험하다. 미중관계가 악화되자 남북한이 대결하는 가운데 한미일과 북중러 간의 갈등구조가 고착되고 있다. 동북아 핵심축(lynch pin)인 한국의 외교·안보 전략이 그 어느 때보다도 더 중요해졌다.

나. 지각변동은 대전환의 기회

오늘날의 대격변의 위기가 무지와 야만의 시대인 과거에 비해 대전환의 기회일 수 있는 이유는 여러 가지다.

첫째, 21세기 초의 대격변은 20세기 초의 대혼란보다 신질서를 낳는 '창조적 붕괴와 변화'일 가능성이 크다. 미중관계의 악화는 한국에 위기이자 꽃놀이패일 수도 있다. 기회는 게임의 룰이 바뀔 때 찾아온다. 한국은 이제 미국과 중국이 무시할 수 없는 경제·문화 강국이고 기술혁신 국가다. 각자도생하며 헤쳐 모이는 새로운 시대에 선진국이 된 한국은 능히 강대국의 속박으로부터 자주독립해 스스로 자신의 길을 찾아 꿈을 펼칠 수 있다.

둘째, 미국의 몰락은 서구 제국주의 시대의 끝이자 '아시아 시대'의 서막이다. 동아시아의 중추국인 한국은 역내 강국으로 거듭나 보다 자유롭고 정의로운 국제질서의 창출에 기여할 수 있다. 무엇보다 커진 국력만큼 한국은 미국의 속박에서 벗어나 자주독립적이고 평등한 한미관계에서 민족자결을 도모할 수 있을 것이다.

셋째, 정치적 각성으로 지구촌 사람들의 의식이 진화해 가면서 지구는 보다 더 희망적인 세상이 되어가고 있다. 한국의 촛불혁명과 빛의혁명 성공은 세계를 비추면서 한 나라의 주권은 국민에게 있다는 사실을 극명하게 전파했다. 트럼프의 미국도 한국의 민주주의 시위를 따라 배우며 독재자가 설 땅을 좁혀가고 있다. 미국의 안보전략가 브레진스키는 그의 저서『전략적 비전(2011)』에서 서방의 쇠퇴 등 세계 변화의 가장 큰 촉진 요인으로 '대중들의 정치적 각성'을 지목했다. 의식주가 나아지고, 특히 지식정보화 수준이 높아지면서 인류는 내외부 환경에 대한 인식을 개선할 수 있게 되었다. 세계인들은 곧바로 지구촌의 구석구석을 알 수 있다. 어느 지역의, 어떤 나라가, 어떤 상황인지, 자국과 타국을 비교도 하며 지적·정치적으로 각성하는 것이다. 글로벌한 인식과 규범, 행동도 공유한다. 과거 방식의 패권과 야만적인 독재가 저지르는 대내외 부정의가 설 땅은 없다. 외세가 저지른 세계 유일의 분단 한국의 비정상적인 상황도 변화를 기대할 수 있게 된 것이다.

무엇보다, 오늘날의 한국은 비굴하지 않아도 되는 위상과 국력을 갖고 있다. 정치만 빼고, 선진 문화강국이 된 한국에는 깨어 있는 국민들이 많아졌다. 나라가 위중할 때 촛불과 빛으로 시민혁명을 이뤘다. 과거와 달리 흔들림이 있을지라도, 새로운 길을 두려워하지 않고 나아갈 수 있는 힘과 꿈이 있는 나라다. 2024년 파리올림픽에서 대한체육회는 금메달 5개(15위)를 목표로 설정했지만 결과는 금메달 13개(8위)였다. 국민 체력이 국력이다. 우리가 우리 자신을 많이 모르고 있다는 사실을 알 필요가 있다.

다. 한국의 역사적·지정학적 과제

변화는 저항과 고통을 수반한다. 한국이 2000년 강대국 속박에서 탈출해 자주독립국가로 거듭나는 일(Korexit)은 역사적인 과업이고, 만시지탄(晚時之歎)이며, 비정상의 정상화다. 이는 지정학적으로나 문화적으로 한국 고유의 정체성을 확립하는 일이다. 한반도의 평화·통일은 물론, 다가오는 아시아 시대에 한국이 세계를 리드하는 '동방의 찬란한 등불'이 될 수 있는 전제조건이다.

지정학적 정체성 확립

한국은 대전환 과정에서 반드시 '지정학적 저주'를 넘어 동아시아 평화·번영을 주도할 수 있는 고유의 지정학적 길을 찾아 나서야 한다.

그동안 한반도는 대륙·해양 세력 사이에서 주변부나 가교, 교두보 등으로 폄하되었다. 늘 각축의 대상이나 희생양이었다. 한국이 겪은 지난 100여 년의 고통과 설움은 사실 지정학적 본향(本鄕)을 잃은 데서 왔다.

지금 한국은 어디에 있는 누구인가? 해양인가, 대륙인가? 해륙국가인가? 긴 역사 속에서 잠시 해양세력의 볼모가 돼 있는 것은 아닌가.

다시 미국과 중국이 전쟁을 하고 있는 오늘날, 한국은 미중 양국의 핵심적인 전략 요충이다. 달라진 한국의 국력과 위상은 동아시아 지중해(地中海)의 가교가 아니라 중심이 될 수 있다.

문화적 정체성 확립

미중 패권전쟁은 날이 갈수록 문명충돌 양상이다. 그 과정에서 미국 편에 올라선 한국의 문화적 정체성은 무엇인가? 한국은 누구인가? 탈아입미(脫亞入美)하고 입구(入歐)한 한국의 문화적 정체성이 의문이다.

한국은 역사적으로 중국 중심의 동양문명권의 나라다. 19세기 말 이후 서구 열강의 서제동점 과정에서 중화제국이 망하고 한국이 탈아입구(脫亞入歐)한 일제의 식민지가 되면서 서구화되기 시작했다. 그렇다고 한국의 문화적 정체성이 변하지는 않았다.

한국 문화의 정체성은 유교의 인본주의적 이데올로기에 뿌리를 두고 있다. 헌팅턴은 '문명충돌론'에서 "새로운 세계에서는 문화적 동질성이 한 나라의 우방과 적국을 규정하는 본질적 요인이다. 한 나라의 문화적 정체성이 세계정치에서 그 나라가 차지하는 위치, 그 나라의 친구와 적을 규정한다"고 강조했다.

지각변동 상황에서 한국이 동북아의 강자 또는 균형자가 되기 위해서는 두 세력의 역학 구조와 판도를 정확히 읽고 중심을 잡아야 한다. 그것은 우선 자주독립해 탈아입미(脫亞入美)·입구(入歐)에서 벗어나 탈미입아(脫美入亞)하고 입구(入球)해 지구상에서 홀로 서는 것이다.

이를 통해 아시아 시대에 동아시아 지역공동체 속에서 우뚝 서는 통일한국이어야 한다. 대전환은 한국이 역사상 처음으로 미중 양국의 종속변수가 아닌 독립변수로 자리매김하는 기회다. 현상을 변경시키려면 현상을 인정부터 해야 한다. 우리가 정치·외교·안보 주권도 제한적이고 영토도 완전하게 보전하지 못하는 강대국의 속국임을 자인하고 각성하는 일부터 해야 한다는 것이다.

세계경제의 강국으로 부상

2022년 골드만삭스의 '2075년 경제전망 보고서'는 저출산·고령화로 인한 전 세계 경제규모의 지각변동을 예고했다. 보고서는 저출산·고령화 문제가 전 세계 경제순위를 뒤바꿔 놓을 것이라고 전망하면서 저출산율 세계 1위인 한국의 경제 규모는 오는 2050년 세계 15위권 밖으로 밀려날 것으로 예측했다. 반면, 인도네시아와 멕시코, 나이지리아 등 인구 대국이 약진할 것으로 보았다. 골드만삭스가 2050년에 34개국 중 마이너스 성장률로 전환할 것으로 예상한 국가는 한국이 유일했다.

반면에 남북한이 통일되면 2050년에는 통일한국이 세계 제2위의 경제대국이 될 것으로 전망했었다. 북한의 노동력과 GDP의 140배에 해당하는 광물자원, 생산성 향상 등 잠재력이 크다는 이유였다. 통일한국은 인구 8천만 명, 북한지역의 풍부한 광물자원, 유라시아로 트인 물류교통망, 평화비용 절감 등으로 급성장할 수 있다.

안보통일 차원의 이익도 크다. 새로운 세계에서는 미국과 같은 무소불위의 패권국이 없게 될 것이다. 세계가 다극화하고 지역화되면 미군이 한반도에 주둔하고 한미동맹이 존재할 이유가 없어진다. 그렇게 되면 서구 제국주의와 냉전의 산물인 한국과 중국의 통일문제가 해결될 것이다. 한국이 미국의 속박에서 벗어나 대북정책의 자율성을 회복한다면 남북한관계는 금방 개선될 수 있다. 동아시아 경제안보공동체가 형성되면 그 속에서 남북한 및 양안 통일문제는 원만하게 해결될 것이다.

라. 대전환 기회의 기본조건

소크라테스는 이렇게 말했다. "부정의는 서로 간에 대립과 증오, 다툼(즉 분열)을 초래한다. 국가가 정의 없이 제대로 할 수 있는 일은 없다." 국내 정치적으로 분열하면 외부세력에 의해 이용당할 수밖에 없다는 경고는 한국과 미국을 두고 하는 말 같다.

2024년 파리올림픽 상위 10위에는 세계의 경제강국 7개국이 포함돼 있다. 8위를 한 한국의 국력은 대단한 것이다. 한국은 경제와 문화, 하드파워와 소프트파워를 갖춘 나라다. 한국은 세계에서 중국과 함께 자국의 영토 안에 반도체에서 자동차, 철강까지 모든 밸류

체인을 갖고 있는 제조업 강국이다.

그런데 정치사회적 갈등은 세계 최고이고, 국민적 통합은 세계 꼴찌다. 공짜는 없다. 대전환 과정에서 역사적 과업들을 성취하기 위해서는 아래 2개의 문제를 해결해야 한다. 기본적인 이 문제를 해결하지 못하고 한국이 대격변의 위기를 대전환의 기회로 만들어나가기는 어렵다.

① 역사의 진실과 정의 바로 세우기

자고무신사(自古無信史)라는 말이 있다. 한국 현대사의 경우 특히 그러하다. 남북분단과 6·25전쟁 후 일어난 큰 사건들 대부분은 한국이 쓴 역사가 아니다. 강자의 논리에 거짓·왜곡이 지배하고 있다. 진실을 감춘 혹세무민(惑世誣民)들이다. 대표적인 것 3개만 살펴보자.

첫째, 광복절 문제다. 한민족은 일제로부터 해방된 적이 없다. 주권을 되찾은 적도 없다. 현재의 분단된 한반도는 아직 카이로 선언에서 합의 한 '적절한 절차'를 거치는 중이다. 국제법적으로 한반도에 해방·광복은 있을 수 없는 일이었다. 사실적으로도 그렇다. 1945년 9월 8일, 일본이 항복한 후 24일째 되는 그날 미군은 '점령군'으로 한반도 이남지역에 진주했다. 8월 15일부터 9월 8일까지 24일 동안은 미군의 위임에 따라 패망한 일본 총독부가 한반도를 통치했다.

미군은 다음 날인 9월 9일부터 3년 동안 한반도 남쪽지역 점령지를 군정통치했다. 1945년 8월 15일을 '광복절'로 기념하는 것은 난센스다. 1948년 8월 15일까지 지구상에 한국이라는 존재는 없었다. 어떻게 해방이고 광복인가? 친일 부역자들에게 미국과 미군은 재조지은의 구원자였다. 그들만의 해방을 광복절로 기념해온 것이다.

1948년 8월 15일 당시 국제정치에서는 전쟁의 사후처리 및 관리의 원칙으로 '점령지주의'가 있었다. 전쟁에서 승리해 점령한 땅에는 승자의 체제를 이식한다는 것이 그것이다. 한반도를 점령한 미국과 소련은 이 원칙에 따라 자국의 입맛에 맞는 사람을 내세워 자국식 체제를 이식하는 방식으로 위성정부를 수립·운영했다. 미국은 대한민국 임시정부의 법통이나 그 계승을 인정한 적이 없다. 없었던 일, 불가능했던 일을 곧잘 축하하며, 기념하고 있는 나라가 한국이다.

둘째, 한반도의 유일 합법정부론이다. 1948년 12월 12일, 유엔이 결의한 '한반도 유일 합법정부'도 전혀 사실이 아니다. 한국은 유엔 감시하에 선거가 실시된 바로 그 지역(남한지역)의 유일 합법정부가 맞다. 헌법 제3조(영토 범위)와 제4조(평화통일정책 수립·추진)는 사실에 입각하지 않은 것이다. 서로 어울릴 수도 없다. 현실의 정전체제 하에서는 가능한 일도 아니다. 백주에 혹세무민은 계속할 일이 아니다. 거짓·왜곡 속에서 우리의 찬란한 꿈이 피어날 수 없다.

이 문제 관련 핵심 쟁점은 1948.12.12, 유엔총회 결의 제195호(Ⅲ), 유엔 감시 아래 총선거가 실시된 '그 부분(that part of Korea)'의 해석 문제다. 한쪽은 이를 한반도 전체(유일 합법정부)로 보고, 다른 한쪽은 38선 이남 미군정 지역으로 한정해 본다. 필자가 '한국의 한반도 유일 합법정부론'을 부정하는 논거는 다음과 같다.

〈표-12〉 '한국의 한반도 유일 합법정부론' 부정 논거

① 유엔 결의 문구 상의 'that part of korea(한국의 그 부분)'는 유엔 감시하에 선거가 실시된 지역을 말하는 것으로, 한국은 바로 그 지역의 유일 합법정부다.
② 당시 동 결의를 주도한 미국의 전략은 분단을 유지하며, 남한을 반공기지로 육성하는 것이어서 북진통일을 주장하는 한국을 유일합법정부로 인정할 수 없었다.
③ 6·25 당시 1950년 10월, 유엔군의 북진과 평양 수복 후 한미는 남한의 통치주권 인정 여부를 둘러싸고 1달간 갈등, 결국 이승만 '대통령'은 한국 행정수반으로서의 '10.25 평양 공식방문'을 포기할 수밖에 없었다.
④ 미국은 유엔을 빌려 남한의 북한 통치주권을 부인했다. 1950.10.12. 유엔총회 임시위원회는 "유엔은 한반도 전역을 합법적·효과적으로 통치할 수 있는 정부를 인정한 바 없다"고 확인했다.
⑤ 노태우 정부 때 북한의 유엔 가입(1991년)과 1992년 채택 남북기본합의서는 교전·반국가 단체인 북한을 국가로 인정, 국호를 명시하며 상호 체제 존중에 합의했다.
⑥ 1990년대 초 미국 합참은 위와 같은 사실에 입각해 북한붕괴 등 유사시 북한 수복의 주체로 유엔군을 명시했다.
⑦ 한국이 한반도 유일 합법정부가 아니라는 주장은 국내에서도 이념을 초월, 진보쪽 리영희 씨, 보수 쪽 이동복 씨(전 중정 북한국장), 중립파 서울대 박태균 교수 등의 양심이 가세했다. 이동복 씨와 박태균 교수는 영어를 한국말보다 더 잘한다.

셋째, 5·18의 진실이다. 현장에 있었던 필자는 사건 이후 40여 년을 눈여겨 왔다. 관련 사실을 논의한 책도 발간했다.[89] 5·18은 민주화운동이 아니다. 광주의 운동권 학생이나 재야 민주인사들은 전야에 광주를 탈출해 참여할 수 없었다. 주로 기층 민중들이 신출귀몰(神出鬼沒)하는 맥가이버들을 따라 참여한 항쟁이었다. 5·18은 1980년 박정희 대통령 사후 군사독재 정권의 연장을 위해 전두환 신군부가 기획·사주한 시나리오에 따라 진행된 불행한 사태다. 당시 보안사와 주한 미군 정보기관 요원도 2019년도에 기자회견까지 하면서 시나리오에 따라 진행된 5·18의 실체를 밝혔었다. 당시 특전사령관으로 처음부터 끝까지 현장의 작전을 지휘한 정호용도 2021년 5·18 진상규명위원회에 낸 진정서에 "자신은 5공 '집권 시나리오'와 관련이 없다"고 주장했다. 이런 5·18을 전두환 신군부가 친히 작명해 준 '민주화운동'이라는 이름으로 기념해오고 있다. 무책임한 혹세무민이자 기망(欺罔)의 극치다. 그런데도 정치권이나 학계 어느 누구도 진실을 알리고 하지 않는다. 정치권은 아직도 진실이 규명되지 않은 거짓·기만을 헌법에 담는다고 야단들이다. 세상에 이런 파렴치와 코미디가 어디 있는가.

역사는 그 나라의 정체성과 사고방식, 행동양식을 결정하는 정신

---

89 문대근, 앞의 책(2020) 참조.

이고 혼이다. 거짓·왜곡을 진실로 믿어 온 국민들의 정신과 혼이 맑을 수 없다. 부패하고 타락한 영혼들이 나라를 지배하고 있다. 역사를 바로잡아야 국민이 바로 서고, 나라도 바로 세울 수 있을 것 아닌가. 역사와 기억을 조작하고 날조하는 일은 독재국가, 사이비 민주주의의 뚜렷한 징표들이다.

② 친일잔재 청산과 한미동맹 신화 불식

오늘날 한국은 세계에서 가장 정치사회적 갈등·대립이 심한 나라다. 이의 근본 원인은 상술한 역사의 왜곡과 함께 일제시대의 친일잔재를 청산하지 못한 데 있다. 미군정과 이승만 정부는 친일 부역한 인사들의 매국심과 경험을 긍정적으로 평가해 그들을 그대로 활용했다. 한국정부 수립 이후 더 강고한 기득권층이 된 친일세력은 요인 암살과 테러, 좌우대립 반공을 앞세워 자신들을 청산하려 했던 애국 인사들을 청산했다. 역사가 퇴보한 것이다.

윤석열 정부 출범 이후 일제의 마지막 총독 아베 노브유키가 남겼다는 말이 100% 현실이 되었다.

"단언컨대, 일본은 한국민에 총과 대포보다 무서운 식민교육을 심어 놓았다. 한국민들은 백년을 서로 이간질하며 노예적인 삶을 살 것이다. 나는 다시 돌아온다."

노브유키의 이 자신감은 어디에서 나오는 것일까? 일제는 36년 동안 한반도 전역에서 대대적으로 씨를 뿌리고, 치밀하게 한민족의 혼을 세탁했다.[90] 100년이 되려면 아직도 20년이 남았다. 2025년 초, 계엄·탄핵 정국에서 분출한 후안무치한 각종 비정상은 친일숭미사대 매국 세력의 총발호 때문이다. 친일잔재의 완전한 청산 없이 한국의 밝은 앞날은 절대로 기약할 수 없는 것이다.

한미동맹의 신화가 낳은 각종 부조리와 부정의도 해묵은 과제다. 특히 한미관계에서 가스라이팅된 한국인들의 비겁한 정신과 타락한 영혼들은 친일잔재보다 더 심각하다. 한미동맹의 신화는 한국인들의 주권·주인의식을 없게 만들었다. 한국 내 극우나 보수층 인사들은 한국이 미국에 종속적인 지위나 매국을 당연하게 생각한다. 지난 12·3정국에서 일부 위정자들의 공개적인 매국 행위와 극우 보수 그룹들의 시위에 등장한 성조기와 선거부정론, 내란수괴 탄핵 반대 등은 한미동맹의 민낯이 아닐 수 없다.

미중 패권전쟁 상황에서 문제는 더 심각해지고 있다. 과거 미국은 조선의 일제 식민지화와 6·25전쟁 등에서 한국을 희생양으로 삼아

---

[90] 미군정이 활용할 수 있었던 한국인들은 극소수였다. 또 다른 측면에서 친일부역한 한국인들 이외에 일제강점기 한반도에는 많은 일본인들이 이주해 살았다. 1945년 패전 이후 일본 공무원 등 130여만 명은 귀국하고, 70여만 명은 귀국을 포기해 잔류한 것으로 알려졌다. 여기에 친일청산 작업이 진행된 중국과 북한지역 거주 일부 일본인들도 남한으로 들어와 기득권 세력으로 성장, 지금에 이르고 있다는 것이 정설이다.

세계 패권국으로 우뚝 섰다. 이제 미국은 국가·패권의 몰락 상황에서 다시 한국을 희생양으로 삼아 자국 재건과 중국 견제에 활용코자 한다.

미국의 국익과 한국의 국익이 같을 수 없다. 국제질서의 변화 과정에서 한국의 전략적 이해관계도 미국의 그것과 많이 다르다. 이런 실정에서 한국 사회가 버려야 할 적폐 중의 하나는 한미동맹을 무조건 우선시하는 것이다. 미국의 허락을 받아야 존재하고, 남북교류도 할 수 있는 한국과 미국과의 관계가 무슨 동맹관계인가? 한국은 동맹으로서 이익의 공통분모를 확대하며, 미국과 진정한 동반자 관계로 가야 한다. 한국 대선 이후 미국 트럼프 정부의 일각에서는 한국 새정부의 정통성을 부정하고, 자국의 이익을 위해 복무하는 한국을 강요하고 있다. 이대로 가면 한국 사회에 무겁게 잠재돼 있는 미국 문제가 불거질 수밖에 없을 것이다.

04

능력: 역사상 가장 강력해진 한국

하늘은 스스로 돕는 자들을 돕는다. 격변의 위기를 기회로 전환하는 일은 준비된 자만이 할 수 있다. 국민적인 지혜와 역량이 없으면 다시 피식민 지배와 분단, 전쟁 같은 수난을 당할 것이다. 다행히 오늘날의 한국은 역사상 가장 강력한 나라가 되었다.

2021년 7월, 한국은 개도국에서 문화와 교육, 외교 수단을 통해 경제 선진국이 된 세계 최초의 국가다. 개도국 중 지난 70년간 세계에서 가장 성공한 나라다. 경제·기술뿐만 아니라 국방·문화 등 거의 모든 분야에서 세계 10위권 나라로 성장했다.

K가 세계로 뻗어 나가고, K-산업이 글로벌 시장을 주도하고 있다. 2024년 4월, 미국 시사주간지 USNWR가 발표한 '2024 세계에서 가장 강력한 나라' 순위에서 한국은 3년 연속 일본을 제치고 세계 6위를 유지했다. 프랑스와 일본은 7, 8위였다. 포브스 선정 '2025년 강대국 순위'에서도 한국은 세계 6위를 차지했다.

한국은 세계 최고 수준의 교육과 정보통신기술, 스마트폰 이용률 등을 자랑한다. 군사력과 방위산업, 반도체 기술력, 미디어 콘텐츠도 뛰어나다. 미·중·일과 함께 자체 기술로 모든 범용 제품을 만들 수 있는 세계 4대 기술강국이다.

한국은 이제 고래 싸움에 등 터지는 새우가 아니다. 부족한 점이 많지만 동북아시아에서는 국민들이 가장 잘 사는 나라다. 각 분야에서 능히 자주독립과 통일한국, K-문명대국의 꿈을 실현할 수 있는 나라가 된 것이다. 역사상 이렇게 강력한 적이 없는 나라가 된 한국은 세계를 리드하는 나라가 될 수 있다.[91]

가. 경제사회 분야

강대국은 전쟁이 아니라 국가의 경쟁력과 경제규모로 결정된다. 군사력이 아니라 경제력이 중요하다는 것이다. 그동안 한국은 공적 영역과 민간 영역이 시너지 효과를 내면서 세계적인 경제력을 가지게 되었다. 특히 새로운 4차 산업혁명의 시대에 없어서는 안 될 경제대국의 반열에 올랐다.

---

91 김기정, "신흥강국, 한국의 전략적 과제", 국가안보전략연구원 [전략노트 2021-11호], 2021.6.

아래 관련 다양한 성과가 이를 증명한다.

① **제조·수출 분야는 세계 6대 강국이다.** 반도체, IT, 바이오는 최고의 기술을 자랑한다. 최근 K방산과 K원전은 탁월한 경쟁력을 바탕으로 아시아와 유럽에 수출 길을 열고 있다. 유럽의 폴란드와 루마니아, 에스토니아 등은 원하는 가격과 납기를 맞추지 못하는 유럽과 미국 산 무기 대신 한국산 무기를 선호하고 있다.

② **정부와 민간의 혁신능력도 우수하다.** 2020년 OECD 첫 디지털 정부 평가에서 한국은 종합 1위로 평가 대상 33개국 가운데 가장 높은 점수를 받았다. 2021년 한국은 글로벌 혁신지수 평가에서 세계 5위, 아시아 1위였다. 2021년 일본경제연구센터(JCER)가 세계 84개 국가·지역을 대상으로 '디지털 잠재력'을 조사한 결과 한국은 5위를 차지했다. 한국이 '디지털 전환(DX)' 선도국으로 꼽힌 것이다.[92]

③ **한국인의 평균 IQ는 105로 세계 제1위다.** 한국인 김영훈은 2024년 7월 개최 '세계기억력대회'에서 IQ 276으로 인류 역사상 가장 높은 아이큐를 가진 사람으로 발표됐다. 국민들의 문맹률도 1%로 세계에서 가장 낮다. 88올림픽이나 촛불혁명, 빛의혁명 때 나타난 신명과 신기, 떼창과 응원은 거침이 없고 타의 추종을 불허한다.

④ **한국이 세계 산업계에서 차지하는 비중도 크다.** 대형 선박의

---

92 2024년 말 기준 한국이 세계 1위 수준 분야는 IQ 수준, 게임, 문맹률, 지하철, 공항, 인터넷과 스마트폰 보급률, 의료보험시스템, 폐기물 재활용, 화장품성형, 대학진학율이다.

60%가 한국산이고, 핵심 기술력은 최고 수준이다. 반도체 시장도 삼성과 SK 반도체가 없다면 스마트폰, 자동차 등 글로벌 IT 산업이 마비된다. 전기차 시장이나 문화산업, 국방·방산 분야에서도 한국산 제품의 우수성은 뛰어난 것이다. 그동안 미국과 일본을 배우던 세계는 이제 한국을 배우고자 한다. 한국의 기술력과 창의성은 글러벌 산업생태계에 필수요소가 되었다.

여기서 한국을 "전 세계인이 제일 부러워하는 나라 1위"라고 주장하는 맥킨 리처드 미국 하버드대 경제정치학 교수의 아래 강의 요지를 보자.

"한국은 미래의 모빌리티의 심장인 배터리 기술과 완벽한 수질의 수돗물, 세계의 두뇌인 반도체를 만들어 내고, 효율적인 의료시스템으로 생명을 지키며, 최고의 인터넷 인프라가 디지털 미래를 선도하고 있다. 시민들은 안전한 거리에서 서로를 배려하고, 고속철도는 국토의 시간과 공간을 압축해주었다. 아시아의 작은 나라, 전쟁의 폐허에서 원조를 받던 나라가 이제 세계를 리드하는 나라로 거듭났다. 이런 한국을 세계가 부러워하지 않을 이유가 없다."[93]

---

93 https://www.youtube.com/watch?v=_ElyxOZg1mE.

나아가 리처드는 세계가 주목하고 두려워하는 한국의 힘은 어디서 나오는가를 깊게 연구한 결과, 그것은 '하루 만에 하나가 될 수 있는 힘'이라고 강조한다. 그의 관련 강연 요지는 아래와 같다.

- 석유도, 희귀광물도 없는 한국에게는 무서운 자원이 있다. 그것은 재난 상황 등에서 신속히 자발적이고 질서정연하게 움직이는 한국인들의 '단일화의 힘'이다.
- 이는 기술의 문제가 아니라 사람의 문제다. 문화도, 정치도 아닌 집단적 합의와 실행력의 진수이고, 사회적인 합의·신뢰가 바탕이 된 시스템이다. 개인보다 공동체를 먼저 생각하는 철학 그것이다.
- 오랜 시간 축적된 역사적 경험과 아픈 기억의 결과인 '단일화의 힘'은 전 세계에서 한국만 갖고 있는 DNA이자 새로운 형태의 사회적 자본으로, 이는 한국의 새로운 경쟁력이 될 것이다.

그는 최근 세계가 한국의 이 집단실행능력을 하나의 전략변수로 보기 시작했다며, 다음과 같은 미 국방부 산하 전략분석국의 보고서를 소개했다.

"한국은 전시 동원 없이도 사회 전체가 자동적으로 정렬되는 세계 유일의 비군사적인 사회동원형 국가다. 전시가 아닌 상황에서도 이런 동원이 가능한 나라는 한국뿐이다. 한국의 민간 대응 속도는 다수 유럽 국가들의 전시 대응체계보다 **빠르다**. 선거일과 수능일에는 민간까지 포함한 국가적 행동 동기화가 이루어진다."[94]

이렇듯 한국은 미국이나 중국, 러시아 못지않게 잘 사는, 부러움을 받고 있는 나라다. 일본보다도 더 선진국이고, 국민 1인당 월평균 급여로 비교할 때 북한보다는 약 2300배나 더 잘 사는 나라다.[95]

나. 군사안보 분야
– 2025년 한국은 세계 5위 군사력 보유

미국 군사력 평가기관 GFP가 발표한 '2025 글로벌 파이어파워' 보고서에 따르면 한국은 조사 대상국 145개국 가운데 5위였다. 한국은 영국과 프랑스, 일본 등을 제쳤다. 2024년에 북한은 36위였다.

한국의 군사력이 우수한 이유는 군인들이 엄격한 훈련교육을 받아 모두 전문적인 실력을 갖추고 있다는 것이다. 세계 최고 수준의 K-9포병과 기계화 군단, K-21 초음속·스텔스 전투기, 이지스 구축

---

94 https://www.youtube.com/watch?v=6xz0yWWC7ZY&t=11s(2025.5.10)
95 남한주민의 1인당 월평균 임금은 310만원. 북한은 2023년에 탈북한 북한 외무성 과장급 직원이 재직 시에 받았다는 월급 0.3$/400원에 배급+ 등을 고려해 약 1$/우리 돈 1340원으로 추정하고 계산했다. 참고로 북한 암시장에서 1$는 북한 돈 8000원 선이다.

함 등을 보유한 강군이다.

지속적인 국방비 투자와 방위산업 기술 혁신이 한국군 성장의 핵심 동력으로 작용했다. 한국군은 북한군과 비교할 수 없는 기술적 우위를 유지하고 있다. 핵무기는 NPT에 따라 개발을 못 할 뿐 언제든지 6개월 내에 생산이 가능한 기술능력을 갖고 있다. 한국은 항공, 장갑, 소형 무기, 조선 분야에서 뛰어난 개발·생산 능력도 보유하고 있다

다. 문화체육 분야

100여 년 전, 암울한 시대에서도 김구 주석은 한국이 문화강국이 되기를 소망했다. 지금 한국은 세계 곳곳에서 문화강국으로서의 입지를 다지고 있다. K팝에서 시작된 한류가 K드라마, K뷰티, K푸드를 거쳐 K클래식, K무비에 이어 K-민주주의로 이어졌다. 한국은 세계적인 문화아이콘이 되었다.

한국의 소프트파워는 국가브랜드의 가치 상승으로 이어지고 있다. 한국산 TV와 세탁기, 스마트폰은 오래전부터 최고급으로 대접받아 왔다. 최근 유럽·미주 전 지역에서 확산하고 있는 K-뷰티(화장품) 열풍은 한국 화장품이 스위스의 시계, 독일의 자동차, 이탈리아의 가죽제품과 같이 우수성의 상징이 되었다. 뛰어난 품질·디자인에 한류

이미지가 결합해 한국 문화·경제가 시너지 효과를 내고 있다. 창의적이고 도전적인 혁신으로 세계인의 마음을 사로잡는 각종 상품과 콘텐츠를 만들어낸 결과다.

체육분야에서도 양궁을 비롯 배드민턴과 여자골프는 한국을 빛내고 있다. 배드민턴 여왕(셔틀콕 여제) 안세영 선수는 2024년 파리올림픽 단식에서 우승했다. 2025년에는 더욱 높아진 기량으로 말레이시아 오픈, 오를레앙 마스터스, 전영 오픈 등 4개 대회 우승을 이어가며 세계 1위를 지키고 있다. 2025년 2월 현재 여자골프 세계 랭킹 100명 중 39명이 한국 선수다. 그동안 한국은 LPGA 투어 우승자 49명을 배출했다. 한국 선수들은 220회의 우승 기록을 세웠다. 메이저대회에서만 36회나 우승했다.

많은 개발도상국들은 한국 사회의 역동적이고 진취적인 모습을 배우고 있다. 2022년 한 조사결과에 의하면 아세안 청년들이 가장 신뢰하는 국가는 미국이나 일본이 아닌 '한국'이었다. 그들에게 한국 하면 떠오르는 이미지는 'K-팝', 'K-드라마'… 한국인은 예쁘고, 성실하고, 친절하다는 것이었다. 글로벌 문화 속 한류가 차지하는 비중이 높아지면서 2024년 세계 언어 학습 시장에서 한국어는 7위였다. 지구상에서 한국어 사용 인구는 프랑스어 사용 인구보다 많아졌다. 한국어를 제1외국어로 사용하는 나라도 늘어나고 있다.

아시아와 중동, 중남미 지역은 물론 미국에서도 한국 따라 배우기는 열풍에 가깝다. 베트남과 인도네시아, 몽골, 볼리비아, 에콰도르 등 수많은 개도국들은 우수한 인적자원과 기술혁신 등으로 선진국이 된 한국의 개발 경험과 성공을 본받고자 한다.

한국의 문화 콘텐츠는 한국 경제성장의 신동력으로 부상하고 있다. 한국의 콘텐츠 수출은 이미 가전제품과 화장품 등을 제치고 7위의 수출 품목이 되었다. 높아진 문화력은 국제정치에서 한국의 위상을 키워주고 있다.

한강 작가의 2024년 노벨문학상 수상은 순수문학 분야에서도 한국의 문화적 힘을 세계에 알리며 한국 문학의 세계적 위상을 높인 쾌거였다. 한국은 국민 IQ 수준, 게임, 문맹률 최하, 지하철, 공항, 선박 제조 기술, 인터넷과 스마트폰 보급률, 의료보험시스템, 폐기물 재활용, 화장품성형, 대학진학률 등에서 세계 1위 수준이다. 한국인들은 지구촌 방방곡곡 193개국에 708만 명이 거주하고 있다.

라. 가장 큰 힘은 '민주시민의식'

한국은 분단과 전쟁의 폐허를 딛고 '한강의 기적'을 이뤘다. 한강의 기적은 애국심으로 충만한 국민들의 한국심이 모여 이뤄냈다. 오늘날 한국은 세계 10위권의 경제력에 5위의 군사력, 5~6위의 제조·수출 강국이다. '강한 국가'와 '강한 시민사회'가 역동적 균형을 이룬 특별한 나라다.

이제 한국은 독수리와 용이 서로 눈독을 들이면서도 함부로 건들지 못하는 호랑이다. 최근 에드워드 하웰 영국 옥스포드대 국제관계학 교수는 한국이 미·중·러·일 4대 강대국도 건드리지 못하는 강국이 되었다고 주장했다. 그는 한국 문화의 중요한 특징을 '눈치'로 규정하고, 눈치 빠른 한국인들이 이뤄낸 기적을 아래와 같이 말한다.

"4대 강국 사이에서 생존하기 위해 한국인들은 항상 주변 상황을 예민하게 읽고 대응해 왔다. 이런 역사적 경험들이 모여 오늘날 한국의 외교전략과 경제정책, 그리고 문화적 자신감을 형성했다. 한국은 역사의 피해자에서 세계를 만들어 가는 주체로 변모했다.

한반도 통일과 관련 통일은 한국이 직면한 인구문제 해결, 새로운 동력 확보, 지정학적 위상 강화의 기회다. 한국의 미래는 위기와 기회 등의 도전에 어떻게 대응하느냐에 달려있다. 역사적으로 한국은 항상 위기를 기회로 전환해 왔다.

한국이 도전을 성공적으로 극복한다면 4대 강대국에 둘러싸인 나라가 어떻게 세계사의 주역이 될 수 있는지 놀라운 사례가 될 것이다. 한국이 보여준 지혜와 탄력성은 다른 나라들에게 영감의 원천이 될 수 있다."[96]

빠른 눈치를 무기로 한국이 격변기의 위기를 기회로 삼아 몸집과 근력을 키워나가면 밝은 앞날을 기대할 수 있다. 이를 기약할 수 있는 한국의 가장 큰 무기는 바로 한국인들의 깨어 있는 민주시민의식, '정치적 각성'이다. 민주주의를 되살린 촛불혁명, 코로나19 팬더믹 극복, 총선, 12.3 계엄·탄핵 정국 등에서 보인 한국인들의 정신과 정치적 통찰은 남달랐다. 모두 선진국들보다 앞선 민주시민들이었다. 2024년 12.3 계엄사태 시 정치적으로 각성하고, 경계심이 높은 민주시민들은 한국 민주주의의 마지막 보루임을 보여주었다. 세계 만방에 국민과 법, 정의가 승리한다는 것을 분명하게 보여주었다.

그럼에도 한국의 정치에는 아직 선각자들이 강조하는 지혜가 필요하다. 19세기의 새뮤얼 스마일스는 "하늘은 스스로 돕는 자를 돕는다", "세상의 도움에 기대지 말고, 먼저 스스로 도우라." 했다. 그는 또 "모든 국민은 자신들의 수준에 맞는 정부를 가진다. 사회가 성숙하려면 먼저 그 구성원들이 성숙해야 한다"고 강조했다.

2500년 전, 민주정치의 원조인 그리스 아테네에서 스승인 소크라테스의 죽음을 보고, 자신도 노예시장에 팔려 간 적이 있는 플라톤

---

96 https://www.youtube.com/watch?v=_ElyxOZg1mE.

은 "정치적 무관심을 경계하라"고 경고했다. 그가 보기에 정치에 무관심한 시민들이 받는 벌은 그들이 가장 저질스러운 인간들에게 지배당한다는 것이었다.

2024년 12.3계엄과 이후 2025년 4월 4일까지 불안하고 어수선한 정국과 분열되고 후진적인 정치사회는 한국인들의 정치 수준이 매우 낮다는 사실을 보여주었다. 역사와 정치에 대한 관심과 함께 한국을 주무르는 미국의 한반도 지배 시스템에 대한 이해가 중요하다. 한국에서 약 20년 주기로 반복되는 민주화 정국에서 미국은 항상 민주정부보다는 자국의 이익과 입맛에 맞는 독재자를 지원하는 모습이었다.[97]

평상시에도 모든 권력은 군부나 검찰, 외세에서 나오는 것이 아니라 국민으로부터 나온다(헌법 제1조 2항)는 사실을 기억해야 한다. 눈을 부릅뜨고 누가 반국가, 반주권, 반통일 세력인지 냉철하게 판단해 그들을 엄하게 심판·척결해야 한다. 오직 국민적 각성과 경계심만이 나라를 바로 세우고, 정치 수준도 높인다는 것은 국민국가 시대의 철칙이다.

대외적 측면에서 필요한 한국의 능력은 스스로 자주독립과 통일

---

[97] 1860년 4.19와 박정희, 1980년 5.18과 전두환, 2017년 촛불혁명 정국과 조현천의 쿠데타 모의 의혹, 2024년 12.3 비상계엄 후 빛의 혁명과 윤석열 내란 등 한국의 전환기 때마다 보이지 않는 미국의 어두운 그림자가 어른거렸다.

한국, K-문명대국을 건설할 수 있는 권능을 확보하는 것이다. 무엇보다 미국이 '허락해서 존재하는 한국', '미국이 승인해야 남북교류협력이 가능한 상태'에서 탈피하는 것이 핵심이다. 독자적으로 대내외 및 대북한 정책을 추진할 수 있는 주권국가로 거듭나야 미래와 희망을 이야기할 수 있다.

역대의 모든 한국정부가 추진한 대북정책이나 통일정책은 모두 실현 불가능한 빈말이었다. 필자는 30년 동안 통일부에서 근무하며 이를 뼈저리게 확인하고 또 확인해야 했다. 통일방안과 남북기본합의서, 6.15공동선언, 개성공단과 남북 연결 철도·도로 연결 등 피땀 흘린 흔적들은 지금 모두 사라지고 없다.

북한의 비정상적인 행태와 핵 개발, 남한의 대북 강경정책이 남북관계 파탄의 직접적인 원인만은 아니다. 더 큰 불편한 현실은 비무장지대(DMZ)를 사이에 두고 남북이 아닌 북미가 마주하고, 남쪽의 미국이 허락해야 남북한의 합의들이 이행될 수 있기 때문이다. 남북한을 가르는 중심이고 허리인 비무장지대(DMZ)에는 한국이 설 땅이 없다. 이 때문에 한미동맹과 한미동맹과 정전체제하에서 그동안 한국정부의 남북한 평화·통일 노력은 '시지프스의 바위'였다. 한미관계에서 한국의 영토와 안보 주권은 제한적이다.

유감스럽게도 한국 대통령과 국민들이 아무리 유능하다고 해도 현재의 체제하에서는 스스로 전쟁 걱정 없이 평화롭게 잘 사는 나라를 만들 수 없다. 이 사실을 국민들이 인식하고 대오각성(大悟覺醒) 할 때만 한국인들의 꿈과 희망, 통일을 말할 수 있다.

2020년 이후 한국의 명목 GDP가 세계 10위에서 지속적으로 떨어져 2025년 현재, 14위지만 한국은 스스로 운명을 결정할 수 있을 만큼 강한 나라다. 유엔사나 미군이 없어도 스스로 안보를 책임질 수 있다. 전시 작전 수행에 충분한 정신력과 군사력도 갖췄다. 외무성 과장급 월급이 0.3$짜리에 불과한 북한은 남한을 잠시 타격할 능력은 있어도 여러 날 전쟁할 능력은 없다. 세계 최빈국에서 병력들이 먹을 쌀, 전투기와 탱크, 트럭들이 사용할 유류 등 전략물자가 형편없기 때문이다.

트럼프 2기 정부 국방부 정책차관이 된 미국 방위전략가 엘브리지 콜비는 대선 과정에서 미국 우선주의와 고립주의에 맞춘 한미관계를 아래와 같이 솔직하게 말했다. 미국의 전혀 새로운 입장이지만 정상적인 한국의 입장에서도 틀린 글자가 없다.

- "한국은 스스로 방어해야 한다. 세계 5위 군사력, 세계 4위 방위산업 국가에 미군 주둔은 필요하지 않다.
- 미국의 주된 문제가 아닌 북한문제 해결을 위해 미군을 인질로 둬

서는 안 된다. 주한미군을 중국 견제에 활용하는 대신, 한국의 자체 핵무장을 고려할 필요가 있다.

- 한국은 미국 의존을 줄이면서 북한 위협을 스스로 방어해야 한다. 미군을 한국에 주둔할 필요가 없다." (2024.4.26, 5.8 언론 인터뷰 등)

05

역사 교훈: 임란·호란은 말한다

　과거는 현재와 미래를 비추는 거울이다. 역사는 관련 지식을 배가시켜 준다. 교훈과 통찰력을 제공하고, 미래를 예측해 지혜롭게 대비토록 도와준다. 그렇다면 어느 시대의 어떤 역사를 보아야 도움이 될 수 있을까?

　필자는 400여 년 전, 조선 중기에 발생한 처참한 역사인 ① 임진왜란(壬亂)과 ② 광해군의 명청전쟁 참전, ③ 병자호란(胡亂)이 적실하다고 생각했다. 일련의 사건들은 중화제국 명(明)이 몰락하고, 일본과 동북의 후금(청)이 발흥해 동아시아 질서가 붕괴하는 과정에서 발생했다. 모두 패권국인 중화제국과 신흥세력(일·청) 간 전쟁이었다.

　당시 조선인들은 오늘날 한국인들 대부분이 미국과 미국 주도의 패권질서가 몰락한지 모르듯, 중화질서가 무너지고 있다는 사실을 상상하지 못했다. 조정의 사대부들은 중화사상과 유가사상에 꽉 막혀있었다. 그런 신하들에게 둘러싸인 왕들은 현명하지도 못했다.

무엇보다 중화제국의 '속국'이었던 조선은 안보를 중국에 의존한 채 유비무환(有備無患)하지 않았다. 특히 병자호란에서는 속수무책이었다. 임란왜란에서도 6·25전쟁 때와 유사하게 중국에 작전권과 강화협상권을 위임한 가운데 전 국토가 유린당했다. 한국사에서 외세의 침략 시 한반도 국가(신라·조선·한국 등)는 전시작전권을 갖고 싸운 적이 없었다.

가. 17세기 전후의 동아시아 패권전쟁과 한국

당대의 전쟁은 오늘날 미중 패권전쟁과의 유사점이나 관련해 우리에게 주는 시사점이 많다. 3개 전쟁사의 거울에 오늘을 비춰보자.

임진왜란(1592년~1598년)

16세기 말, 동아시아 국제정세는 요동쳤다. 중국 명나라는 경제난과 정치의 무능·부패로 민심이 이반돼 몰락의 길로 들어섰다. 명의 망조를 파악한 왜구 일본과 동북의 오랑캐(후금)는 중국과 중원의 정복을 꿈꾸기 시작한다.

일본이 먼저 움직였다. 일본 열도를 통일한 도요토미 히데요시는 통일 과정에서 생긴 불만세력의 관심을 밖으로 돌릴 필요가 있었다. 대륙 진출을 위해서는 조선을 교두보로 삼아야 했다. 일본은 조선에 "명을 정복하려고 하니 길을 빌려 달라(征明街道). 그렇지 않으면 침략하겠다"고 통지했다.

조선은 양반사회의 분열과 군역제도 문란 등으로 국방력이 취약했다. 일본군의 침략 의도와 정황을 파악하고도 조정은 '침략할 일이 없다'는 통신사 사신(김성일)의 의견을 따랐다. 병사의 징발·훈련과 군수물자의 준비는 백성의 원성을 이유로 시행하지 않았다. 무능하고 부패한 조정은 병력 양성 등 군비증강을 극구 회피했다.

5년의 조선침략 준비를 끝낸 일본은 1592년 4월, 15만 8700명의 대군으로 부산을 공격(1차 침략: 임진왜란)해 15일 만에 서울을 점령했다. 조정은 서울 사수의 뜻을 비치다 행재소를 의주로 옮기고, 명에 일본의 침략을 막아달라고 간청했다.

명나라에서는 여론이 분분했으나 우방인 조선의 변란을 강 건너 불 보듯 할 수 없었다. 자국 침략을 노골화하는 일본을 조선반도에서 제압하는 것이 국가 안위를 위해서도 바람직했다.

명은 임란 발발 3개월 만인 1592년 7월부터 참전해 1년 후인 1593년 4월에는 서울을 탈환하게 된다. 명은 '일면 전쟁, 일면 협상' 전략하에 전쟁 개시 1년 후부터 일본과 강화를 추진했다. 일본도 승산 없는 중국과의 전쟁에서 한반도 이남을 할양받고 끝내고자 했다.

명이 일본의 요구를 거부하고, 3년 동안의 강화 협상이 결렬되자, 일본은 14만 3500여 명의 병력을 동원해 제2차 침략(정유재란)을 감행했다. 예상보다 강한 일본을 확인한 명나라는 조선의 안위가 곧 자국 안위와 직결해 있음을 인식했다.

명의 전략은 조선을 구하기보다 자국 울타리인 요동의 안정을 확보(保家衛國)하는 것이었다. 본심은 일본과 결전을 벌이거나 그들을 한반도 밖으로 축출하는 것이 아니었다. 강화협상을 통해 전쟁을 빨리 끝내는 것이었다.[98]

명일 양국 간의 지루한 협상에 따라 전쟁은 전쟁도 평화도 아닌 것으로 변질돼 버렸다. 결전 의지가 없는 명군의 참전과 장기 주둔(1592.7.~1600.9.)은 조선에 극심한 폐단을 남겼다. 850여 년 전의 당나라 군대 못지않았다.

강화론이 대두한 이후 명군 지휘부는 조선군의 진격과 결전을 방해했다. 조선군은 독자적인 군사작전권을 상실해 일본군을 맘대로 공격할 수 없었다. 그런 가운데 1598년 2차 전쟁에서 일본이 패하고 마침 도요토미가 죽자 일본군이 철수하면서 7년 전쟁이 끝난다.

---

98 문대근, 『한반도 통일과 중국 – 과거·현재·미래의 한중관계』, 늘픔플러스, 2009, pp.102-106 참조.

명·후금 전쟁과 조선 광해군의 균형외교(1618년~1623년)

임란에 명군의 참전은 조선의 지배층에 나라를 다시 세워준 '재조지은(再造之恩)의 은혜'로 인식되었다. 조선의 내부사정을 잘 알게 된 명의 영향력은 더욱 확대되었다. 전쟁으로 피폐해진 조선이 의존할 곳은 여전히 명나라뿐이었다.

임란 참전으로 국력을 소진한 명은 급속하게 쇠락해 갔다. 그 틈을 타 동북지역의 만주족 수장 누루하치는 세력을 크게 확장, 1615년에 청의 전신인 후금(後金)을 건립했다. 1618년에는 푸순(撫順)을 점령하고 중원의 명나라에 전쟁을 선포한다.

명은 조선에 임란 때 '원조(抗倭援朝: 東援)'를 베풀었음을 강조하면서 대규모 병력 파견을 요구했다. 조선을 후금과의 전쟁에 끌어들이려는 명의 전략은 전형적인 '이이제이(以夷制夷)'였다. 후금은 조선에 명을 돕지 말라고 경고했다.

광해군 시대(1608~1623)에 명의 조선에 대한 고압적 태도와 함께 조선 내부의 숭명 사대의식은 새로 부상하는 후금에 대한 조선인들의 재인식과 맞물리며 조선을 흔들었다. 조정에서는 명·후금 간의 세력전이 과정에서 양국 간의 전쟁에 출병하는 문제가 국가적 현안이었다.

조선은 명의 요청을 거부할 수 없었다. 1619년 조선군 1만 3000

여 명을 후금과의 사르후 전투에 참전시켰다. 임란에 참전한 바 있는 광해군의 판단은 남달랐다. 그는 강홍립에게 정세를 잘 파악, "상황에 맞춰 행동하라"고 지시했다. 명이 아닌 국익을 위해 "패하지 않을 방도를 찾아라"는 것이었다.

만주지역 패권에 결정적인 사르후 전투에 명은 10여 만의 병력이 참전하고, 후금은 6만여 명이 참전했다. 결과는 후금의 대승이었다. 강홍립의 조선군은 후금군에 포위당한 채 참전의 불가피성을 강조하며 항복 의사를 표시했다.

광해군의 조선은 후금과의 갈등을 피해 가는 중립외교를 선택했다. 명의 심기를 건드리지 않고, 희생을 최소화하기 위해서는 실리와 명분 사이에서 균형이 필요했다. 명나라가 몰락하고 후금이 부상한 새로운 정세를 파악하고, 두 세력의 중간에서 균형을 취한 것이다.

후금 또한 조선을 적으로 돌릴 필요가 없었다. 후금군은 생존한 5000여 조선군을 죽이지 않고 포로로 삼아 전멸이라는 화를 면해 주었다. 이후 조선은 압록강 입구 가도에 주둔한 명의 모문룡 부대를 지원했다. 후금과는 친선을 도모했다. 명·후금 간의 싸움에 말려들지 않고 실리를 추구한 것이다.

광해군의 모호하고 이중적인 균형외교는 조선의 사대부들을 자극했다. 성리학적 명분론에 매몰된 조선의 사대부들은 '적들을 입으로

막고, 펜으로 물리칠 생각'이었다. 사대부들은 결국 상전인 명나라를 배신한 불의(친명배금정책)를 명분으로 '인조반정'을 일으켜 광해군을 폐위시켰다.

정묘호란(1627년), 병자호란(1636년)

• 정묘호란

1627년 후금(後金)의 조선에 대한 제1차 침입(정묘호란)은 당시 명과 후금의 대결구도의 여파가 조선으로 전가되는 형태로 일어났다. 즉 후금은 자국의 경제적 곤란을 극복하고, 바로 턱밑에서 자신들을 견제하던 가도(椵島) 동강진의 요동 책임자인 모문룡을 제거하기 위한 것이었다.

조선은 인조반정 후 내정을 추스르는 데 여념이 없는 상황에서 속수무책이었다. 조선은 결국 명과의 기존 관계를 유지하면서 후금에 해마다 목면과 명주를 세폐(歲幣)로 제공하고, '형제관계'를 받아들이는 선에서 강화를 맺었다. 이후 조선은 후금의 중요한 '경제적 생명선' 역할을 했다.

1632년 만주를 장악한 후금은 북경 공격에 앞서 조선에 양국관계를 형제지국에서 '군신지의(君臣之義)'로 고칠 것과 많은 양의 세폐와 정병 3만을 요구했다. 1636년 2월에는 조선이 신하의 나라로 예를 갖춰 신사(臣事:신하로서 예)할 것을 강요했다.

• 병자호란

인조는 후금 사신의 접견마저 거절하며 항전 의지를 굳혔다. 1636년 4월, 후금의 태종 홍타이지가 스스로 황제라고 칭하고 국호를 청(淸)이라고 고친 후에도 조선의 태도는 강경했다. 명나라와의 중원 패권전쟁을 앞둔 홍타이지는 먼저 조선을 제압해 후방을 안정시켜야 했다.

청은 조선의 왕자와 대신, 척화론자(斥和論者: 화친하자는 논의를 배척한 사람)들을 인질로 보내 사죄하지 않으면 조선을 공격하겠다고 위협했다. 명을 유일한 천자의 나라로 인정하고 섬겨온 조선은 명·청 사이에서 한 나라만을 선택해야 하는 기로에 섰다.

조선의 척화론자들은 청나라의 요구를 계속 무시했다. 조선에는 명에 대한 '재조지은' 의식과 함께 답답한 대관들이 자리하고 있었다. 위정자들의 세계에는 오직 주자학적 교리와 중국만 있을 뿐이었다. 인조는 "전쟁이 일어나도 청을 황제국으로 섬기라는 요구를 수용할 수 없다"고 답했다. 청에 대한 선전포고였다.

조선의 태도에 분개한 청 태종은 청·몽골·한인(漢人)으로 편성된 10만 대군을 거느리고 12월 9일 압록강을 건너 쳐들어왔다. 곧바로 서울로 진격했다. 조선 조정은 13일에야 청군의 침략 사실을 알고 급히 종묘사직의 신주(神主)와 종실(宗室) 등을 강화로 피난시켰다. 14일 밤 인조도 강화도로 피난하려 했으나 이미 청군에 의해 길이 막혀 남한산성으로 피했다.

　인조와 신하들은 남한산성에서 45일간 버텼다. 국왕이 사지에 고립되고, 나라가 망국 위기에 놓인 절체절명의 상황에서도 조선의 지배층은 시종 척화를 주장했다. 목숨을 건 척화론에 비해 주화론(主和論: 화친을 통해 전쟁을 피하자는 주장)의 목소리는 들리지 않았다.[99]

　하지만 산성의 조정에는 차츰 먹을 것이 떨어져 청의 공격을 당해낼 수 없게 되었다. 마침내 인조는 남한산성에서 나와 삼전도에서 3번 큰절하고 9번 땅바닥에 머리를 조아리며 굴욕적인 항복을 했다. 항복을 받은 청군은 모두 조선에서 철군했다. 만주와 조선, 동강진을 상실한 중화제국 명의 멸망은 시간문제가 되었다.[100]

　1644년 청군은 만리장성을 뚫고 관내로 침입했다. 틈왕(闖王)으로 알려진 이자성의 반란군은 북경의 자금성을 점령했다. 바로 그때 농민군의 집정을 두려워한 명의 지배층은 청군과의 강화를 모색했다. 만리장성 동쪽 끝 산해관 방위 책임자 오삼계는 청군을 관내로 안내하며, 청의 북경 점령을 도왔다. 명의 멸망은 청군에 의한 타살이 아니라 자살이었다.

99　김훈, 『남한산성』, 학고재, 2007 참조.
100　문대근, 앞의 책, pp.106-111.

나. 3개 사건이 주는 교훈·시사점

　한반도 역사에서 거의 모든 외침은 중화제국의 팽창정책 또는 동북방 이민족 세력이나 일본이 중국을 장악하기 위한 사전 정지작업의 소산이었다. 한반도가 취약하고 동아시아 정세가 불안정할 때 한반도 국가는 어김없이 중국과 요동, 해양 세력으로부터 비롯된 침략이나 전쟁에 휘말렸다.

　격변기의 동아시아 질서는 한반도가 취약하고 혼란스러울 때 평화가 교란되고, 이때 한반도가 동북아 지역의 충돌과 모순의 소용돌이로 작용했다. 여기에 좁은 세계관에 묻혀 정세 변화를 외면했던 위정자들의 경직된 대외관과 정책의 실패는 한반도를 지정학적 블랙홀로 몰아갔다.[101]

　3개의 사건은 모두 중국이 쇠락하고 주변의 일본·청나라가 부상하는 동아시아의 권력 변동기에 발생했다. 이들 간의 전쟁에서 취약한 한반도는 국가 간의 전장이 되었다. 신흥 대국의 속국이 돼 중국 진출 교두보나 병참기지가 되었다.

　임진왜란과 병자호란은 우리 민족에게 씻을 수 없는 상처를 남긴 참극이었다. 전쟁으로 인한 인명 피해는 물론, 문화재와 경제적 손실 또한 막대했다.

---

101 문대근, 앞의 책, p.188.

3개의 역사적 사건이 우리에게 주는 교훈은 3개로 정리할 수 있겠다.

첫째, 새삼 역사는 그 패턴·운율을 반복한다는 것이다.

임진왜란으로부터 350여 년이 지난 후의 6·25 전쟁은 역사의 반복이었다. 두 전쟁이 동아시아 국제질서 전환기에 대륙·해양 세력 간의 한반도 각축전이었다는 점, 조선과 한국이 일본과 북한의 침략 준비를 알고도 '침략할 리 없다'고 무시한 점, 한성(漢城)과 서울 사수를 생각도 못 한 채 의주와 부산으로 정부를 옮긴 점이 유사하다.

조선과 한국이 중국과 미국에 파병을 요청한 것과 그들에게 전시작전권을 이양한 점, 이에 따른 주권의 제약과 전후 중국과 미국의 대 조선, 대 한국 영향력이 확대된 점, 일본의 도요토미와 소련의 스탈린이 죽자 임란과 6·25전쟁이 끝난 것도 우연이 아니다. 과거를 적극적으로 성찰하지 않아 불행이 그대로 반복된 것이다.

둘째, 지나친 사대의존은 망국의 길이라는 것이다.

전통시대 조중관계에서 조선은 안보를 중국에 의존했다. 이에 따라 오늘날의 일각의 한국인들처럼 정신이 비겁해지고, 혼이 부패하고 타락해 자율적인 사고와 자강자립이 불가능했다. 그 상황에서 외세의 침략을 받으면 또 다른 외세의 개입을 간청해 구원의 대가인 '재조지은'의 빚은 내내 주권을 속박하는 족쇄가 되었다.

여기에 의리론과 명분론에 치우친 위정자들의 비현실적인 정세 인식도 올바른 판단과 대처를 가로막았다. 정책의 자율성 제한으로 주변국들과 융통성 있는 외교를 할 수 없었다. 임진왜란 후의 조중관계와 6·25전쟁 이후의 한미관계는 놀랍도록 유사하다.

조선시대를 통틀어 유일하게 대의명분보다 실리와 국가의 안위를 우선했던 광해군의 실리외교는 그래서 귀중한 것이었다. 냉정한 국제관계에서는 가치나 명분에 집착하기보다 국익에 따른 실리적 선택이 더 중요하다. 오늘날의 한미·한중관계에서 광해군의 균형외교는 우리에게 귀중한 교훈이다.

셋째, 일국이 주권과 전작권 없이 스스로를 지킬 수 없다는 것이다.

임진왜란·병자호란은 현재 진행 중인 우크라이나 전쟁과 유사하다. 우크라이나 전쟁은 여러 원인이 있지만 기본은 미국이 중국과의 본격적인 전쟁에 대비하는 전초전 성격이 강한 것이다. 미국과 서방이 적극 지원하고 우크라이나가 러시아와 싸우는 형국은 6·25 한국전쟁 양상이다. 우크라이나 전쟁 이후는 어디가 될 것인가? 미국 편이 된 한국은 어떤 식으로든 중국 또는 러시아로부터 공격을 받는 제2의 병자호란을 당할 수도 있다. 미국이 더 약해지면 한국의 입지는 땅에 떨어진다.

우크라이나와 같이 전략적 요충으로 외세의 지배를 받는 지정학적 단층대의 한국은 지각변동 시 위험하다. 임란과 호란 같은 유린(蹂躪)의 역사를 반복하지 않기 위한 한국의 최대 과제는 하루빨리 외세의존에서 벗어나는 일(Korexit)이다.

임란과 6·25전쟁에서와 같이 또다시 외세에 의존한 채 전작권은 물론 협상권도 없이 싸우는 일은 없어야 한다.[102] 나라다운 나라가 아니었다. 광해군 시대와 달리 선조와 인조 때는 왕이 하는 일 없이, 수십만 국민들의 코·귀가 잘려 일본에 묻히고 부녀자 50여만 명이 만주 봉천으로 끌려갔다.

---

102 현재 미국의 한국군 전시작전권 환수에 대한 입장은 2025년 4월 1일 미 합참의장 후보자의 상원 군사위원회 인사청문회 답변서에 잘 나타나 있다. 그는 한국의 전시작전권 전환은 "한국군의 독자적인 능력과 관련된 조건을 충족하고, 안보 환경이 전환 전에 한미 연합사령부의 주도권을 행사하는 데 도움이 되는 조건을 충족해야 한다"고 했다. 여전히 모호하다. 내줄 의향이 없다.

제3부

한국이 이뤄내야 할 역사적 과업

01

선택I: 대전환을 위한 한국의 첫걸음(Korexit)
- Korexit는 통일한국과 K-문명대국 건설의 전제

　오늘날 한국이 딛고 선 땅은 그야말로 판 구조가 바뀌는 지각변동 상황이다. 이제 한국은 어디로 어떻게 움직여야 하는가? 미국과 중국 사이 어느 줄에 설까라는 물음은 우문이다. 놀이터의 시소를 떠받친 받침돌처럼 50:50의 균형을 고집하는 것도 어리석은 중용이다. 균형이라면, 스케이트 선수와 같은 동태적 균형을 추구해야 한다. 때론 한쪽 발에 온몸의 무게를 다 싣더라도 앞으로 나아갈 수 있는 균형이 필요하다.

　'중화민족의 위대한 부흥'을 외치는 시진핑의 중국, '미국을 다시 위대하게'를 외치는 트럼프의 미국. 두 거대 국가의 꿈이 '위대함'에서 중첩되고 과학기술을 그 수단으로 삼는 오늘날, 한국은 그 사이의 길을 동태적 균형과 역동성을 갖고 전진해 나가야 한다. 그러한 동태적 균형을 잡으려면 '코어(Core)'가 강해야 한다.[103]

---

[103] 은종학, "'중국제조 2025'가 품었던 3가지 가능성: 발현과 대응", 성균차이나브리프 통권75호, 파워인터뷰, 2025.4.1, pp.40-41.

가. 왜 코렉시티(Korexit: 강대국 속박 탈출)인가?

『미중 패권전쟁 시리즈 1~3권』이 이루고자 한 목적은 미중 패권전쟁 상황에서 ① 역사를 통해 안목과 통찰력을 키워 ② 보다 정확하게 전쟁의 현황과 추세를 분석하고, ③ 미국과 중국, 한국도 지피지기해 격변기 한국이 나아갈 대전환의 길을 제시하는 것이다.

지난 100년의 한국사가 요구하는 '한국의 꿈'은 일제 식민지배 후 못다 이룬 진정한 해방·광복을 완성해, 궁극적으로는 21세기 아시아 시대에 빛나는 '동방의 등불'이 되는 것이다. 즉 강대국의 속박으로부터 탈출해 ① 자유독립과 ② 평화·번영의 통일한국을 이뤄 ③ 세계를 리드하는 K-문명대국을 건설하는 것이다.

필자가 누누이 강조한 이른바 코렉시티(Korexit)는 한국의 꿈(①, ②, ③)을 실현하는데 필수불가결한 대전제다. 한국이 미국의 속박으로부터 탈출해 전략적 자율성을 확보하지 못하고는 어떠한 미래의 비전도 성취할 수 없다. 한국 고유의 지정학적 정체성을 찾고, 독자적인 국익과 미래의 비전을 찾기 위해서도 코렉시티는 필수 불가결하다.

미국과 미국이 주도해 온 패권질서가 붕괴하면서 미국의 한미동맹에 대한 인식과 전략도 바뀌고 있다. 미 국방부장관 콜비가 강조한 바와 같이 "한국은 스스로 북한 위협을 방어해야 한다. 한국에 미군의 주둔은 필요하지 않다."

사실 국가채무가 2025년 5월 현재 36조 달러가 넘는 미국이 한국 방위를 위해 자국군을 주둔시키는 신경증 환자가 아니다. 빚으로 연명하는 미국은 곧 엄청난 비용이 드는 해외 주둔 미군을 철수할 것이다. 미국은 주둔비 전액은 물론 몇 배의 이익이 없으면 한국에 미군을 주둔할 이유가 없다. 미국이 중국 견제를 위해 주한미군을 주둔한다면 한국은 주둔비를 받아야 한다.

다극화 시대에 '국익·거래 우선'을 강조하는 트럼프 2기 정부에서는 한미동맹의 형질이 변화될 수밖에 없다. 중·러 등 주변국과의 관계 설정 문제도 한층 까다로워졌다. 한국은 발상을 전환해 동맹의 신화와 중심에서 벗어나 자강을 위한 새로운 대외전략을 마련해야 한다.[104] 미중 사이 공간을 확보해 유연성을 발휘할 수 있는 전략대안 마련이 필요하다. 필자는 이를 '코렉시티(Korexit)'라 부르고 주장하는 것이다.

나. 한국의 정체성과 미래 비전

한국의 지정학적 정체성

한국의 지정학적 정체성은 통일을 추구하는 '분단국'이고, 해양·대

---

[104] 김흥규, "한·미 동맹 의존 말고, 중·일·러와 '전략적 관계' 설정을" 경향신문 [다시, 민주주의로], 2025.4.7.

륙 세력 사이에 낀 '중간국'이며, 선진국 수준의 국력을 가진 '중견국'이다. 한국의 경제·기술력은 세계 10위권, 문화 역량도 크게 증대해 한국 역할에 대한 국제사회의 기대는 그 어느 때보다 더 높다.

세기적인 변동 상황에 대응하기 위해 한국은 우선 고유한 정체성에 기반한 우리만의 국가비전과 국익을 규정해야 한다. 친일매국노들과 같이 반드시, 사전에, 미국과 긴밀히 공조할 일이 아니다. 미국의 사전 허락을 받을 일이 아니라 우리 국민들에게 물어야 국력의 결집과 전략적 외교가 가능하다.

그렇다면 한국의 국익으로 생각되는 「영토, 주권, 번영」과 미래 비전이라고 볼 수 있는 통일한국과 K-문명대국은 어디서 찾아야 하는가?

한국은 식민과 분단, 전쟁을 겪으면서 사실상 DMZ에 가로막힌 섬이 되었다. 한국은 사실상 섬이지만 평화·번영의 한국과 한반도의 꿈은 태평양에 있지 않다. 노태우 정부 이후 모든 한국 정부가 북방 유라시아 대륙에서 국가의 미래 비전을 추구한 이유가 있다.

역대 정부의 모든 북방정책은 미중 패권전쟁 후 한미동맹이 강화되면서 물거품이 되었다. 한국과 중국·러시아와의 관계가 악화되었기 때문이다. 그 과정에서 한국의 제한적인 대 북한 정책과 대 중국·러시아 정책의 민낯이 드러났다.

중국은 한국의 자주독립과 외세개입 차단을 주문하고, 북한은 그동안 미국의 허락 없이 아무것도 할 수 없는 한국에 속았다며 한국을 미국의 충견이라고 비난했다. 미국의 규제를 받는 러시아와 이란도 미국의 편에 선 한국을 미국의 속국이라며 경고했다. 이런 실정에서 높아가던 한국의 국력과 위상이 날로 악화되고 있다. 2024년 12·3 윤석열 정부의 비상계엄으로 한국의 국격과 경제는 나락으로 떨어졌다.

한국의 국익과 미래비전

한국은 국익 개념이나 미래 비전이 분명치 않은 나라다. 관련 담론이나 공론화를 찾아볼 수 없다. 하물며 미래 한국의 비전과 꿈을 이야기하는 것은 불문가지(不問可知)다. 과거 중화질서 속에서 중국의 속방이었던 조선도 그랬었다.

5년마다 바뀌는 국정목표는 있어도 일관되게 추구하고 수호해야 할 국익이나 핵심이익이 없었던 이유는 뭘까? 가장 큰 원인은 한국이 완전한 주권국이 아니고 미국이 '허락해야 존재하는 나라'기 때문이다. 또 한국의 이익·비전과 미국의 동아시아 전략적 이익이 서로 충돌하기 때문일 수도 있다.

국익은 단순하다. 국가의 생존·발전과 자국 영토 내에서 타국의 개입이나 간섭 없이 자유로이 의사결정을 할 수 있는 주권을 지키는 것이다. 평화와 번영은 동서고금을 막론하고 모든 국가가 추구했다.

안전은 기후변화 등으로 인한 새로운 시대에서 국가의 주요 목표이자 가치가 되었다.

선진국이 된 한국은 이제 '중요 국가이익'에 대한 개념 규정과 가이드라인을 수립·적용할 필요가 있다. 중국이 '핵심이익'을 강조하고, 미국이 '사활이익'을 주장하듯 한국도 양보할 수 없는 국가의 '전략적 이익'이 무엇인지 규정해야 한다.

국익을 중심으로 하는 외교 원칙과 기준의 부재는 임기응변식 대응을 불러올 것이다. 줏대가 없는 한국은 강대국 사이의 제로-섬 게임에 연루되는 위험에 빠지기 쉽다. 미국과 한미동맹의 신화 속에서 미국의 이익을 우선하는 듯한 한국의 모습은 민망하다.

이념과 진영의 논리가 지배했던 이전에는 미국과 더불어서 살아갈 수 있었다. 그러나 지각변동으로 미국과 미국 패권이 몰락하며 모든 국가가 진정한 자주독립을 추구하고 있다. 다극화 시대의 신세계에서 미국이 허락해야 존재하는 나라로 살아갈 수는 없다.

사실 한미관계는 비대칭 종속관계로 전통시대 한중 간의 조공책봉관계보다 더 비정상적이다. 2024년 말과 2025년 초, 한국의 윤 대통령 탄핵 정국 등에서 한국의 시민사회와 더불어민주당은 미국의 한국정치에 대한 개입 가능성을 경고한 바 있다. 그간의 미국 행보는 미국이 여전히 한국의 정치와 사법 판단, 대선 등을 조정할 수도 있다는 불안감을 안겨주었다. 윤석열과 미국의 실패로 귀결됐지만 말이다.

이 같은 한미관계에서 한국은 대북정책의 자율성은 물론 안보주권인 전시작전권도 없다. 영토 완정도 하지 못한 채 숭미 사대의존 의식이 지배하고 있다. 이런 사실을 모르는 한국인들은 거의 없으나 말을 하면 안 된다는 트라우마가 여전히 한국 하늘을 덮고 있다. 지구상에 이런 비정상적인 나라와 동맹 국가관계가 어디에 또 있을까?

모두 나라는 자국의 이익을 분투한다. 동맹도 상호 이익이 될 때만 존속한다. 그런데 한미가 추구하는 국익은 다르다. 비대칭관계에서 미국이 허락해야 존재하는 한미관계에서 한미동맹은 사실 동맹이라고 말할 수도 없다.

선진국의 중요한 조건의 하나는 국제정세를 읽고 판단할 자국만의 정의(定義)가 있는지의 여부다. 명실상부한 선진국은 적어도 자국이 어떤 국제질서를 추구할지 '큰 그림'을 갖고 있어야 한다. 이 글이 제시하는 Korexit(탈출·해방, 자유독립)⇒ 민족자결, 통일한국(광복)⇒ K-문명대국 건설과 같은 비전 말이다.

일제 강점기 독립운동가이자 언론인이었던 신채호는 "한국의 자주·독립은 한반도와 동아시아 평화의 요체"라고 강조했다. 주권자(

주인) 노릇을 하지도 못하면서 한국이 이룰 수 있는 의미 있는 일은 없다. 대전환을 위한 한국의 새로운 외교원칙과 지정학적 위상을 설정할 이유가 여기에 있다.

다. 한국이 취해야 할 외교전략

미중 패권전쟁이 고조될수록 미국은 한국을 자국 편, 특히 한미일 동맹에 단단히 묶어두려 한다. 중국은 좌시하지 않을 것이 분명하다. 동아시아에서 패권은 한반도를 누가 지배하느냐의 문제이기 때문이다.

한국이 선택해야 할 것은 불가능한 양자택일이 아니다. 어느 국가도 선택하지 않고 홀로 서는 것이다. 변화한 국제정세와 한국의 정체성에 기반한 국가비전과 국익을 규정해 국력을 결집, 국익 우선의 전략적인 실용 외교를 하는 것이다.

한국의 외교와 안보, 평화와 통일 문제 등 국가대사에는 모두 미국이 사실상 지배하는 '한반도 문제'가 있다. 한국이 미국과의 문제를 조기에 원만하게 잘 풀지 못하면 격변기 한국의 미래는 전망조차 할 수 없다.

미국 편에 바짝 다가선 한국은 믿음직하기보다 안타깝고 불안하다. 중국의 반발과 보복이 예상되고, 나머지 글로벌 사우스 국가들의 한국에 대한 신뢰와 존경심은 갈수록 저하될 것이다. 국제사회에서 한국의 힘은 한국을 나토의 일원으로 만들기 위한 미국과 G7, 나토 국가들의 찬사로 높아지는 것이 아니다.

가장 우선적인 과제는 몰락하는 미국의 속국으로부터 속히 탈출하는 일이다. 이를 위해 우선 미국의 트럼프 정부가 중시하지도 않고 원하지도 않는 한미동맹과 주한미군이 한국에는 무슨 존재인지 계산하고 준비해야 한다. 불평등한 한미동맹을 재정립해 전략적 자율성을 확보해야 하는 일은 아무리 강조해도 지나치지 않는다.[105]

언제까지 주변국들로부터 미국의 속국·충견 소리를 들어야 하는가. 70년이 넘은 시대착오이고, 한국의 영토보전 문제를 안고 있는 정전체제의 폐기(종전선언)와 전시작전권 환수는 국가의 자존이 걸린 문제다. 세계 6대 강대국이고, 5대 군사강국인 한국이 못할 일이 무엇인가? 가난한 미국을 한국이 도와주는 조건으로 이런 상식적인 문제 해결을 요구할 수 있는 것 아닌가?

한국이 선택해서는 안 되는 이유

미중 패권전쟁이라는 지각변동은 한국의 생존과 평화·번영, 통일

---

[105] 임방순, "향후 예상되는 미·중의 안보 타협…전략적 자율성 넓혀 미국 의존 줄여야", news2day 컬럼, 2025.3.31.

과 직결된 문제다. 한국의 미래는 선택에 달려 있고, 선택은 향후 100년 동안 운명을 좌우할 것이다. 그러나 지금은 선택해 어디로 갈 때 아니다. 그 이유는 여러 가지다.

첫째, 미중이 전쟁하는 상황에서 일방의 선택은 타방의 비우호 전략 또는 보복을 불러오게 된다. 남들 다툼의 한 편에 참여하는 일은 우둔한 짓이다.

둘째, 한국은 이제 미국과의 종속·지배관계에서 벗어나 동등한 관계로 나갈 수 있는 자격이 있다. 미국과 중국이 그들에게 린치핀인 한국에 러브콜 하고 있는 마당에 한쪽을 편드는 일은 전략적이지도 않다.

셋째, 한국의 제반 사정을 고려할 때 미국과 중국 중 어느 한쪽을 선택하는 건 사실 가능한 일도 아니다. 한국이 미중 두 나라와 유대를 갖는 것 외에 실현가능한 선택지는 없다. 경제와 안보 중 어느 것도 희생시킬 수 없기 때문이다.

넷째, 세상이 흔들리면 우선 중심·균형을 잡고 버티는 것이 상식이다. 조급하고 어설픈 일방적 편승은 위험한 매국이다. 중국 중심의 아시아 시대가 오고 있는데 미국을 붙잡고 갈 수도 없는 일이다. 전쟁이 오래 지속될 것인데 벌써 중국을 선택하는 것도 우습다.

선진 한국은 어느 편에 서야 한다는 약소국 때 몸에 밴 피해의식을 버려야 한다. 오늘날의 한국은 미국과 중국 사이에 끼어서 선택을 강요받는 국가가 아니라 스스로 선택할 수 있는 중추국가가 아닌가.

　미국이 추구하는 디커플링과 신냉전은 현실적으로 가능하지도 않고, 합리적이지도 않으며, 정당하지도 않다. 2024년 현재 70:30 구도인 신냉전, 편 가르기 양상은 사실 이념과 체제 대결이 아닌 서구와 비서구 국가들 간의 문명충돌의 결과다. 체제와 이념이 선택의 기준이 될 수 없는 세상인 것이다. 파시즘적인 과두정치 속에서 반트럼프 시위 구호가 '노킹스(No Kings)'인 미국에 자유 민주주의는 존재하지 않는다.

　2020년 이후 한국 정부의 미국 선택은 선택권이 없는 처지에서 불가피한 것이었다. 이에 따른 폐해는 아래와 같은 여러 문제들을 제기하고 있다.

　먼저, 여러 의문들이 있다. 이념과 안보를 위해 미국과 함께할 경우 한국경제는 지탱할 수 있는가? 중국을 배제하는 데서 오는 손실을 미국이 보상해 주고, 미국에서 보전할 수가 있는가? 중국을 적대시하며 한반도가 평화와 번영, 통일의 길로 나아갈 수 있을까? 답은 모두 NO다.

　둘째, 한국이 미국을 선택하고, 중국을 견제할 경우 한국은 미국의 대 중국 봉쇄의 최전방 초소가 된다. 남북·한중 관계가 위태로워진다. 중·러와의 갈등은 한국 경제의 침체·혼란을 가중시킬 것이다. 신냉전의 심장부가 된 동아시아에서는 진영 간 갈등·대립이 고조돼 한반도 문제 해결 등 한국의 꿈도 요원하게 된다.

셋째, 경제적으로 미국이 요구하는 프랜드 쇼링의 최종 목적은 이제 반도체와 자동차, 배터리 등 첨단산업 제조를 미국이 다하겠으니 도우라는 것이다. 문제는 한국이 중국을 반대하거나 외면할 수 없다는 것이다. 반도체 무역과 공급망에서 한국과 미국은 다른 이해관계를 갖고 있다. 미국 내 제조업 관련 제반 여건이 호전되지 않은 실정에서 삼성과 현대, SK 등 한국기업의 성공 여부도 미지수다. 지난 2년 동안 미국에 생산시설과 법인 설립 등 '그린필드 투자'를 가장 많이 한 나라는 한국이었다. 2023년 한국 기업이 미국에서 창출한 일자리는 2만 360개였다. 미국이 알짜 기업의 핵심 제조업을 다 가져가면 한국은 뭘 먹고 살란 말인가? 일본과 같은 잃어버린 30년을 걱정하는 한국에는 차이나 리스크에 미국 리스크가 더해지고 있다.

마지막으로, 안보 면에서 자유와 연대, 가치동맹을 강조하며 미국을 선택한 한국은 미일동맹의 하부구조로 전락해 구한말과 같이 다시 그들의 희생양이 될 가능성이 크다. 민주주의와 자본주의가 타락하고 부패한 미국이 진정한 의미의 자유와 민주, 인권이 보장되는 나라인가도 의문이다.

외교전략의 원칙·방향

코끼리가 싸우면 풀이 짓밟힌다. 미중 패권전쟁이 과열되는 가운데 한국이 선택을 강요받는 상황에서 한국은 지각변동 상황을 기회로 삼아야 한다. 국익이나 핵심이익을 분명히 하고, 원칙을 세워 양측을 설득해야 한다. 따라가는 한국이 아니라 원칙과 정체성에 입각한 줏대 있는 나라라는 인식을 심어 줘야 한다.

그 과정에서 한국의 국익과 미래 비전을 구현할 수 있는 외교의 원칙 상의 고려사항은 아래와 같이 정리할 수 있다.

첫째, 운명은 스스로 선택한다는 책임 있는 자세다.

한반도 국가는 국력이 약했을 때 강대국이 운명을 결정했다. 이제 한국은 주변국에 기대지 않아도 된다. 선택하거나 선택을 받아 그 국가에 종속돼야 한다는 매국적인 사대의존 근성을 버리자. 미중 양자택일이라는 관점을 버리고, 신중하게 상대방의 변화를 살펴야 할 때다. 국민들의 정치적 각성도를 높여 집단적인 지혜 형성을 통한 내재역량 강화에 힘써야 한다.

둘째, 한국의 전략적 자율성(균형·주도) 확보는 반드시 이뤄져야 한다.

미중 패권전쟁이 초래하는 지각변동의 전략적 공간은 한국이 대외

정책의 자율성을 확보할 수 있는 기회다. 한국이 나라의 주인이 돼 전략적인 자율성을 가질 때 스스로의 역사를 쓸 수 있다. 미중 사이에서 한국과 비슷한 처지에 놓인 많은 나라와 연대하며 공조하는 다변화 정책도 중요하다.

셋째, 변화에는 담대함과 배짱, 용기가 필수적이다.

한국에게 필요한 '균형과 주도'는 무모해야 가능하다. 신중하되 대담해야 한다. 특히 관성적인 해법에서 탈피해야 한다. 사즉생으로 결단해야 구조적인 판의 변화가 가능하다. 선택적 변화에 따른 타성의 반발과 저항도 극복할 수 있어야 한다.

넷째, 미국과 국제질서의 변화를 고려해 국익 중심으로 한중관계를 재정립해야 한다.

미국이 옛날처럼 가치나 진영을 따지지도 않는데 한국만 열심히 미국을 추종할 이유는 없다. 지리적으로 인접 국가 간의 관계는 항상 애증이 교차하는 것이다. 한중 사이에도 국력의 비대칭성이 초래하는 경계심, 역사 갈등, 이념적 차이 등 쉽게 해소하기 어려운 문제가 있다. 그러나 이런 문제가 양국 협력을 불가능하게 만들지는 않는다. 한중관계가 악화되었다고 하지만 양국 사이의 협력과 교류는 지금도 활발하다.

2024년 한중의 교역규모는 2669억 달러, 한국에게 중국은 여전히 제1 교역국이다. 미국에서 보호주의가 강화되는 것을 고려하면 한중 교역의 중요성은 양국에게 더 커질 수밖에 없다. 방한 중국인 수도 2024년에 450만 명을 넘어 외국인 중 가장 많았다. 한중 관계가 정서에 좌우되지 않는 면이 있다는 사실을 잘 보여준다.[106]

　한국의 대중정책과 관련 대외관계에서 다변화는 필요하나 탈중국은 경제 안보적으로도 택할 길이 아니다. 한중관계의 원칙은 다름이나 경쟁이 충돌·대립으로 발전하지 않도록 하고, 양국 모두에게 이익이 되는 교류협력을 확대하는 것이다. 한국에게 필요한 것은 냉전적인 사고에 기초한 대 중국 접근법에서 탈피하는 것이다. 계엄령의 명분으로 중국의 선거 개입 운운하고, 대선에 중국의 개입과 영향력 행사를 우려하고 반대하며 중국을 적대시하는 일은 이성적이지 않다. 국가의 생존과 번영을 위한 실용주의적 외교에 대한 논의가 시급하다.[107]

---

106 이남주, "한중 관계의 리셋은 가능한가", 다산포럼, 2025.4.8.
107 이남주, "중국과 미국의 대타협은 가능한가", 다산포럼, 2025.2.18.

라. 대전환의 첫걸음은 종속 탈출(Korexit)

　미중 패권전쟁으로 100년 만에 국제질서가 바뀌고 있는 문명사적 변환기에 한국의 선택은 국운을 좌우할 것이다. 내일의 '더 나은 미래'는 오늘의 '더 나은 선택'이 만든다.[108]

　세계 모든 국가들은 시대 상황의 변화에 맞춰 각자 '새로운 길'을 가고 있다. 한국이 새로운 대외 전략과 비전을 구상하는 과정에서 미국 하와이대 지한파 미래전략 전문가인 짐 데이터 교수의 조언은 상상력을 제공한다. 2020년, 코로나19 사태 속에서 한국이 주목을 받을 때 그는 언론 인터뷰에서 세상이 어떻게 바뀌더라도 한국이 해야 할 '3가지 도전'을 주문했다.

① 한국은 이제 더 이상 선진국을 따라가지 말고 스스로 선도국가가 될 것.
② 지금껏 한국을 발전시켜 온 경제·정치 논리는 미래에 더는 통하지 않을 것이니 한국은 21세기에 어울리는 새로운 길을 찾는데 앞장설 것.
③ 더는 기존의 동맹에 의지하지 말고, 외교관계를 다극화할 것이 그것이다.

---

108 해미시 맥레이 저/정윤미 역, 『2050 패권의 미래 변화를 주도하는 힘은 어디서 오는가』, 서경B&B, 2023.

데이터 교수의 '3가지 도전'은 필자가 말하는 것과 유사한 것이다.

코렉시티란 무엇인가?

과거의 한국은 무지하고 무력하며 사대하고 분열돼 사리조차 분별할 수 없었다. 이제 한국은 강대국의 눈치를 보지 않고 국익에 걸맞은 길을 선택할 수 있는 강국이다. 그 길은 한국이 외교·군사안보적으로 주변 강대국의 지배·종속에서 탈출해 홀로 서는 코렉시티(Korexit)다.

코렉시티는 한국이 100년 동안의 식민과 분단·전쟁, 종속으로부터 벗어나 당당한 자유독립 주권국가로 일어서는 코렉트(Korerect)이기도 하다. 역사적으로는 강대국 결정론과 이념·진영의 논리를 뛰어넘는 새로운 한국 고유의 외교전략이다.

한국이 한반도 지정학의 저주나 굴레에서 벗어나는 것은 역사적 과업이다. 2000년 대륙세력(중국)과 100년 해양세력(일본·미국)으로부터 벗어나 대륙의 반도국가로서 한국 고유의 지정학적 위상을 회복하는 일이기도 하다.

코렉시티한 미래 한반도의 전략적 가치는 대륙과 해양을 잇는 가교가 되어서는 안 된다. 2000여 년 전의 그리스와 로마 제국과 같이 한국의 지정학적 정체성은 동아시아 지중해의 '한가운데(중심·요충)'에 위치한 대륙의 연해지역, 즉 지정학자 스파이크만이 말하는 림랜

드에서 찾아야 한다. 그래야 한국이 세계 속의 통일한국, K-문명대국으로 거듭날 수 있다. 로마가 이탈리아 반도에서 뻗어 나가 넓은 영토를 누볐던 것처럼 한국도 한반도에서 뻗어 나가 광활한 대륙과 드넓은 해양을 호령할 수 있다.[109]

그런 점에서 코렉시티는 이쪽저쪽 진영이나 탈아입구(脫亞入歐), 탈아입미(脫亞入美)에서 벗어나 보다 넓은 세계로 나아가는 '제3의 길(脫亞入球)'이다.

일찍이 지중해와 유럽대륙의 반도국가인 그리스와 로마는 인류의 문명을 꽃피웠다. 국민적 단합, 남북이 힘을 합쳐 동아시아 평화·번영을 선도하는 통일한국은 아시아 시대에 빛나는 동방의 등불이 될 수 있다.

왜 코렉시티가 필요한가?

중요한 것은 한반도 운명을 우리가 주도하고 결정한다는 의지·자신감이다. 주권국가로서 대외정책의 자유와 자율성은 아무리 강조해도 지나치지 않는다.

무엇보다 강력한 힘, 국력 증강이 필수적이다. 비정상적인 한미관계도 정상화해야 한다. 특히 전시작전권 환수가 조기에 이뤄져야 한다. 종전선언과 유엔사 해체 없는 한반도의 안정과 평화·통일은 빈

---

109 해퍼드 존 매킨더 저자(글)·임정관/최용환 번역, 『심장지대 – 매킨더의 지정학과 지리의 결정력』, 글항아리, 2022.5.23.

말이다.

　필자가 코렉시티를 주장하는 이유는 세기적인 전환기가 한국의 해묵은 과제를 해결할 수 있는 기회이기 때문이다. 또 한국 및 한반도 문제는 곧 한국을 지배해 온 미국 문제로 보기 때문이다. 한국이 속국에서 탈출해야 비로소 자유독립과 통일한국, K-문명대국의 꿈을 이룰 수 있다고 믿기 때문이다.

　각자도생하는 시대에 한국도 자신만의 길을 내어가야 한다. 주변의 강대국 다툼에 휘말리지 않도록 의존하지 않고 자립·자강해야 한다. 역사와 현실과 고유의 정체성에 기초한 새로운 길로 가야 한다. 최선은 홀로 서서 균형을 잡고 주도하는 외교다. 코렉시티는 한국과 한반도가 미래로 나아가는데 필수불가결한 열쇠 같은 것이다. 18세기 패권국인 대영제국으로부터 미국의 독립운동에 앞장섰던 정치가 패트릭 핸리는 말했다. "자유가 아니면 죽음을 달라"고.

선택2 : 남북 협력을 통한 평화통일 실현

가. 통일의 필요성·중요성

통일은 '남북이 한 국가로 합치는 것'이다. 남북한 주민들이 자유롭게 왕래하며 교류·협력하는 것을 넘어 1민족 1국가 1체제 1정부로 통합되는 것이다. 역사적으로는 외세에 의해 갈라진 민족의 해방과 광복을 완성하는 것이다.

통일이 우리의 소원이었던 이유는 당위적인 의무보다는 유무형의 큰 이익 때문이다. 민족의 자존과 자신감 고양, 수난의 100년 역사 종언, 인구 8000만의 경제·문화·기술 대국 등이 그것이다.

정치·사회적 측면에서 통일은 더 안전하고 자유로우며, 행복한 미래를 약속할 것이다. 고통받고 있는 북한주민에게는 축복이다. 남북 간의 전쟁의 위험이 해소되고, 남남의 정치사회적 갈등·대립도 완화될 것이다.

경제적 측면에서 통일은 국가 발전의 활로는 물론 제2 도약의 기회다. 독일은 '라인강의 기적'을 바탕으로 통일 후 '엘베강의 기적'을 이뤘다. 한국은 '한강의 기적'을 토대로 '대동강의 기적'을 이룰 수 있다.

나아가 통일한국은 동아시아의 평화·안정과 새로운 성장 동력, 협력의 기반이 될 것이다. 주변국 간의 갈등·대립 완화, 소통·협력 촉진, 경제·안보공동체 형성 등 새로운 동아시아 질서를 견인할 것이다. 한반도와 동북아가 세계의 중심, 심장부가 되기 위해서도 통일은 필수다.

나. 반통일론이 통일된 한반도

이승만 정부의 무력통일론 외 지난 70여 년 동안 모든 정부는 한반도 평화통일을 추구했다. 남북 간에는 7·4 공동성명을 필두로 기본합의서, 6·15, 10·4 공동선언, 판문점·평양 선언, 군사분야 합의 등이 이뤄졌다. 냉전과 탈냉전, 신냉전을 거치며 한국정부의 대북정책과 남북한 관계는 국제질서의 변천과 함께 했다.[110]

미중 패권전쟁이 시작된 해인 2018년 4월 27일, 남북한 정상은 판문점 선언 1조 ①항에서 "우리 민족의 운명은 우리 스스로 결정한다는

---

110 전성훈, "분단 80년, 국제질서의 변천과 대북정책의 진화", 세종정책브리프 2025-1, 2025.2.25, p.2.

민족 자주의 원칙으로 모든 합의들을 철저히 이행한다"고 합의했다.

2018년과 2019년 진행된 남북정상회담은 그 어느 때보다 다양한 방식과 내용으로 채워졌다. 역사상 최초의 북미정상회담이 함께했다. 이제는 좀 다르겠지 하는 기대가 없지 않았다.

한반도는 여전히 냉전의 고도였다. 먹을 것 없는 소문난 잔치였다. 일부 군사분야 합의 이외 이행한 것이 없었다. 여전히 시지프스 신화의 바위 같은 '합의는 OK, 실천은 NO' 법칙이 적용되었다. 2024년 북한은 통일을 지우며 모든 남북 합의를 폐기했다. 남북한이 당초 존재하지도, 가능하지도 않는 상호 관계 개선과 평화통일을 추구한 것이었으니 예정된 결과였다.

적대적 2국가론으로 통일된 남북

지난 80여 년 동안 한반도는 전쟁과 평화, 분단과 통일이라는 운명적 기로에서 단속적으로 진퇴를 거듭했다. 6.15공동선언과 9.19공동선언과 같은 역사적 합의들로 한때 남북관계에서 평화가 찾아오는 듯한 분위기가 조성된 적이 있다.

2022년 한국정부가 친일 극우 보수정부로 교체되면서 그 어느 때보다 반작용과 후과가 컸다. 미중 패권전쟁의 영향도 컸다. 새 정부는 문재인 정부의 모든 남북 합의와 대북정책을 부정하고 폐기했다. 대북정책을 미국과 공조하며 선제타격 등 '힘에 의한 평화'를 앞세우고, 냉전적이고 이념 지향적인 대북정책을 추진했다.

북한을 다시 '주적'으로 명시한 한미 합동군사훈련을 재개하며, 김정은 참수작전도 공언했다. 상해임시정부 부인, '건국절' 주장 등은 사실 한반도 통일의 이유와 전제를 송두리째 부정하는 것이었다. 미국과 일본의 입장과 이익을 대변하는 친일숭미사대 매국노들의 그것이었다.

북한도 달라졌다. 2023년, 남북한 관계를 '동족 관계'가 아닌 '국가 간의 관계'로 규정했다. 한국은 '주적', 한국과의 관계는 '적대적 교전국 관계'가 되었다. 통일사업 관련 모든 합의와 조직, 기구도 폐쇄했다. 북한이 윤석열 정부의 2024년 '8·15 통일독트린'에 일절 반응하지 않는 것은 통일문제는 '대한민국'과 일절 협의하지도, 상대도 하지 않겠다는 것이었다.

현재 한반도는 1민족 2국가론 또는 '2민족 2국가론'으로 통일돼 있다. 한국과 조선은 서로를 통일이 아닌 타도의 대상으로 인식한다. 이재명의 새 정부는 남과 북의 대북 전단과 드론, 대남 오물풍선 날리기, 확성기 방송과 천박한 말들의 통일을 지우는 일부터 해야 한다.

다. 한반도 통일을 저해하는 동인(動因)

"남북통일이 끝없이 아득한 미로인 까닭"에는 여러 원인들이 있다. 가장 직접적이고 결정적인 원인(동인)은 역사적이고 구조적인 차원의 문제다. 미중 간의 '신냉전' 등 글로벌 환경 변화와 국내의 이념 갈등도 미래지향적인 평화통일 대안을 모색하는 데 구조적 장애로 작용하고 있다.[111]

통일문제는 분단을 주도한 미국의 문제

2차 대전 후 전후 문제 처리 과정에서 미국에 한반도의 해방과 광복, 즉 통일된 자유독립국가 수립은 고려의 대상이 아니었다. 미국과 소련에게 일제의 황토(皇土)인 전리품(한반도)에는 분할·점령, 지배만 있을 뿐이었다. 전리품은 나눠 갖는 것이다. 강대국 신탁통치론은 겉치레용의 쇼일 뿐이었다.

미소 양국은 당시의 국제적 관행에 따라 서로 자신들의 입맛에 맞는 대리통치자를 앞세워 남북의 자국 점령지역에 괴뢰국(puppet state)을 수립했다. 그들은 '대한민국 임시정부'를 인정하지 않았다. 주인 없는 한반도에 남북한 분단은 물론 남북한 통일도 존재할 수 없게 된 것이다.

---

111 짱롱판, 앞의 글(2024-23), pp.7-9.

사실 미국에 한반도 평화통일 문제나 남북한 관계는 존재할 수 없는 것이다. 그래서 과거 오랫동안 미국과 한미동맹의 신화 속에서 한민족의 '평화통일'은 금기사항이었다. 민족통일을 주장하고 추구했던 많은 지도자들이 제거되었다. 정적들은 살아남았으나 민족 통일론자들은 무사하지 못했다. 통일협상에 나선 김구, 연방제 통일을 주장한 김대중, 금단의 군사분계선을 밟고 북으로 갔던 노무현 등이 그들이다.

한반도 분단을 주도하고, 분단 후 한반도와 한민족의 통일을 배척한 미국의 정책은 지금도 유효하다. 미국은 자국의 이익에 반하는 한반도 평화·통일 노력을 중단시킬 수 있는 여러 수단들을 갖고 있다.

한국 통일정책 거부권을 갖고 있는 미국

2024년 5월, 미국 공화당 대선 후보인 트럼프 전 대통령의 측근들이 대거 집필에 참여한 책 『미국 안보를 위한 아메리카 퍼스트 접근법』은 2018년~2019년 북미정상회담과 한미정상회담의 비사를 전하고 있다. 요지는 당시 문재인 정부의 대북정책을 탐탁지 않게 생각한 미국이 회담에서 "문 대통령을 의도적으로 배제하는 등 미국이 한국의 대북정책에 대한 거부권을 포기하지 않았다"는 것이다.

그 전후 과정에서 트럼프 대통령의 미국은 속내를 적나라하게 내보였다. 트럼프는 문재인 대통령에게 "왜 한국은 (존재하지도 않는) 통일을 하려고 하느냐"고 물었다. 한국의 남북철도 연결 사업 추진에는 "우리의 승인 없이 한국이 할 수 있는 것은 없다"고 일갈했다. 그의 안보보좌관이었던 볼턴은 트럼프가 (방위부담금 증대에 소극적인) "한국은 우리가 허락해서 존재하는 나라"라고 비난했다고 전했다.

실제로 미국이 주도하고 운영하는 한미동맹과 정전체제하에서 한반도 평화·번영과 통일의 꿈은 이뤄질 수 없는 꿈이다. 한미 군사동맹은 북한의 군사적 위협과 대북 적대감을 양분으로 유지되는 구조다. 미국의 안보이익은 주한미군의 안정적인 주둔과 전시전작권 유지, 유엔사 역할 강화에 있지 한반도 평화·안정, 통일에 있지 않다.

정전협정에는 보다 근본적인 문제가 있다. 이 협정에 따르면 남북관계나 한반도 통일문제는 없다. 법적·현실적으로 한반도는 정전(휴전) 상태이고, 군사분계선(MDL)을 사이에 두고 남북한 아닌 북한과 미국이 대치하고 있기 때문이다. DMZ 관할권은 미군이 운영하는 유엔사에 있다.[112]

육로를 통한 일체의 남북 간의 교류협력이나 통일 노력은 유엔사의 승인을 받아야 가능하다. 개성공단이 가동 중인 시기(2009년 9월 ~2011년 5월)에 필자는 남북출입사무소 책임자(소장)로 근무했다. 모든 인원과 물자의 출입은 당일 아침 유엔사(=미군)가 허락한 후에야 가능했다. 사실 전쟁을 잠시 멈춘 휴전(정전) 상태에서 종전선언도 없

---

112 정전체제 등으로 인한 한반도 평화·통일 문제의 한계에 대해서는 박명림, "한반도 정전체제: 등장, 구조, 특성, 변환", 『한국과 국제정치』, 제22권 1호, 2006 봄; 박명림, "통일과 평화 – 한국문제의 역사와 현실", 네이버 열린연단 자료, 2015 참조.

이 남북한이 교류하고 협력하는 것은 정상적인 것이 아니다.

북핵문제 해결을 위한 10여 개의 유엔 대북 제재 결의안과 미국 국내법도 남북교류협력을 규제하고 있다. MTCR(미사일기술통제체제) 등 다자간 수출통제체제와 미국 상무부의 EAR(수출관리규제)도 한국의 대북정책을 거부할 수 있는 자원이다. 북한은 현재도 미국의 '국가비상사태'의 대상이다. '비상한 위협'인 북한과 한국과의 관계 개선은 사실 가능한 일이 아닌 것이다.

미국 문제에는 한국인들의 사대·의존성과 가스라이팅 중독의 심각성도 있다. 한국 내에서 북한·통일 관련 논의는 반공·안보, 진영의 논리가 지배한다. 통일부 이외 외교안보 부처·기관들 중 한반도 평화화통일을 적극 추진하려는 사람들은 보기 힘들었다. 정부 내 적극적인 대북 포용정책론자나 나아가 남북관계에서 진실과 자율·자주를 추구하는 사람은 반미=친북·역적, 나아가 암약하는 간첩(또는 반국가세력)이라는 올가미가 씌워진다.

이렇듯 통일문제에서 미국의 승인이나 동의, 특별조치 없이 한국이 할 수 있는 게 없다. 한국의 대북 정책과 남북한 관계는 미국의 통제를 벗어날 수 없다. 2025년 3월 6일 미국을 방문한 신원식 대통령실 국가안보실장은 마이크 왈츠 미국 백악관 국가안보보좌관과 첫 회의에서 "양측은 북한의 완전한 비핵화 의지를 재확인했다"며 **"대북정책 수립과 이행에 있어서 반드시, 사전에, 긴밀히 공조해 나가자고 합의했다"**고 밝혔다. 그동안 이런 워딩은 없었다. 한반도 평화·통일의 문제가 곧 미국문제라는 것이 더 확고해졌다.

지난 2015년 초, 한국 통일부 장관은 "통일부 장관 자리는 아무나 와도 되는(할 수 있는) 자리 같다"고 말했다. 그는 북한정치학을 전공한 교수 출신이었다. 1989년부터 주한 미국대사를 지낸 도널드 그래그는 그의 저서(『역사의 파편들』, 2015)에서 "지난 70여 년의 남북한의 대결과 비극에는 미국의 책임이 있다"고 고백했다. 그는 미국의 대북정책에는 "북한에 대한 선악이분법과 악마화, 배제와 파괴, 북한 붕괴론에 대한 맹신이 자리 잡고 있다"고 적었다.[113]

라. 코렉시티(Korexit) 없이 평화·통일 없다

통일은 먼 곳에 있지 않다. 남북이 서로 차이를 인정하며 마음을 통하고, 호혜적 관계를 만들면 그것이 바로 통일이다. 남과 북이 대립과 갈등을 끝낸 새로운 평화협력공동체가 그것이다.

그런데 상술한바, 남북이 자유왕래와 같은 느슨한 '사실상의 통일'에

---

113 도널드 그래그 지음·차미례 옮김, 앞의 책, 2015.

합의한다고 해도 실현될 수 없다. 1972년 7.4공동성명 이후 수많은 남북합의들은 남과 북이 이행할 수 없는 미망이고, 희망 고문이었다.

통일은 남북 간의 구심력이 강대국 정치에 의한 원심력을 압도할 때 가능하다. 통일의 구심력과 민족 응집력의 근원은 자주독립과 민족자결 능력이다. 남북한이 강대국의 속박에서 탈출(Korexit)해 민족통일 문제를 독자적으로 해결(민족자결)할 수 있어야 한다. 현실적으로는 70년의 거짓·위선과 혹세무민을 버리고, 불편한 진실들을 공론화해 국민적 토론과 정치적 합의를 거쳐야 가능한 일이다.

현재 한반도가 세계 유일 분단국인 이유는 통일이 그만큼 어려운 일이기 때문일 것이다. 1945년 상황에서 미국은 친 중국 또는 친 소련 가능성이 다분한 통일된 한반도는 절대 용인할 수 없는 일로 인식했다. 냉전시기, 세계 패권국이 된 미국은 남북한 통일을 부정하며 고착화시켜 왔다. 문재인 정부와 같은 보다 깊은 합의와 이행 노력이 다시는 있을 수 없도록 윤석열 정부와 정책을 공조했다. 이런 실정에서 남북통일은 한국인들은 물론 한민족 구성원들의 각성과 경계에 기반해 무에서 유를 창출하는 일이다. 법적으로나 현실적으로 존재하지도 않는 꿈을 존재하게 해 만들어 나가는 일인 것이다.

그럼에도 분단국의 통일은 포기할 수 없는 당위이고, 이익이며, 역사적 사명이다. 세상은 변한다. "변화만이 영원하다." 다시 일제 식민

지배와 분단을 가져온 과거 동아시아 지각변동과 같은 대격변이 일고 있다. 다가오는 '아시아 시대'에는 필시 한국의 진정한 광복과 한반도 평화통일의 기회가 함께 올 것이다.

03

선택3: 세계를 리드하는 동방의 등불 (K-문명대국) 건설

일찍이 아시아의 황금시기에(In the golden age of Asia)
빛나던 등촉의 하나였던 조선(Korea was one of its lamp-bearers.)
그 등불 다시 켜지는 날 너는 동방의 밝은 빛이 되리라(And that lamp is
waiting to be lighted once again For the illumination in the East.)

1929년, 인도의 시성 타고르가 일제 식민통치의 암흑 속에서 신음하고 있던 조선 민족에게 보낸 짧은 시다. 100년 만에 다시 맞는 대격변의 시기에 96년 전 타고르의 희망적 예언은 한국인들에게 꿈과 용기를 주는 것이다.

한국이 강대국 종속으로부터 탈출(Korexit)해 자유독립과 통일한국을 이룬다면 '대동강의 기적'이 가능하다. 다가올 아시아 시대에 세계를 리드할 '동방의 K-문명대국'의 꿈을 이루고도 남을 것이다. 한국은 그럴 수 있는 역사와 자격, 능력이 있다. 정말일까?

가. 최고의 강대국은 문화·문명 대국

　유럽의 역사에서 고대 그리스와 로마 제국은 최고의 강대국이었다. 그리스 아테네는 인류 역사상 최초로 우뚝 솟은 문명의 첨탑이었다. 전례 없던 성취들이 꽃을 피운 유럽 문명의 뿌리이자 요람이었다. 작은 변방국가였던 로마는 이탈리아 반도 통일 후 지중해의 패권을 차지해 천년제국으로 발전, 서구 역사와 문명의 중심이 되었다. 두 패권 제국의 흡인력은 군사력보다 '문화의 힘'이었다.

　전통시대, 동아시아 국제질서를 주도한 중국의 '중화주의'도 자국이 천하의 중심이고, 자국 문화가 최고라고 자부하는 사고방식이었다. 중화질서에서 왕도정치를 추구한 중국은 주변국에게 자국의 전통적 세계관과 유가사상, 중화문화의 수용을 요구했다.

　현대의 미국도 전성기 때는 자유로운 사상·행동을 보장하는 정치제도가 다양한 장르의 문학예술을 꽃피우며 문화·문명이 발전한 선진국이었다. 미국 경제를 세계 1위로 만든 분야는 경제·군사 등 하드웨어가 아닌 소프트웨어였다. 현재 진행 중인 미중 패권전쟁의 핵심도 소프트웨어 중심의 첨단 기술전쟁이고, 이념전쟁이며, 문명충돌이다.

　한국 민족사에서도 황금시대는 문화가 꽃핀 조선의 세종시대였다. 세종대왕은 중화패권에 매몰되지 않고, 독자적인 선진문화를 꽃피웠다. 한자와 달리 소리 내는 입 모양을 바탕으로 한글을 창제하는 등 창의적이고 독자적인 문명체계를 구축했다. 애민정신과 민본사상에 기초한 조선시대의 르네상스였다.

나. 미래 한국의 꿈은 'K-문명대국' 건설

한국의 'K-문명대국'은 문화가 꽃피는 경제기술 대국이다. 문화의 힘, 그 역할과 그 중요성은 아무리 강조해도 지나치지 않는다. 모든 선진국들은 문화가 국가경쟁력의 기반임을 알고 문화예술에 투자를 게을리하지 않았다. 지금도 문화와 문명 수준은 선진국과 후진국을 가르는 기준이다.

일찍이 민족의 선구자 백범 김구가 바라는 한국의 미래 모습은 문화대국이었다. 높은 수준의 문화를 토대로 세계 인류에 기여하는 완전한 자주독립 국가였다. 선생의 '문화강국론'은 우수한 문화를 가진 민족, 독창적인 문화를 가진 나라가 행복한 나라이고, 강한 나라이며, 세계 평화에 이바지할 수 있다는 것이었다. 21세기 노무현 대통령의 문화강국론도 한국의 미래비전이었다. 그는 10년 후 나온 '강남스타일'과 같이 문화와 산업이 공존하는 한국을 희망했다.

100여 년 전, 타고르의 예언자적인 기대와 함께 김구 선생과 노무현 대통령의 문화강국 비전은 선견지명(先見之明)이었다. 오늘날 한국에서 현실이 되고, 세계가 놀라고 있다.

한국은 최빈국에서 선진국이 된 세계 최초의 나라다. 경제력과 군사력, 문화역량 등 다방면에서 세계 TOP 10 국가가 되었다. 수많은 K가 세계로 뻗어 나가고 있고, K문화산업이 세계 시장을 주도하고 있다.

오늘날 '한국의 물결(韓流; korean wave)'은 세계 방방곡곡에서 일고 있다. 선·후진국을 떠나 한국문화가 곧 세계문화다. K-팝에서 시작된 한류가 K드라마, K뷰티, K푸드를 거쳐 K무비, K방산, K민주주의 시위문화로 이어지면서 문화콘텐츠는 한국 경제성장의 새로운 동력이 되었다.

한국을 세계적인 문화·기술 강국으로 만든 동력은 역사 속에 뿌리가 있었다. 1377년부터 조선이 개발, 직지심경 등에 사용한 금속활자 인쇄술이 그것이다. 세계 최초로 금속활자를 발명했다는 독일의 구텐베르크 인쇄술보다 78년이나 앞섰다. 민주화 이후 교육과 IT 기술, 한류문화에 대한 정부의 적극적인 지원책도 주효했다. 민간기업의 수출 지상주의와 창의·혁신에다 외국 문명을 흡수·개선해 동서양의 가치를 절묘하게 조화시키는 탁월한 능력도 성공 요인이었다.

최근 미국과 영국, 프랑스는 물론 세계 여러 나라 언론에서는 한류 특집을 내고 있다. 한국이 어떻게 가난에서 탈출해 선진국이 되었고, 문화와 기술 강국이 되었는지 현상은 물론 역사와 전통문화, 그 정서까지 관심사다.

그중 눈에 띄는 것은 2022년, 영국의 인터넷신문 '언허드(Unherd)'의 "아시아 대표는 한국"이라는 특집보도다. 이 신문은 "K팝과 K드라마, K뮤비 등이 세계인의 사랑을 받으면서 한국이 아시아를 대표한다. '동양의 서양'인 한국은 일본보다 친숙하고, 중국같이 위협적이지 않아 서구인들은 동양 하면 한국을 떠올린다"고 평가했다. 한국의 대중문화를 많이 접한 서구인들에게 한국은 가장 친숙한 국가가 되었다는 것이다.

경제 면에서 TV 등 가전, 반도체, 자동차, 선박, 배터리, 휴대폰 등을 발판으로 세계 10대 경제대국이 된 한국은 놀라운 문화 소프트파워로 몸집을 키워 등이 터지던 새우에서 고래가 되었다. 사회발전 수준에서도 한국은 프랑스, 영국, 이탈리아는 물론 미국보다도 앞섰다. 정보통신과 교육·안전은 세계 최고 수준이다. 미국보다 더 민주적인 국가이고, 러시아보다 더 부국이며, 중국인들보다 더 잘 사는 한국인들인 것이다.

한국이 자주독립 국가로 거듭나 통일된 나라가 된다면 한반도는 대륙과 해양, 동서 문명의 허브에서 나아가 신문명의 발상지가 될 수 있다. 아시아와 세계의 평화·번영을 리드하는 주역이 될 수 있을 것이다. 앞으로의 세계는 미국과 중국이 아닌 한국이 리드하게 된다는 의견도 있다.

다. 한국은 그 자질과 역량이 있는가?

사실 최근 국제사회의 한국에 대한 다방면에서의 긍정적인 평가들은 한국이 급변하는 국제사회에서 리더가 될 수 있는 능력을 갖춘 나라임을 확인하는 모습이다. 대격변기, 세계 각 지역에서는 중견국들을 중심으로 각자도생하며, 헤쳐 모이고 있다. 정치적으로는 다극적 세계화, 경제적으로는 보호무역과 지역화·블록화 추세가 특징이다. AI와 같은 4차 산업혁명의 첨단 과학기술은 전혀 새로운 세상을 열고 있다.

지구촌은 몸살을 앓고 있다. 첨단기술 혁신과 고속 성장에 따른 불평등이나 기후변화 같은 문제를 안정화시킬 수 있는 새로운 체제, 리더십이 필요하다. 2024년에 극명하게 드러난 기후변화의 폐해는 지구에 안전장치 마련을 요구하고 있다.

이 상황에서 경제적 하드웨어와 문화적 소프트파워를 갖춘 신흥 한국은 새로운 시대의 리더가 될 수 있다. 세계에 최고 수준의 정보통신과 모바일 산업, 높은 교육 수준과 공동체의식 등 탄탄한 인프라와 국민적 역량을 구비한 나라는 한국밖에 없다.

무엇보다 한국인들에게는 독특한 시민의식과 근성이 있다. 험난한 근·현대사에서 수많은 위기를 극복하며 형성된 '뭉쳐야 산다'는 공동체의식이 그것이다. 시민들의 깨어 있는 정신과 집단지성은 한국이 민주주의를 성취·유지하고, 코로나19 위기를 슬기롭게 극복하는 가장 큰 힘이었다.

특히 2024년 12·3 비상계엄 정국에서 보여준 한국민들의 한 차원 높은 집회와 시위 문화는 민주주의의 모범이었다. 세계가 부러워하고, 따라 배우고 싶어 하는 자랑스러운 K문화였다. 나라가 어두우면 집에서 밝은 것을 들고 나오는 한국인들의 저항문화는 지지와 연대를 만들었다. K집회시위 문화는 분노 속에서도 희망을 잃지 않고 차분했다. 질서정연하게 뛰어노는 엄청난 인파의 KPop 시위에는 질서와 재미, 규율이 있었다. 국민적 각성과 경계의 표현인 K집회시위는 한국사회의 미래를 보장해 주는 가장 큰 힘이다. 한국인들만이 가지고 있는 놀라운 자산이다. 이는 지구촌 곳곳의 민주주의 발전에 기여할 수 있는 가장 크고 귀중한 수출품이 될 수 있다.

새로운 세계를 리드할 수 있는 국가는 한국뿐

한국의 능력과 자질, 잠재력은 자신보다는 제3자가 더 잘 안다. 앞 글("역사상 가장 강력해진 한국")에서 소개한 여러 가지 평가지수와 데이터 외에 아래 두 전문가들의 한국 평가는 우리가 귀 기울일 필요가 있다.

미국의 언론인 겸 외교정책 전문가인 피라드 자카리아는 서울에서 개최된 '2022 경향포럼'에서 다음과 같이 '새로운 국제질서를 이끌 국가는 한국'이라고 강조했다.

"신시대에는 민주주의를 기반으로 국제체제를 수용하며 역할을 해 온 한국과 같은 국가가 필요하다. 끊임없이 발전해 온 한국은 중국보다 경제규모가 작지만 세계문화를 장악하고 있다. 세계는 한국의 특별한 성공 경험과 교훈을 공유하며 발전할 수 있다."

미국의 대표적인 한류학자인 펜실바니아대 샘 리처드 교수는 '한국이 왜 지구촌 위기 극복의 비전인가'를 역설했다. 그는 유튜브 강연 및 각종 인터뷰에서 지구의 환경 변화라는 위기 상황 속에서 '인류의 대재앙을 막을 유일한 국가는 한국뿐'이라고 주장한다.

그에게 한국이 최적의 나라인 이유는 한국의 사회문화가 세계 각국이 연합하고 협력하기 좋은 토대를 갖고 있기 때문이다. 그가 말하는 한국의 독특한 사회문화적 강점은 4가지다.

첫째, 한국은 공동체 중심의 사회문화 속에서 도덕적 질서가 작동해 한국인들은 우선 공동체가 잘 돼야 자신도 행복할 수 있다고 생각한다.

둘째, 높은 교육열로 열성을 다하는 한국인들의 노력과 희생정신은 위기 극복 과정에서 필요한 높은 스트레스 내구력으로 작용할 수 있다.

셋째, 공익을 위해 개인의 권리와 기회를 희생하며, 타인과 협력하는 한국인들의 독특한 국민성은 특히 어려운 기후문제 해결 과정에서 중요한 덕목이다.

리처드는 다른 나라들이 위 3가지의 한국적 강점을 내재화하고 시스템화한다면 인류는 미래의 위기에 잘 대응할 수 있다고 주장한다. 그가 주목한 것은 한국의 세계적인 소프트파워가 위 3개의 특장점과 결합해서 내는 아래와 같은 시너지 효과다.

"현재 한국을 부정적으로 보는 지구촌 사람들은 거의 없다. 반만년의 긴 역사를 가진 신기한 나라 한국이 목소리를 내면 세계인들이 귀 기울이며 집중할 것이다. 이런 경향은 한국이 지구촌에서 쓰나미와 같은 영향력을 발휘할 수 있게 할 것이다."

"지금 세계인들은 미국의 야망이나 강대국이 된 중국을 신뢰하지 않는다. 한국은 전 세계에 무언가를 보여줄 수 있는 나라다. 어떤 나라도 한국이 가진 세계적 영향력을 가지고 있지 않다."

2024년 7월~9월, 영국을 대표하는 BBC가 방송한 6부작 시리즈 '메이드 인 코리아(Made in Korea: The K-pop Experience)'는 영국인들은 물론 전 세계를 놀라게 했다. '선진국 기준을 대표하고, 세계를 선도하고 있는 문화강국'이 된 한국에 대한 BBC의 평가와 전망 요지는 다음과 같다.

① 지금 문학과 산업혁명, 민주주의 전통을 자랑하는 영국은 한국에 미치지 못하고 있다. 한국은 경제력과 문화, 시민의식 수준, 글로벌 이슈 선도적 역할 등에서 최상위 국가들과 어깨를 나란히 하고 있다.

② 한국인의 정서와 가치관, 삶의 모습을 진정성 있게 담아낸 한류의 매력은 전통과 현대가 공존하는 가운데 계속 새로운 것을 만드는 것이다. 경제와 기술 발전을 넘어 사회문화적 가치의 세계적인 확산에도 기여하고 있다.

③ 한국의 위대함에는 "인류 역사상 가장 과학적이고 체계적인 문자(미국 언어학자 클로드 햄턴의 평가)"인 한글이 자리하고 있다. 한국의 역사와 전통, 철학과 미학, 한국인들의 강인함과 끈기, 피나

는 노력과 열정(창의·혁신), 특히 유별난 교육열과 시민참여 수준도 성공의 원동력이다.

④ 한류가 무서운 것은 그 속도와 범위가 폭발적이고, 단순한 유행이 아니라 계속 진화하며, 영향력을 확대해 세계문화의 새로운 축이자 트렌드로 형성되고 있다는 것이다.

⑤ 반세기 만에 최빈국에서 선진국으로 도약한 한국의 경험은 전 세계의 '롤모델'이 되고 있다. 기후변화 대응과 팬데믹 극복 등의 글로벌 이슈에서 한국의 경험과 해법이 주목받고 있다. 국제사회에서 커진 한국의 목소리는 이전과 다른 무게감으로 영향력을 더하고 있다.

⑥ 과거의 아픔을 딛고 일어나 세계를 선도하는 나라로 발전한 한국은 정말 대단한 나라다. 한국은 이제 단순한 경제강국을 넘어 진정한 선진국으로 발돋움하고 있다.

⑦ 한국은 21세기 글로벌 질서의 새로운 패러다임을 보여주고 있다. 앞으로 세계무대에서 보여줄 한국의 역할과 새로운 가치, 비전이 기대된다.

세계가 주목하는 각종 K-콘텐츠와 한국의 강점에 대한 찬사는 2025년 들어 세계 각처에서 더욱 다양해지고 정리된 문화콘텐츠학으로 발전하고 있다. 미중 패권전쟁이 악화하고 있는 가운데서도 한국은 세계에서 가장 좋은 역사적 기회를 맞고 있다. 한국을 찬양하고, 한국을 찾는 나라들이 많아졌다. 훌륭한 대통령이 나라를 제대로 통치한다면 한국은 위기를 극복하고 곧바로 세계를 리드하는 최고의 강국으로 달려갈 것이다.

세계 속의 한국의 위상·역할은 벌써 'K-문명대국'

K문화 외에 세계 각 지역, 특히 글로벌 사우스(Global South: 신흥개도국들)에 부는 'K경제한류' 열풍도 한국의 국제적 위상과 영향력을 확인해 주고 있다. 그들이 관심을 갖고 있는 한국모델은 '잘 살자'는 새마을운동, K농업기술, 직업능력 개발, 정부 재정운용·혁신, 지방자치 분권, 교통·환경, ICT 경험, 자동차 완성차 산업 성공 노하우 등 한국의 거의 모든 것이다.

아프리카에서는 일본과 중국에 질린 50여 개 국가가 한국과 우호협력동맹을 희망하고 있다. '사막의 한국'이 되겠다는 많은 나라들이 한국 따라 배우기에 열중이다. 특히 새마을운동을 통한 국민정신개조와 벼농사, 대교 등 인프라 건설 등은 아프리카에 큰 매력이다.

중남미의 콜롬비아와 아르헨티나, 멕시코, 중동의 사우디와 UAE, 아시아의 캄보디아, 몽골, 베트남 등은 한국을 부인할 수 없는 선진국, 위대한 한국으로 인식하고 있다. 그들은 한국 상품과 문화, 음식, 언어 등 한국 것이면 무엇이든 다 좋아한다. "한국을 따라서 잘 살아보자"는 열풍이 전 세계 개도국과 중견국들에 엄청난 속도로 퍼지고 있다.

세계는 한국과 친해지고 싶어 하고, 한국을 필요로 한다. 특히 글로벌 사우스에 한국이 선망과 동경의 대상, 따라 배우기의 대상인 이유는 간단하다. 그들에게 선진국은 너무 멀리 있다. 한국은 그들의 부족한 자본과 인적자원, 열악한 정부시스템과 인프라, 열정·학습 부족 등의 어려움을 도와줄 수 있는 나라다. 그들에게 서구 제국이나 중국, 일본에 배운 경험이 있지만 좋은 기억이 없다.

무엇보다 그들은 한국과 함께 가난과 피식민지 경험, 전쟁 극복 등 동병상련의 감정을 공유하고 있다. 이런 감정은 한국의 성공 노하우를 선호하고, '한국을 따라 하면 된다'는 생각을 낳았다. 70년대까지도 북한보다 더 가난한 나라에서 부유한 나라가 된 한국은 그들에게 자신들도 잘 살 수 있다는 자신감과 용기를 심어준다.

글로벌 사우스에 불고 있는 이 같은 'K경제한류' 열풍과 함께 2024년 말과 2025년 초 세계를 놀라게 한 새로운 한류은 K민주주의다. 한국인들은 실패하기 어렵다는 비상계엄 친위쿠데타를 시민들이 피 한 방울 흘리지 않는 대규모 시위로 막아냈다. 국회가 신속히 계엄을 해제시킨 후, 결국 헌법재판소가 대통령을 헌법 위반죄로 탄핵·파면시킨 것은 한국 민주주의의 생명력을 확인한 것이었다. 한국민들은 역사가 가르쳐준 대로, 독재에 맞서 싸워 다시 한 번 민주주의의 승리를 이끌어냈다. 한국의 내란 수괴 윤석열 탄핵·파면은 전 세계 민주주의 국가들에 깊은 영감을 주었다.

2016년 이후 줄곧 결함 있는 민주주의 국가인 미국에서도 K민주주의는 귀감이자 각성의 소재가 되고 있다. 미국인들은 한국의 윤성열 대통령 탄핵·파면을 K드라마에 비유하며 "미국이여, 메모하라. (탄핵은) 이렇게 하는 것이다", "저기 한국, 너희 재판관들 미국에 잠깐만 빌려주면 안 될까? 진짜 딱 5분 만에 탄핵하고 바로 돌려줄게." 등의 재미난 반응들을 적었다.

사실, 조금 과분한 한국에 대한 평가들에 흥분할 필요는 없다. 그들의 국익을 위한 스마트한 샤프외교의 일환일 수도 있다. 세계에서의 한국의 위상도 2020년 이후 매년 한 단계씩 낮아지고 있다.

그럼에도 더 좋을 수 없는 상황에서 한국의 정치외교가 제 역할을 다 한다면 한국의 경제·문화 지대는 5대양 6대주로 확장될 수 있을 것이다. 그만큼의 국제적 영향력 확대도 가능하다. 미국과 중국, 유럽과 일본이 모두 침체기에 들어선 지금, 12·3 내란 사태를 잘 극복하고 동방의 등촉이 될 한국에는 밝은 미래가 기다리고 있다.

글을 마치며

한국을 위한 나라는 한국뿐

이상의 지피지기 결과는 지난 100여 년 동안, ① 한반도 운명을 좌우한 미국과 중국에게는 오로지 국익만 있었다. ② 우리를 위한 나라는 한국뿐, 한국을 위한 미국과 중국은 없었다. ③ 다시 맞는 격변기, 우리가 국익을 위한 최선의 길을 찾아간다면, 밝은 미래를 기약할 수 있다는 것이다.

국제사회에서 타국을 위해 희생하는 나라는 없었다. 한민족의 시조국인 고조선과 가장 융성했던 고구려를 정벌했던 중국은 임진왜란과 6·25전쟁 시에도 조선과 북한을 구하기 위해 참전하지 않았다. 결정적 순간에 북한지역(땅)에 대한 지배력을 보존해 보가위국(保家衛國: 가정과 나라를 지킴) 하기 위한 것이었다.

구한 말, 미국은 러시아의 팽창 저지 및 태평양 지배를 위해 조선의 일본 식민지화를 지원했다. 1945년 태평양 전쟁 후 전후처리 과정에서는 미군의 희생을 최소화하고, 일본을 독점하기 위해 일본 대신 한반도를 희생양으로 삼아 분단시켰다. 애치슨 선언 등 6·25의 빌미를 제공한 미국은 한국전쟁을 기다려 자국의 패권 기반 마련에 적극 활용했다.

우리가 지피지기하는 이유는 미중 패권전쟁 중에 위태롭지 않기 위해서다. 또다시 그들의 희생양, 전쟁터가 되지 않기 위함이다. 한국이 해양과 대륙 세력인 미국과 중국 사이에서 어떤 생각을 갖고, 어떻게 처신해야 불행한 역사의 반복을 막을 수 있을까 생각해 보자.

가. 한국의 국익은 무엇인가?

주권국의 외교 과정에서 선택과 행동은 국익을 실현하기 위한 것이다. 그 과정에서 외교의 목표인 국익이 무엇인지 분명하다면 보다 효과적인 외교가 가능할 것이다. 그동안 한국은 고유의 지정학과 정체성, 국익의 개념을 가진 적이 없었다. 한국과 주변 강대국인 중국·일본·미국과의 관계가 종속적이었기 때문이다.

미국인들에게 국익은 ① 국토안보 ② 자유시장경제와 민주주의 ③ 미국적 가치의 확산이다. 중국의 핵심이익은 주권·안보·발전이익이다. 한국의 '국익' 또는 '핵심이익'은 무엇인가? 제대로 답변하는 한국인들은 거의 없다. 학교에서 우리의 국익이 뭔지 배운 기억도, 생각해본 적도 없다.

국익은 주권국가의 존재 이유와 관련된 가치이다. 국가의 정책결정

과정에서 표현되는 정치·경제·문화적 욕구와 갈망이다. 국민들이 추구하는 바가 곧 국익인 것이다.

한국인들이 공유하는 합의된 국익이 있다면 그것은 '평화·안정과 번영, 남북통일'일 것이다. 이는 분단된 한국에서 추구해야 할 당위적인 희망이자 비전이다. 그러나 보수를 자처하는 한국인들과 미국은 이에 동의하지 않는다. 남북대화와 관계 개선, 평화통일을 추구하는 일은 종북, 반역(반국가)으로 치부한다. 자신들의 기득권이나 국익에 도움이 안 되기 때문이다. 윤석열 정부에 들어와 남북한은 마치 합의라도 한 듯 한반도 평화·통일의 싹들을 싹 지워버렸다.

국내에서조차 합의가 안 되는 '국익' 개념을 떠나 대륙과 바다 중 한국의 국익은 어디에 더 있을까? 대륙과 바다는 대륙과 해양 세력의 전략적 요충인 한국에 중대한 지정학이다. 한국이 미국 또는 중국과의 관계에서 전략적인 선택의 문제이기도 하다.

3면이 바다인 한국은 전형적인 반도의 해륙국가(海陸國家)다. 그럼에도 전통적인 한반도 지정학은 대륙의 반도국가였다. 섬나라인 일본과 다르다는 인식이 지배했다. 전통시대, 조선에서는 오랫동안 바다로 나가는 것을 금지했다. 바다에서 얻을 게 별로 없고, 왜구에게 수시로 약탈 당했기 때문이었다.

1990년대 이후 탈냉전 시기, 노태우·이명박·박근혜 정부는 북방

정책과 유라시아 이니셔티브, 시베리아 철도·가스관 연결 등을 추진했다. 김대중·노무현·문재인 정부도 남북 철도·도로 연결을 통한 유라시아 대륙으로의 진출을 꿈꾸었다. DMZ에 가로막힌 섬인 한국이 유라시아에서 제2 도약의 꿈을 꾼 것이다.

그런데 한국의 윤석열 정부는 탈아입미(脫亞入美)에서 나아가 탈아입구(脫亞入歐)까지 하며 대서양 동맹인 나토(NATO) 정상회의에도 참여했다. 북중러 등 북방의 유라시아 대륙국가들과 사실상 담을 쌓고, 해양세력의 일원인 섬나라가 되었다. 자유와 인권, 법치라는 이념·진영의 논리와 반공 연대가 최선의 국익이라고 본 것이다.

세계 유일의 분단 한국이 당면한 대내외 문제들을 해결하고, 희망찬 미래로 나아가기 위해서는 어디로 가야 하나? 고래를 잡으러 태평양으로 갈까? 호랑이를 잡으러 유라시아로 갈까? 세기적인 전환기에 한국은 '지정학적 저주'를 회피하며, 국익 실현에 유리한 고유의 지정학적 길을 고민해야 한다.

나. 국제정세의 향방

국익을 극대화하기 위해 한국이 고려해야 할 국제정세는 3개로 정리할 수 있다.

우선, 위기에 처한 미국과 미국 패권이 몰락하면서 지구촌이 급변하고 있다는 것이다. 국제사회는 각자도생하며 헤쳐 모이고 있다. 더 큰 위험에 직면한 미국 트럼프 2기 정부의 강력한 '미국 우선주의'와 세계를 향한 관세전쟁은 미국을 더 어렵게 할 것이다. 세계사에서 가장 융성한 강대국이었던 로마제국과 중국 당나라의 몰락에 결정적인 영향을 준 것은 재정악화였다. 외우내환을 극복하기 위한 과도한 재정지출로 부족한 국고를 채우기 위한 무리한 조세는 내부의 민심과 속국들의 반발·저항을 초래해 제국이 멸망한 것이다. 로마를 밴치마킹해 건국한 미국은 역사를 잊고, 로마제국 말기와 같은 징후를 보이며 추락하고 있다.

둘째, 미국과 서구 제국들의 시대가 저물고 있다는 것이다. 침략·약탈의 500년 서구 제국주의 시대가 가고, 중국 중심의 아시아의 시대가 다가오고 있는 것이다.

셋째, 국제정세의 중요한 구조적 변화는 '글로벌 사우스(Global South: 신흥 개발도상국)'의 출현이다. 이는 최근에 관심을 끌며 급변하는 국제질서에서 시대적 의미를 갖게 되었다. 다양한 개발도상국들로 구성된 '글로벌 사우스'는 세계무대에서 독립적인 정치경제적 지위를 가지고 있다. 강대국 간의 세력경쟁과 균형, 국제관계 변화에 영향을 미치면서 강대국들이 경쟁하는 '주요 진지'가 되고 있다.

국제정세 변화에 따른 서구에서 아시아와 글로벌 사우스로의 역사 이동은 국제안보와 국제관계의 구조적인 변화를 상징한다. 이런 변화 속에서 지구촌을 1국이 지배하는 시대는 미국의 실패로 다시 없을 것이다.

향후 국제질서는 유엔을 중심으로 각 지역 공동체가 나름의 평화·발전을 도모하며 협력하는 다자주의 체제가 될 전망이다. 세계를 지배하는 패권국 없는 새로운 다자주의 시대는 더 민주적이며 공정한 세계가 될 것이다. 새로운 시대에서는 한국이 미국이나 중국에 편승하거나, 그들과 동맹관계를 맺을 필요가 없어 코리아의 속국 탈출(Korexit)이 자연스럽게 이뤄질 수 있을 것이다.

다. 한국은 어디로 가나?

미국과 한미동맹은 오늘의 한국을 이룬 기반이다. 그러나 미국은 단순한 동맹이나 우방이 아니었다. 전후 한국 내 친일·친미 세력은 오늘날까지 미국이 이식한 정치경제 체제에서 근 100년을 주류 세력으로 호사를 누렸다. 그들은 미국식 프리즘을 통해서 세계를 보고, 미국에 의존하는 철저한 사대노선으로 한국을 지배해 왔다.

미국을 닮아가는 한국의 정치사회

한국은 세계에서 가장 충직한 미국의 동맹으로 미국화되어 있다. 한국 내 숭미 사대주의가 낳은 소미국(小美國) 사상은 전통시대 조선의 소중화(小中華) 사상과도 같다. 자연스럽게 지난 70여 년 동안 미국을 따라 배운 한국의 정치는 미국 민주정치의 부정적인 면을 가장 많이 닮아 있다.

한국의 정치는 미국과 똑같은 양당 체제에서 싸우는 게 일이다. 그들에게 국민은 선거 때만 안중에 있다. 선거 후에는 국가나 국민들보다는 자신들의 지지 기반의 이익 보호에 전력을 다한다. 한미 양국은 타의 추종을 불허하는 세계 1위의 정치적 갈등·분열 국가다. 심각한 불평등과 양극화 사회, 최고의 노인·약자 빈곤율, 반공 매카시 선풍에 폭도·군인들의 의회 점령(시도), 부정선거론이 꼭 닮았다.

특히 정치 면에서 양당 정치의 기능부전, 기본이 안 된 대통령 선출, 막말과 선동, 편 가르기 진영정치는 실패한 자유 민주주의 국가의 전형이다. 국경없는기자회의 '2023년 언론자유지수'에서도 한국과 미국은 닮았다. 미국은 45위, 한국은 47위를 차지했다. 독재국가인 한미 양국의 글로벌 자유 연대나 민주주의 공조는 소가 웃을 일이었다.

자유민주주의 시스템의 위기

한국과 미국의 자유민주주의는 사실 허상일 뿐이다. 미국과 한국은 한때 선진국과 개도국 중 가장 성공적인 민주주의의 모델이었다. 경제 발전도 이뤘다. 그런 미국과 한국이 지금은 최악의 정치 위기에 처해 있다.

미국은 절망적 상황이나 한국은 아직 희망을 버릴 때는 아니다. 미국은 정치의 기능부전으로 근본적인 정치개혁이 불가능하다. 오랫동안 무너진 교육시스템 속에서 자란 각종 '미국병'은 거의 치유불능 상태다. 그러나 한국인들은 미국인들보다 더 깨어나 시민의식이 살아있다. 민주시민사회도 제 역할을 하며 작동 중이다.

아메리칸드림이 실패한 미국의 혼란과 중국의 저성장과 정체를 보면서 이제 한국도 어떤 문명, 어떤 모델을 추구할 것인지 고민할 필요가 있을 것이다. 몰락의 길에서 미국의 순장조가 되지 않고, 중국처럼 일당독재 국가가 되지 않기 위해서는 한국 자신만의 새로운 정치적 목표와 비전을 찾아야 한다.

국익에 체제·이념이 따로 없다. 국가의 정체성을 이념·진영으로 판단하는 것은 시대착오다. 만능의 정치경제 제도는 없다. 그러나 경제적 부와 안정, 자유를 누리는 나라들은 모두 민주국가였다. 문제는 민주주의의 장래가 지속 가능하지 않다는 것이다. 미국·영국 같은 민주주의 원조국도 실패하고 있다. 경제발전은 물론 사회적 불평등과 정치분열의 정도에 있어서도 권위주의 국가인 중국보다 좋지 않다.

중국의 사례는 비민주 국가도 경제적으로 성공하고, 국민들에게 사회적 책임을 다할 수 있다는 것을 보여준다. '역사의 종언'으로 유명한 후쿠야마의 독백처럼 중국식 자본주의(사회주의 시장경제) 체제는 '경제적 효율성과 사회적 책임성'이라는 측면에서 긍정적이다.

2010년부터 10여 년간 중국의 연평균 경제성장률은 6.5%, 미국은 2.3%였다. 중국의 첨단기술과 인프라, 공공건설 등 다양한 영역에서 혁신과 성취를 이뤘다. 종합국력과 국민소득도 크게 높아졌다. 이제 국제사회에서 중국의 영향력과 발언권은 자국 우선과 국가 재건에 몰두하는 미국과 비교할 수 없을 정도다. 한화 50000000000000000(5경)원이 넘는 천문학적인 국가부채로 연명하는 미국은 아직 고속철도와 공적 의료보험이 없다.

미국식 민주주의의 실패에 따른 경제사회적 불평등과 양극화는 이제 국가를 파괴할 정도로 난장판이다. 미국은 최상위 1%가 부의 39%를 차지하고 있다. 99%의 일반 국민들이 1%의 기득권층과 싸운다. 부자들과 대기업들은 선거와 로비를 통해 자신들에게 유리한 정치와 정책을 만든다. 기업들의 자본이 지배하는 미국은 잘못된 정책을 수정할 수 있는 능력이 없다. 민주주의 시스템이 오작동 중이다.

대안은 민주주의 시스템 대혁신

미국의 위기는 자유 민주주의와 자본주의 시장경제의 위기이다. 미국의 가치였던 자유와 민주, 시장이 최선의 것이 아니라는 사실도 말해준다. 이제 민주주의 유토피아라는 청사진을 믿는 사람은 없다. 사실 아주 오래전부터 학계에서는 실패하고 있던 민주주의의 혁신 문제를 논의해 왔다.[114]

이와 관련, 오늘날 지식인들 사이에는 의견이 일치하고 있는 가치들이 있다. '복지국가'를 용인하고, '권력 분권'에 대한 희망을 버리지 않으며, '혼합경제체제'를 인정하는 다원론이 그것이다.

민주주의 정치가 좋지 않은 정치체제라고 비난했던 선현(플라톤과 처칠, 네루, 하이에크 등)들의 고민도 상기할 일이다. 실패한 민주주의가 정말 최악의 정치체제가 되기 전에 혁신해야 한다. 그 대안의 하나는 현 세계에서 가장 정치가 깨끗하고, 민주적이며, 국민들 모두가 행복한 북유럽 여러 나라들의 시스템이다. 북유럽 국가들이 추구하는 주요 가치는 복지와 인권, 신뢰와 솔직한 공개의 정치다. 모두 깨끗함 속에서 자란 것이다.

미국이 건국 초기 원용했던 혼합 정치체제인 로마의 공화정과 유사한 정치체제도 대안이 될 수 있을 것이다. 미국식 민주정에 중국식 현능주의 민주론을 혼합한 정치체제를 고민할 수도 있다. 현능주

---

[114] 안병진, "미국은 돌아왔나? 위태로운 민주주의", KBS 〈이슈 픽 쌤과 함께〉 경희대학교 미래문명원 교수 강연, 2022.3.6.

의의 큰 장점은 국익을 앞세우는 검증받은 우수한 엘리트들이, 체제의 모순을 교정해 가며, 지속적인 발전을 기할 수 있다는 것이다. 기본이 안 되거나, 인지 능력이 의심스러운 고령자도 최고 지도자가 될 수 있는 미국식 대통령 선거 제도와는 다르다.

지구상에 타국을 위한 나라는 없다.

지피지기는 쉽지 않다. 쉽다면 위태로울 리가 없을 것이다. 한국이 미중 양국과 양국관계, 패권전쟁의 결과까지도 잘 알 수 있다면 좋으련만 쉽지 않다. 전쟁 중인 미중 사이에서 한국이 어떤 위치에 서느냐는 문제는 더 어렵다. 방법은 하나, 어려울수록 일관된 원칙을 유지하며, 국익을 챙길 수 있는 당당한 나라가 되는 것이다.

불확실성이 지배하는 미중 패권전쟁 상황에서 한국이 고려해야 할 사항은,

첫째, 냉엄한 국제정치 현실에서 이타적으로 행동하는 나라는 없다는 것이다. 모든 국가는 자국의 이익을 위해 행동한다. 외교는 이른바 '공동 이익을 확인'하는 과정이다. 국제정치에서 보은(報恩)의 논리는 성립될 수 없다. 국가들끼리 손해가 나는 거래는 하지 않고, 은혜를 주고받는 일은 존재하지 않기 때문이다. 오직 국익만 있는 국제관계에서 무슨 의리·연대를 중시하는 것은 순진한 것이다.

미국이 한국에 미군을 주둔시키는 것은 유지비용은 물론 그 몇 배가 되는 엄청난 이득이 보장되기 때문이다. 미국의 대외정책 목표는 국익을 극대화하는 것이다. 중국의 도전을 저지하고, 패권을 유지·강화하며, 경제이익을 통해 미국민의 생활을 윤택하게 하는 것이다. 한국을 위한 미국과 미군은 있을 수 없다.

둘째, 현 시기에 본래 의미의 자유민주주의·시장경제는 존재하지 않는다는 것이다. 우리를 지배해 온 서구식 가치·이념은 그들이 만들어 놓은 것이고 구조화된 기준이다. 각 국가들이 구현하는 민주주의 정치와 시장경제의 형태는 천차만별이다. 원형인 미국 민주주의도 이미 국민에 의한, 국민을 위한 것이 아닌 백만장자들이나 기업을 위한 것으로 변질되었다. 미국의 자유주의 국제질서는 사실 역사상 가장 권위주의적(독재적)이고 제국주의적인 것이었다. 미국은 한국인들의 사상·감정까지 지배하는 제국이다. 거짓·위선, 기만에 얽매이면 국익을 그르친다. 이데올로기의 포로가 돼 동맹의 이익을 국익보다 앞세울 수 없다는 것이다.

셋째, 지각변동 상황에서는 일방의 선택이 아니라 균형의 자세로 중심을 잡고 버티는 것이 상수(上手)다. 미중 간 전쟁 상황에서 한국의 일방 선택은 전략적이지 않고 위험하다. 2025년 초, 미국과 우크라이나 간의 전쟁 종식 협상에서 보듯 지원받은 빚은 몇 배로 갚아야 한다. 경제적 식민지가 돼 사대의존이 심화되고, 미래의 희망과 비전이 없게 된다. 국제사회는 국익을 쫓아 각자도생하거나 헤쳐 모이는데 한국은 쏜살같이 미국으로 달려갔다. 트럼프 2기 정부 관세협상에서도 한국은 미국의 이익과 체면까지 고려하며 충성하는 세계 제1 나라다. 제정신이 아닌 매국노들이 아닐 수 없다.

라. 자주독립국이 한국의 제1 과업

오늘날은 서구 식민지 시대가 아니다. 그런데도 한국은 여전히 주권국가로서 기본을 갖춘 나라가 아니다. 17세기의 조선은 안보를 명나라에 의존하다 신흥 후금(청에)게 병자호란을 당했다. 19세기 말 조선은 이 나라, 저 나라에 의존하다 청의 몰락과 함께 일제 식민지가 되었다. 21세기의 한국은 미국에 기대 어디로 가고 있는가?

선진국의 문턱에 선 한국의 가장 중요한 국익은 대국 의존에 있지 않다. 당당하게 홀로 서는 '자주독립(Korexit)'에 있다. 이는 2000년 한국사의 최고 숙제이자 가치이기도 하다. 미군 주둔과 사실상 무한정인 전시작전권 위임, DMZ 이남지역의 유엔사(미군) 관할, 정치개입 시도 등은 '자주적 주권 유지'라는 국가 목표와 국익에 배치된다.

한국의 급선무는 안보와 평화·통일 정책의 자율성을 확보해 스스로 국익을 추구할 수 있는 명실상부한 주권국이 되는 것이다. 한국이 대립하는 주변국의 일방에 기대는 것은 2000여 년으로 족하다. 오늘날 대격변의 지각변동 상황에서는 미국을 포함한 모든 나라들이 국익 우선을 추구하고 있다.

한국의 국익과 미래 비전은 미국과 중국 중 어느 일방의 선택으로 실현될 수 없다. 한중관계는 양국 내의 혐한·혐중 정서에도 불구하고 작년 한국에서는 가장 많은 인적·물적 교류협력이 이뤄졌다. 중국은 여전히 한국의 경제발전과 통일번영에 가장 중요한 변수라는 사실을 부정할 수 없다.

오늘날, 한국과 같은 중견국인 인도, 튀르키예와 브라질, 사우디아라비아 등은 미중 어느 편에 서지 않는다. 미중 양국을 이용하며 국익을 도모하고 있다. 인도는 물론 베트남도 미국과 중국, 러시아를 주무르고 있다. 이 국가들은 한국보다 잘 살거나 강력한 나라들이 아닌데도 주권국으로서 당당하게 행동한다. 자기중심적인 주권국가 인식을 토대로 자국의 국익을 추구하고 있는 것이다.

한국은 과연 핵심이익과 미래 비전을 주장하고 추구하는 주권국가인가? 근본적 자존의 문제인 자유와 자주, 독립은 오로지 국민들의 정치적 각성·경계로만 이룰 수 있다. 이 책이 말하는 바와 불편한 진실들이 상당한 울림·공감으로 퍼져 국민들의 민주시민의식을 깨우는 도끼가 되기를 바란다.

「 참고문헌 」

▫ 단행본

- 그레이엄 앨리슨·정혜윤 역, 『예정된 전쟁』, 세종서적, 2017.

- 김용진 저, 『그들은 아는 우리만 모르는』, 개마고원, 2012 참조.

- 김정섭, 『세개의 전쟁 – 강대국은 세상을 어떻게 바라보는가』, 프시케의 숲, 2024.

- 김준형, 『영원한 동맹이라는 역설 – 새로 읽는 한미관계사』, 창비, 2021.

- 김 훈, 『남한산성』, 학고재, 2007.

- 나가타 아키후마 지음·이남규 역, 『미국, 한국을 버리다 시어도어 루스벨트와 한국』, 기파랑, 2007.

- 노영민, 『중국에 묻는 네 가지 질문』, 메디치미디어, 2025.1.22.

- 대니얼 A. 벨 지음·김기현 옮김, 『차이나 모델 – 중국의 정치 지도자들은 왜 유능한가』, 서해문집, 2017.

- 도널드 그래그 지음·차미례 옮김, 『역사의 파편들』, 창비, 2015.

- 류제헌, 『중국 역사 지리』, 문학과지성사, 1999.

- 레이 달리오 지음·송이루, 조용빈 옮김, 『변화하는 세계질서』, 한빛비즈, 2022.

- 마고사키 우케루 지음·양기호 옮김, 『미국은 동아시아를 어떻게 지배했나 – 일본의 사례 1945~2012』, 메디치, 2013.

- 마틴 자크 지음·안세민 옮김, 『중국이 세계를 지배하면』, 부키, 2010.

- 문대근, 『한반도 통일과 중국 – 과거·현재·미래의 한중관계』, 늘픔플러스, 2009, 『중국의 대북정책』, 늘픔플러스, 2013, 『5·18, 6·25, 8·15 진실을 말하다』, 생각나눔, 2020.

- 문대근 외 2인, 『북중관계 1945-2020 – 김정은 시대의 북중관계』, 경남대 극동문제연구소, 국제관계연구 시리즈 37, 2021.

- 문정인, 『문정인의 미래 시나리오 – 코로나19, 미중 신냉전, 한국의 선택』, 청림출판, 2021.

- 박태균, 『우방과 제국 한미관계의 두 신화: 8.15에서 5.18까지』, 창작과비평사, 2014.

- 박지동, 『미국의 한반도 지배사. 2.3』, 책과나무, 2018.

- 사이토 고헤이 지음·김영현 옮김, 『지속 불가능 자본주의』, 다다서재, 2021.

- 선정규, 『중국의 전통과 문화』, 신서원, 2007.

- 안드레이 마르티아노프 저·서경주 역, 『모든 제국은 몰락한다 – 미국의 붕괴』, 진지, 2024.

- 안병진, 『미국은 그 미국이 아니다』, 메디치미디어, 2021.

- 안주섭·이부오·이병화 함께 씀, 『영토 한국사』, 소나무, 2006.

- 앨프리드 맥코이 지음·홍지영 옮김, 『대전환』, 사계절, 2019.

- 오긍 지음·김원중 옮김, 『정관정요』, 글항아리, 2010.

- 이상철, 『한반도 정전체제』, KIDA, 2012.

- 이희옥, 백승욱 편, 『중국공산당 100년의 변천 – 혁명에서 '신시대'로』, 책과함께, 2021.

- 임방순, 『미중 패권경쟁 승자와 손잡아라』, 오색필통, 2024.

- 전성흥 편, 『중국모델론』, 부키, 2009.

- 정덕구, 『한국을 보는 중국의 본심』, 중앙books, 2011.

- 정세현, 『정세현의 통찰 – 국제질서에서 시대의 해답을 찾다』, 푸른숲, 2023.02.16.

- 조영남, 『용과 춤을 추자』, 민음사, 2012, 『21세기 중국이 가는 길』, 나남, 2009.

- 조지 팩커 저·박병화 역, 『미국 파티는 끝났다』, 글항아리, 2015.

- 존 J. 미어셰이머·이춘근 옮김, 『강대국 정치의 비극』, 김앤김북스, 2018.

- 즈비그뉴 브레진스키 지음·황성돈 옮김, 『전략적 비전』, 아산정책연구원, 2016.

- 파라그 카나 저·고영태 역, 『아시아가 바꿀 미래』, 동녘사이언스, 2021.

- 해미시 맥레이 저·정윤미 역, 『2050 패권의 미래 변화를 주도하는 힘은 어디서 오는가』, 서경B&B, 2023.

- 헨리 키신저 저·이현주역 『헨리 키신저의 세계 질서』, 민음사, 2016.

- 황준헌 저·심승일 편역, 『조선책략』, 범우사, 2007 참조.

▢ **논문, 글 등**

- 강용범, "중국의 지정학적 리스크: 중국의 시각", 세종정책브리프 2024-09, 2024.7.29.

- 권석준, "미중 인공지능-반도체 기정학 경쟁의 함의", 성균차이나브리프 통권 75호, 2025.4.1.

- 강 량, "북중 정상회담을 통해 본 시진핑의 한반도 전략 읽기", ISSUE BRIEFING 18-19, 국가안보전략연구원, 2018.7.

- 김흥규, "한·미 동맹 의존 말고, 중·일·러와 '전략적 관계' 설정을" 경향신문, 2025.4.7.

- 강정일, "한반도의 지정학적 가치와 미·중 군사경쟁 양상 분석", 『군사』 제122호, 2022.3.

- 구갑우, "한반도 평화체제의 역사적·이론적 쟁점", 2019 탈분단경계문화연구원 국제학술회의 자료집 『신뢰의 조건과 평화프로세스』, 2019.11.7, "평창 '임시평화체제'의 형성 원인과 전개 Ⅰ 한반도 안보딜레마와 한국의 '삼모순(trilemma)', 『한국과 국제정치』 34권, 2018.

- 권경록, "중국 현능주의 모델의 정치철학적 토대와 보편화 (불)가능성", 성균 차이나브리프, 2023.1.13.

- 김기정, "신흥강국, 한국의 전략적 과제", 국가안보전략연구원 [전략노트 2021-11호], 2021.6.

- 김경일, "한반도 평화통일 프로세스와 중국", 『통일과 평화』 제5집 2호, 2013.

- 김문식, "이홍장의 외교적 목표" 다산연구소 '실학산책', 2010.12.24.

- 김정섭, "자유주의 패권의 종말: 미-러 종전 협상의 전망과 함의", 세종포커스, 2025.2.28.

- 김흥규, "절벽 위에 선 대한민국", 김흥규의 외교만사 外交萬思, 경향신문, 2024.12.12, "한반도 통일에 대한 중국의 입장 분석과 정책제언", 『수은북한경제』, 2014년 여름호, "중국의 핵심이익과 한반도", 『중국외교안보독서토론회 2011년 자료집』, 2011.12.

- 리밍장, "미중 사이에서: 아시아 국가들의 외교적 줄타기", 성균차이나브리프 통권 75호, 파워 인터뷰, 2025.4.1.

- 마상윤, "미국 대선 이후의 국제 정세와 한국", 성균차이나브리프 통권 74호, 2025.1.1.

- 문대근, "남북통일 과정에서 중국의 예상 태도", 『접경지역 통일연구』 제1권, 한국접경지역통일학회, 2017.6, "중국의 대북정책과 한국의 대응전략", 한남대 『동아시아 정세 변화와 한국의 대응전략』 세미나 발표자료집, 2018.10.10, "중국 대북정책의 특징과 변화의 조건", 한국미래문제연구원 2018년 안보·국방 학술회의 발표자료집, 2018.10.16, "중국의 동북·대한 인식: 중북관계 뿌리 찾기", 『중국외교안보독서토론회

2011년 자료집』, 2011.12.

- 박명림, "한반도 정전체제: 등장, 구조, 특성, 변환", 『한국과 국제정치』, 제22권 1호, 2006 봄, "통일과 평화 – 한국문제의 역사와 현실", 네이버 열린연단 자료, 2015.

- 박인규, "3차 대전은 이미 시작됐다. 세계는 전쟁 중이다" 프레시안, [전쟁국가 미국] 인류의 종말을 재촉하는 우크라이나전쟁 (1), 2022.8.24.

- 박창희, "지정학적 이익 변화와 북·중 동맹관계: 기원, 발전, 그리고 전망", 『중소연구』, 제31집 1호 (2007 봄).

- 성균관대 성균중국연구소(SICS), "2025 양회 분석 특별리포트: 소비와 과학기술을 통한 위기관리와 미래전략", 연구보고서(25-01), 2025.3.10.

- 쉬부(徐步), "중국의 평화발전과 외교정책의 논리", 성균차이나브리프 11권 1호, 2023.

- 안병진, "미국은 돌아왔나? 위태로운 민주주의", KBS 〈이슈 픽 쌤과 함께〉 경희대학교 미래문명원 교수 강연, 2022.3.6.

- 유재광, 조은교, "중국의 미래 2030 – 정치, 경제, 대외관계의 미래를 중심으로", 국회미래연구원 연구보고서 20-12호, 2020.12.31.

- 유현정, "2025 다보스 포럼 평가 및 시사점", INSS 이슈브리프 658호, 2025.2.14.

- 은종학, "'중국제조 2025'가 품었던 3가지 가능성: 발현과 대응", 성균차이나브리프 통권 75호, 파워 인터뷰, 2025.4.1.

- 이남주, "중국과 미국의 대타협은 가능한가", 다산포럼, 2025.2.18; "한중 관계의 리셋은 가능한가", 다산포럼, 2025.4.8; "중국-인도 관계 개선과 국제질서 변화", 다산포럼, 2024.12.31.

- 이동률, "글로벌 사우스에 대한 중국의 논의: 전략과 과제", 『중국사회과학논총』 6권 2호, 2024.

- 이민규, "국가핵심이익: 한중간 '중국몽' 갈등의 본질", 성균차이나브리프 통권 75호, 2025.4.1.

- 이재봉, "'미국(米國)'이 '미국(美國)'으로 바뀐 까닭은?", 『문학예술 속의 반미』, 2014.11.18.

- 이찬송, "트럼프2기 행정부의 MAGA 지정학과 한국의 구획화 전략", 세종정책브리프 2025-6, 2025.3.19.

- 이태환, "한반도 통일에 대한 중국의 입장", 『세종정책연구』, 2011-20.

- 임진희, "서구 민주주의 위기…중국의 선택은?", 원광대 한중관계연구원 '한중관계 브리핑', 2017.11.03.

- 장윤미, "전환기의 세계와 중국의 변화, 그리고 우리의 대응", 인천연구원 한중Zine Vol. 581 인차이나브리프, 2025.3.26.

- 전가림, "중국모델은 존재하는가?", CSF 전기웹진, 2009.6.10.

- 정욱식, "정전협정 70돌…'묻지마 한미일 동맹'으론 평화 못 꾸린다.", 한겨레, 2023.4.24.

- 정재흥, "트럼프 2기 행정부 출범과 미국의 대외정책 전망", 『세종정책총서』 2024-02, 2025.1.16.

- 짱롱판, "북중관계에서 동맹과 북핵문제: 중국의 시각", 세종정책브리프 2024-13, 2024.10.11, "중국의 입장에서 본 한반도 통일담론", 세종정책브리프 2024-23, 2024.12.23.

- 차태서, "다시 만난 세계: 강대국 정치의 귀환과 2기 트럼프 행정부의 대 중국 전략", 성균차이나브리프 통권 75호, 2025.4.1.

- 하영선, "21세기 기술혁명시대의 전쟁과 클라우제비츠", 국제문제연구소 미래전연구센타 워킹페이퍼 No.24, 2019.12.26.

- 함명식, "'중국 특색 국제정치이론' 논의의 출현과 향후 전망",『국가안보와 전략』19권 2호, 2019.6.

해외문헌과 각종 국내외 언론 보도, 인터넷 검색자료는 생략함.